BIOGRAFÍA DEL GENERAL RAFAEL CAPÓ

Un héroe conservador en las guerras federales de Venezuela 1859-1863

Por RAFAEL CARÍAS CAPÓ

Edición a cargo de:

Charles Brewer-Carías

de *la Academia de Ciencias Físicas, Matemáticas y Naturales*, y

Allan R. Brewer-Carías

de la *Academia de Ciencias Políticas y Sociales*

COLECCIÓN HISTORIA

Editorial Jurídica Venezolana International, 2021

ISBN: 978-1-63625-520-0

Editorial Jurídica Venezolana
Avda. Francisco Solano López, Torre Oasis, P.B., Local 4,
Sabana Grande,
Apartado 17.598 – Caracas, 1015, Venezuela
Teléfono 762.25.53, 762.38.42. Fax. 763.5239
Email fejv@cantv.net
http://www.editorialjuridicavenezolana.com.ve

Impreso por: Lightning Source, an INGRAM Content company
para Editorial Jurídica Venezolana International Inc.
Panamá, República de Panamá.
Email: ejvinternational@gmail.com

Diagramación en letra
Times New Roman, 14, Interlineado sencillo, Mancha 18 x 11.5

CONTENIDO

NOTA DE LOS EDITORES 9
NOTA SOBRE EL AUTOR: RAFAEL CARÍAS CAPÓ 25
Nota sobre la genealogía de las familias Carías y Capó 31
NOTA SOBRE EL BIOGRAFIADO: RAFAEL CAPÓ PLANCHART 37

BIOGRAFÍA DEL
GENERAL RAFAEL

TRASFONDO DE LA GUERRA FEDERAL 47
1835. EL CAPITÁN CAPÓ A LAS ÓRDENES DEL GENERAL PÁEZ 52
1848: JOSÉ TADEO MONAGAS Y EL DÍA DEL "FUSILAMIENTO DEL CONGRESO" 54
1848-1858: PRIMER EXILIO: VIAJE A PUERTO RICO 59
1858: LA REVOLUCIÓN DE MARZO Y LA PRESIDENCIA DE JULIÁN CASTRO 60
1858: LA ASAMBLEA CONSTITUYENTE Y LA PRESIDENCIA DE MANUEL FELIPE TOVAR 64
1858: RAFAEL CAPÓ REGRESA DEL EXILIO 66
1858: RAFAEL CAPÓ, MILITAR CONSTITUCIONALISTA: BARCELONA, VALENCIA, PUERTO CABELLO 73
1858: CAPÓ ASCENDIDO A COMANDANTE Y DESIGNADO GOBERNADOR MILITAR DE BARCELONA 78

LAS FUERZAS CONSTITUCIONALISTAS Y LAS GUERRILLAS FEDERALES 80

1859: PRIMER ENCUENTRO CON LOS INSURGENTES FEDERALES: BARCELONA, MATURIN, CIUDAD BOLÍVAR, PÍRITU 83

CAPÓ GUERREANDO CON LOS INSURGENTES 90

PARTIDO CONSERVADOR Y PARTIDO LIBERAL 91

GOLPE DE ESTADO CONTRA EL PRESIDENTE CASTRO 92

RAFAEL CAPÓ LLAMADO A DEFENDER CARACAS 94

1859: LA TOMA DE LA GUAIRA Y MAIQUETÍA. CAPÓ HERIDO 96

CAPÓ DE NUEVO EN BARCELONA 102

EL GENERAL LEÓN DE FEBRES CORDERO 103

CAPÓ DESIGNADO COMANDANTE MILITAR EN BARLOVENTO 106

1860: CAPÓ DESDE RÍO CHICO 108

1860: CAPO NOMBRADO JEFE DE OPERACIONES EN CARABOBO: PUERTO CABELLO, VALENCIA 115

1861. EL CORONEL CAPÓ DE NUEVO EN BARLOVENTO 121

1861: ASCENSO A COMANDANTE 130

RENUNCIA DEL PRESDIENTE TOVAR Y PEDRO GUAL ASUME LA PRESIDENCIA 134

CAPÓ COMANDANTE DEL CENTRO 137

1861: CAPÓ CON SU FAMILIA EN CARACAS 139

JUAN CRISÓSTOMO FALCÓN DESEMBARCA EN CORO, PÁEZ RENUNCIA Y RAFAEL CAPÓ ES NOMBRADO JEFE DEL ESTADO MAYOR DE CARACAS, ARAGUA Y GUÁRICO 142

LA CRISIS DEL GOBIERNO DE GUAL Y LA DICTADURA DE PÁEZ 149

LA REACCIÓN DE MILITARES CONSTITUCIONALISTAS CONTRA LA DICTADURA 152

CAPÓ ASCENDIDO A GENERAL, COMANANTE DE OCCIDENTE: MÉRIDA TRUJILLO, TÁCHIRA, PORTUGUESA, BARINAS 156

1862. LOS FEDERALES Y LA BUSQUEDA DE APOYO EN COLOMBIA 159

1862. SEGUNDO EXILIO QUE INICIA EN NUEVA YORK 162

CARTA PÚBLICA DEL GENERAL CAPÓ AL GENERAL JOSÉ ANTONIO PÁEZ DESDE NUEVA YORK EL 3 DE DICIEMBRE DE 1861 164

1863. EL GENERAL CAPÓ EXILIADO EN NUEVA YORK 178

1864: EL GENERAL CAPÓ EN MÉXICO, EN EL EJÉRCITO DE BENITO JUÁREZ 187

CAPÓ EN SAINT THOMAS 190

1866: CAPÓ EN CÚCUTA: LA FEDERACIÓN Y LA CONTINUACIÓN DE LA GUERRA 192

1866: EL GENERAL CAPÓ Y LA FALLIDA INVASIÓN A MARACAIBO 195

EL FUSILAMIENTO DEL GENERAL CAPÓ POR ÓRDENES DEL GENERAL SUTHERLAND 197

ANEXO 1

A LA MEMORIA DEL GENERAL RAFAEL CAPÓ ASESINADO POR EL TIRANO DEL ZULIA JORGE SUTHERLAND, por POR JOSÉ ANICETO SERRANO 203

ANEXO 2

NOTICIAS SOBRE EL DESEMBARCO DE EDUARDO PÉRES Y RAFAEL CAPÓ EN MARACAIBO, CON DECLARACIONES DEL GOBERNADOR JORGE SUTHERLAND Y LA REACCIÓN OFICIAL DE LA PREFECTURA DE MARACAIBO

NOTICIA: ESTADO ZULIA 213

CARTA DEL 29 DE DICIEMBRE DE 1866 214

CIRCULAR DEL GENERAL JORGE SUTHERLAND INFORMANDO SOBRE LOS HECHOS, 26 DE DICIEMBRE DE 1866 215

DECLARACIÓN DEL GENERAL JORGE SUTHERLAND, 26 DE DICIEMBRE DE 1866 218

DISPOSICIONES DE ORDEN PÚBLICO DECRETADAS POR EL PREFECTO DE MARACAIBO, 27 DE DICIEMBRE DE 1866 220

ANEXO 3

RELATO: APRECIACIONES SOBRE LA EXPEDICIÓN CONTRA EL GENERAL SUTHERLAND EN MARACAIBO, POR EL GENERAL RAFAEL CAPÓ Y CNEL. EDUARDO PÉREZ, EL 25 DE DICIEMBRE DE 1.866 223

ANEXO 4

ANECDOTARIO VERNACULO DEL BACHILER MUNGUIA SOBRE EL GENERAL RAFAEL CAPÓ Y RESPUESTA DE RAFAEL CARÍAS CAPÓ

1. UN GOLFO INTERESANTE 243

2. RESPUESTA DE RAFAEL CARÍAS CAPÓ AL ANECDOTARIO VERNACULO DEL BACHILLER MUNGUIA 245

3. ACERCA DE LA ANÉCDOTA DEL GRAL. RAFAEL CAPÓ. 250

ANEXO 5

ALTO-RELIEVE BIOGRÁFICO DEL GENERAL RAFAEL CAPÓ 1933, por ARÍSTIDES URDANETA 255

APENDICE

ALGO SOBRE EL TIEMPO DEL GENERAL RAFAEL CAPÓ DURANTE EL SEGUNDO TERCIO DEL SIGLO XIX: LA CRISIS DEL ESTADO CONSTITUCIONAL Y LA GUERRAS FEDERALES por ALLAN R. BREWER-CARÍAS 287

NOTA DE LOS EDITORES

En el imaginario de los nietos de Rafael Carías Capó, desde nuestra niñez se nos quedó grabada la historia familiar del General Rafael Capó, nuestro tatarabuelo, y abuelo de nuestro abuelo materno, un aguerrido oficial del Ejército del Estado constitucional, quién comenzó su carrera militar como Capitán del Ejército Nacional en 1836, a las órdenes del general José Antonio Páez. Era el tiempo en el cual a raíz de la Revolución de las Reformas que obligaron a su sucesor en la Presidencia, el Dr. José María Vargas, a renunciar al cargo, Páez, después de haber ejercido la Presidencia de la República entre 1830 y 1835, fue llamado como General en Jefe de los Ejércitos de la República.

Siempre supimos que Rafael Capó, durante treinta años de servicios en ese Ejército Nacional, se mantuvo defendiendo el régimen constitucional en múltiples conflictos y guerras civiles ocurridas bajo las Presidencias de José Antonio Páez, Carlos Soublette, José Tadeo Monagas, José Gregorio Monagas, Julián Castro, Pedro Gual, Manuel Felipe Tovar y, de nuevo, José Antonio Páez.

Su definición política como militar en la defensa del orden constitucional, en todo caso, se produjo a raíz de los acontecimientos del 24 de febrero de 1848, "fecha aciaga en los anales patrios" como lo expresó nuestro abuelo en la *Biografía* que aquí publicamos, día en el cual la sede del Congreso en Caracas fue asaltada por turbas populares alentadas por el partido liberal, cuyo jefe era el Presidente de la República, José Tadeo Monagas.

El Congreso, que estaba dominado por el partido conservador, unas semanas antes había comenzado a enjuiciar al presidente José Tadeo Monagas, jefe del Partido Liberal, por abuso de sus funciones. Cuando en ese estado de tensión política, el 24 de febrero, el Ministro de Relaciones Interiores y Justicia, estaba rindiendo ante el Congreso el informe anual del Poder Ejecutivo, al correr en la calle el rumor de que el Ministro había sido detenido o asesinado, las turbas liberales enardecidas, alentadas o permitidas por el propio gobierno, asaltaron la sede del Congreso. Al sitio, incluso se presentó el propio Presidente Monagas a caballo junto con el general Santiago Mariño, con las fuerzas para restablecer el orden. Del bochornoso asalto resultaron seis personas fallecidas, entre ellas tres diputados que fueron asesinados en el propio salón de sesiones, el jefe de la guardia del Congreso y un destacado político liberal, Santos Michelena.

Ese hecho marcó definitivamente la crisis política del régimen constitucional que se había establecido en Venezuela 1830, al separarse el país de la llamada Gran Colombia, y que desde su constitución había estado dominado por interminables enfrentamientos políticos entre los partidos liberal y conservador, los cuales casi siempre desembocaron en acciones armadas, produciéndose la ruptura definitiva entre ellos.

Del asalto al Congreso resultó que a pesar de que el mismo estaba dominado por los conservadores, la persecución contra ellos desde el gobierno provocó en definitiva la hegemonía del partido liberal, perdiendo tanto el Congreso como el Poder Judicial toda su autonomía, ante la voluntad personalista del Presidente Monagas.

La polarización política que se consolidó entre conservadores y liberales fue total; los primeros, en defensa del orden constitucional, y los segundos, en defensa de promesas de cambio, sin importar las instituciones. En esa ocasión del asalto al Congreso, que se materializó como un asalto al Poder alentado desde el propio Poder Ejecutivo, la reacción de los conservadores fue armada, con José Antonio Páez a la cabeza tratando de recuperar el poder, produciéndose en consecuencia revueltas en todo el país. El general Capó se definió, siguiendo a Páez, en defensa del orden constitucional, y como tal, en 1849 participó en las luchas armadas contra Monagas en Maracaibo. De la guerra civil que tuvo lugar en los dos años siguientes al asalto del Congreso, el general Páez fue derrotado, estuvo preso en Valencia, Caracas y Cumaná y en 1850 salió desterrado hacia Nueva York, donde estuvo exiliado hasta 1861; y el coronel Rafael Capó, nuestro tatarabuelo, salió también exiliado pero hacia Puerto Rico, regresando sin embargo al país antes, en 1859, cuando se restauró el orden constitucional luego de la Revolución de Marzo comandada por el general Julián Castro que depuso a Monagas.

A partir de entonces, Capó se reintegró al Ejército de la República, siendo ascendido a General, enfrentando directamente y como General Comandante militar del Ejército en el Oriente, en el Centro y en el Occidente del país, las incursiones armadas de los guerrilleros federales que a partir de ese mismo año 1858 habían comenzado a desembarcar en las costas de Occidente al mando del general Juan Crisóstomo Falcón. Tuvo por tanto un rol militar muy activo en las guerras federales que se extendieron hasta 1863.

En consecuencia, en el espectro político de la época, y sobre todo después del triunfo de la Federación, cuyos historiadores fueron los que narraron los sucesos, al general Capó como defensor militar del Gobierno y del Estado Constitucional se lo ubicó lógicamente entre los miembros del partido Conservador, llamado también Central, Centralista, Godo, Oligarca o Colorado, quedando los miembros del partido de la Revolución denominados como del partido Liberal, Federalista, Federal o Amarillo.

Sobre estas denominaciones siempre hay que recordar lo que expresó Antonio Leocadio Guzmán, uno de los ideólogos del partido de la Revolución y, posteriormente, después del triunfo de la Federación, a partir de 1864, uno de los pilares fundamentales de la edificación del Estado Federal, cuando expresó en 1867:

> "No sé de dónde han sacado que el pueblo de Venezuela le tenga amor a la Federación, cuando no sabe lo que esta palabra significa: esa idea salió de mí y de otros que nos dijimos: supuestos que toda revolución necesita de bandera, ya que la Convención de Valencia no quiso bautizar la Constitución con el nombre de federal, invoquemos nosotros esa idea; porque

> si los contrarios hubieran dicho Federación nosotros hubiéramos dicho Centralismo."

Capó luchó entonces en esas guerras federales a partir de 1859, enfrentándose a la idea misma de la Federación como forma de organización del Estado en sustitución del régimen relativamente centralista que se había establecido desde 1830, habiendo expresado su pensamiento en la materia, con toda claridad, en carta dirigida a su hija Teresita de 17 de febrero de 1863 en estos términos:

> "Tengo para mí que el día que llegue a triunfar la Federación en Venezuela, no quedará nada en pie porque todo será hundido en el abismo que han sembrado las malas pasiones de esos hombres sin moral y sin principios; y por eso lamento todo lo que pueda servir de aliciente a tales hombres".

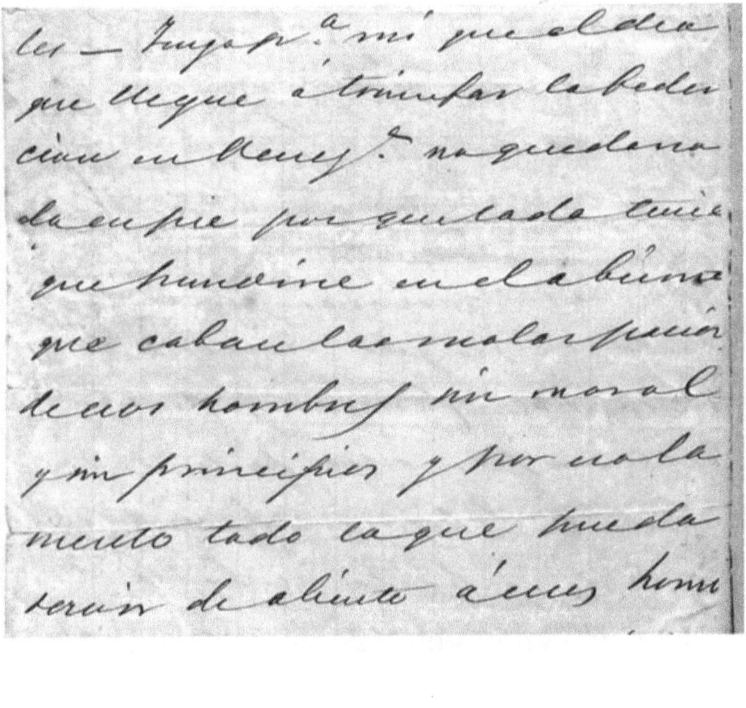

Eso lo escribía desde el exilio, pues a pesar de todos los servicios militares que le prestó al Estado, por desavenencias con altos funcionarios del gobierno de Páez abandonó el país en 1862, habiendo permanecido exiliado en Nueva York, desde donde denunció en Carta Pública dirigida a Páez la persecución en su contra, explicándoles además sus acciones militares que había desarrollado en materialmente todo el territorio de Venezuela

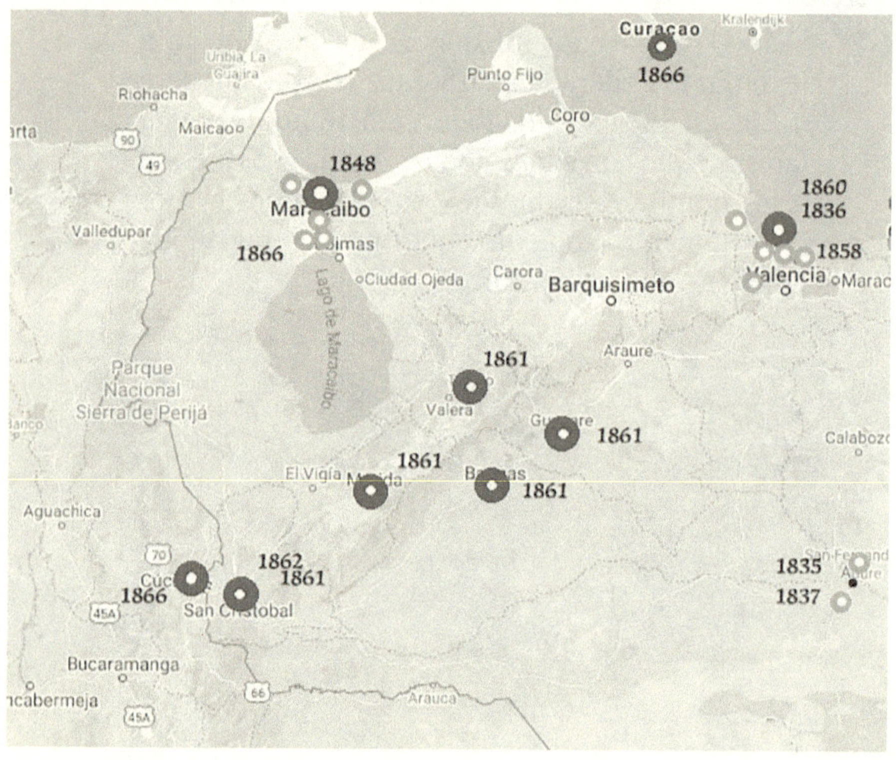

De Nueva York, Capó pasó a México en 1864, para formar parte del Ejército de Benito Juárez en contra de los franceses. Regresó a Venezuela en 1866, ya iniciado el régimen Federal con el gobierno del general Falcón, pero

en esta ocasión para invadir Maracaibo, donde desembarcó comandando una bizarra expedición de la cual terminó sus días fusilado por instrucciones del general Jorge Sutherland, Gobernador del Zulia.

Como comandante militar que era, al emprender esa invasión, Rafael Capó bien sabía a qué se exponía. En un Bando Circular Militar que él mismo emitió el 20 de julio de 1861, como Comandante de Armas de las Provin-

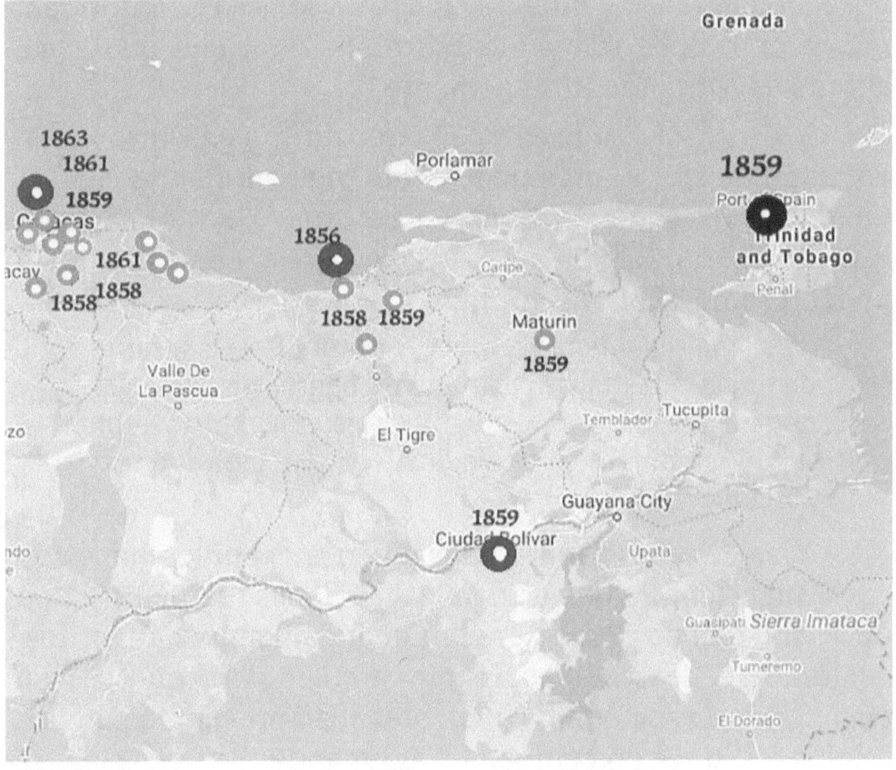

cias de Caracas y Aragua, cuando se enfrentaba a las guerrillas federales, dirigida a "los señores Jefes de Operaciones y Comandantes Militares de los Cantones, le exigió a sus subalternos: "no más contemplaciones," "no más tolerancia" con quienes mantuviesen correspondencia con los facciosos que "perjudican a la causa pública," precisando que "todos esos desafectos están sometidos al régimen militar."

En consecuencia, aun cuando exigía nada de atropellamientos, ni nada de malas pasiones, que son siempre hijas de resentimientos particulares," también exigía "aplicación inflexible de la ley; y mientras más calificado sea el conspirador y mientras más elevada sea su autoridad, más pronto debe sentir el peso de la autoridad que hasta ahora han ultrajado impunemente."

Ya en 1860, en la campaña que dirigió en Barlovento, en tiempos de la presidencia de Manuel Felipe Tovar, donde tuvo que enfrentar excesos de la facción revolucionaria, le escribió a su hija Teresita en carta de 24 de febrero de 1860, de cómo:

> "estaba reduciendo a fuego y sangre la más infame de todas estas facciones: una de negros alzados que asesinan, roban e incendian por sistema, pero yo los fusilo también por sistema, y ya nos vamos entendiendo".

Y en general, contra todos quienes se hubiese probado que tenían "convivencia" con las facciones federales, Capó ordenaba que se procediera "inmediatamente contra ellos, cualquiera que sea el culpable y cualquiera que sea su posición en la sociedad, con la brevedad prevenida para los juicios militares en campaña," agregando:

> "Ya usted sabe que, según las leyes militares, el que en tiempo de guerra mantiene comunicación con el enemigo de palabra o por escrito, será pasado por las armas; y sabe

también que, según la ley patria, se ejecutan las sentencias de los procesos en campaña, dándose cuenta después de ejecutada."

Con instrucciones como estas que él mismo había dado a sus subalternos contra los insurgentes, si caía preso en su intento de invasión a Maracaibo, bien sabía por tanto cuál podría ser su fin. Por ello, como lo escribió nuestro abuelo en su *Biografía* sobre Capó, una vez fracasado en su intento y hecho preso en la finca Cujicito, al enterarse que lo iban a fusilar, lo que les dijo a sus captores fue:

> "pues despachemos pronto, aquí mismo, y no me tiren a la cara."

Capó, en todo caso, ubicado en el lado de los perdedores en el conflicto armado en el cual le tocó participar, no solo fue un hombre extraordinario, sino de leyenda. Como nuestro abuelo Rafael Carías lo identificó en una carta del 23 de julio de 1933 dirigida al Bachiller Murguía, asiduos ambos a tertulias literarias en Caracas, se trataba de un "militar invencible, que había sido discípulo de Cajigal, frecuentaba los salones aristocráticos de Caracas, tenía un porte arrogante y distinguido y era íntimo amigo del integérrimo D: Manuel Felipe de Tovar," respecto de quien – dijo nuestro abuelo –:

> "yo mismo confieso que a través de la historia y aún de la tradición familiar, recogida de boca a boca, no puedo considerarlo sino como un personaje de leyenda, como el tipo de D: Juan Manuel Montenegro, el héroe de Valle Inclán, en *Romance de Lobos*. Las cosas que se cuentan de él hacen aflojar las clavijas al más grave sesudo historiógrafo.

> Pero, por otra parte, y es la más interesante, aunque como buen hijodalgo, le gustaban las fembras placenteras, el tabaco y la baraja, no supo elegir la carta política buena. Se paró en la vacía, por eso perdió. Ganaron los de la cargada, correspondiéndoles lo mejor, incluso el Panteón Nacional. Después de todo, no hizo sino seguir las huellas de su padre don Francisco Capó, que también se paró en la vacía e igualmente perdió, peleando con las armas del Rey, bajo el comando de don Pablo Morillo, el Pacificador. Ese fue el error de ambos guerreros, uno realista, otro centralista: perdieron el Panteón reservado a los Próceres."

En todo caso, dos años antes, luego del triunfo de la federación, con la Constitución de 1864 ya se había iniciado en Venezuela una nueva etapa en la conformación constitucional del Estado, en la cual sin duda Capó no hubiera podido tener cabida alguna, signada por la desintegración de la República en entidades federales-feudales autónomas, hasta el punto de haber desaparecido el propio Ejército Nacional. Las fuerzas armadas quedaron formadas por "la milicia ciudadana que organizaban los Estados," compuesta "con individuos voluntarios, con un contingente proporcionado que dará cada Estado llamando al servicio a los ciudadanos que deban prestarlo conforme sus leyes," no pudiendo el Gobierno Nacional ni siquiera "situar en un Estado fuerza ni jefes militares con mando, aunque sea del mismo Estado ni de otro, sin el permiso del Gobierno del Estado en que se deba situar la fuerza" (Art. 100 de la Constitución de 1864). Cada Estado tenía por tanto su gobierno propio elegido por sufragio directo y secreto (arts. 13, 22), con su propio ejército, confinándose el Poder Nacional a un Distrito Federal, como territorio neutro a la usanza del original Distrito Federal de la Unión Norteamericana.

La ausencia de un Ejército Nacional, y la consolidación de las milicias regionales irregulares bajo el comando de los caudillos regionales, fue lo que durante la época de las sucesivas presidencias de Antonio Guzmán Blanco le daba soporte al Poder Nacional a través de un cierto pacto entre señores regionales-feudales, en el cual Guzmán era *primus inter pares*; y sólo sería a comienzos del siglo XX mediante la formación de nuevo de un Ejército Nacional, cuando Juan Vicente Gómez integraría por la fuerza de las armas a la República y al Estado Nacional.

Después de haber leído tanto sobre el general Capó, lo cierto es que pensamos que falleció luchando por lo que siempre había defendido, que era el Estado constitucional nacional.

Basta leer la carta pública que dirigió al General Páez desde Nueva York el 3 de diciembre de 1862, transcrita íntegramente en la *Biografía*, explicándole las razones de su solicitud de retiro del Ejército y su decisión de ausentarse del país, todas de carácter militar, para captar lo incompatible que hubiera sido su vida militar en una Venezuela sin Ejército Nacional. En esa Carta le recordaba a Páez, entre otras cosas:

> "que en mi vida militar nadie tiene el derecho de acusarme de haber faltado a mis deberes porque siempre he ocupado mi puesto y siempre he sido leal a la amistad y mis principios políticos."

Y, además, le recordaba a Páez su propia trayectoria militar, resumiéndola así:

> "Muy joven, niño todavía, empecé a servir a mi país. A las órdenes de V. E. hice en 1835 la Campaña del Alto Llano que terminó con los arreglos del Pirital. A las mismas órdenes de V. E. concurrí entonces al sitio de Puerto Cabello que principió con la acción de Paso Real y terminó con la rendición de la plaza. El año
>
> 1837 acompañé a V. E. en la campaña de Apure, tan corta como gloriosa, que se decidió
>
> con la acción de Payara. El 48 empuñé de los primeros las armas contra el asesino del Congreso; y en esa heroica resistencia que hizo la provincia de Maracaibo, no hubo un solo hecho de armas en que yo no tomara parte activa. Los campos del Moján, la Venega, Quisiro, la Cañada y los Haticos, son testigos de mis esfuerzos por la libertad de mi país. Resuelta la cuestión a favor del General Monagas, me expatrié y comí el pan del ostracismo durante los diez años de la dominación de dicho General. A la primera noticia del alzamiento de marzo de 1858 vine a ocupar mi puesto entre los defensores del orden y llegué a la patria a tiempo de defender sus fueros en la primera acción que se libró en el "Boquerón de Tiznados" contra los partidarios de la barbarie; y desde aquel empeñado combate mi hoja de servicios está escrita en la historia contemporánea de la República de una manera indeleble. Sacacual y Mesa Cantada en

el Oriente; Los Reventones, Curiepe, San José, Tacarigua, La Esperanza y Guarenas en la provincia de Caracas; Las Rosas, Canoabo, Morón y Moroncito en Carabobo; y Caracas, el 2 de agosto; y Maiquetía y los Dos Caminos donde estuve por muchos días haciendo frente a más de dos mil hombres; y otros muchos puntos que no cito para no ser enfadoso, dicen alto que nadie tiene el derecho de acusarme por falta de cumplimiento de mis deberes.

En esos cinco años he desempeñado los mandos militares más importantes de la República; y la historia es demasiado reciente para que pueda olvidarse: porque demasiado sabe Venezuela, como lo sabe V. E., que siempre terminé con la posible economía de sangre y de recursos todas las guerras que se me confiaron."

Ciertamente, después de sus treinta años de servicio en un Ejército Nacional, hubiera sido difícil imaginarse al General Rafael Capó, en el tiempo de la Federación, actuando como militar al servicio de alguna milicia regional, y bajo las órdenes de un gobernador de un Estado.

Después de la publicación del texto de la "Biografía de Rafael Capó" en el *Boletín Histórico* de la Fundación John Boulton (No. 34, Caracas enero 1974, pp. 80-172), y antes de su fallecimiento en 1979, el abuelo Carías le dejó a mamá todos los papeles, recortes de periódicos y documentos originales que había guardado su familia sobre el general Capó, incluyendo las cartas originales que envió a su esposa, hija y hermano y las que envió y recibió de altos funcionarios, muchas de las cuales hemos incluido en facsimilar.

Debió haber sido su hija Teresita la que inicialmente debió haber guardado el archivo a raíz del asesinato de su padre, y ésta debió habérselo dado a su hermana menor, Julia, la madre de nuestro abuelo, quien lo conservó y empastó.

Así llegó el Archivo de Rafael Capó a mamá, quien a su vez le dejó en custodia todos estos documentos a nuestro hermano Charles Brewer-Carías, quien los ha rescatado y escaneado para esta edición, incluyendo todas las fotos y todos los anexos que ahora se publican en este libro y que con todo gusto hemos editado, en memoria, tanto de nuestro abuelo como de nuestro tatarabuelo.

Caracas / Nueva York, enero de 2021

Charles Brewer-Carías y
Allan R. Brewer-Carías

Sello seco con el Escudo de Venezuela que utilizó Rafael Capó en toda su correspondencia oficial y familiar

NOTA SOBRE EL AUTOR: RAFAEL CARÍAS CAPÓ

Rafael Carías Capó, nuestro abuelo materno, autor de esta Biografía de su abuelo materno el General Rafael Capó Planchart, nació en Caracas en 1885, hijo del Dr. Fulgencio María Carías Sanz y Julia Capó Sanz y Urdaneta de Carías.

Fulgencio María Carías **Julia Capó Sanz y Urdaneta de Carías**

1875

El Dr. Fulgencio María Carías, fue abogado de la Universidad Central de Venezuela, doctor y profesor de la Facultad de Derecho de la Universidad del Zulia, y magistrado de la Corte de Casación cuando la misma se creó en 1881.

Como se informa en el *Boletín Histórico* de la Fundación Boulton, donde se publicó la Biografía en 1974, nuestro abuelo Carías tuvo una larga y meritoria carrera administrativa habiendo desempeñado diferentes cargos públicos, entre los cuales se destacan los siguientes: Director de Política y Administración en la Gobernación del Distrito Federal entre 1914 y 1924; Secretario de la Cámara de Diputados en el Congreso de 1928; Director de la Renta Interna en el Ministerio de Hacienda, ese mismo año; representante de Venezuela en la Convención de Comercio Exterior reunida en Houston (E. U.) en 1935.

El año siguiente fue fundador del *Boletín del Ministerio de Salubridad, Agricultura y Cría*. En 1939, establecido ya autónomamente el Ministerio de Sanidad y Asistencia Social, don Rafael Carías fue Director de Administración y de Publicaciones Oficiales en la Dirección de Gabinete, y luego, en 1942, Jefe del Servicio de Publicaciones y Divulgaciones del Despacho; en 1943 y 1944, respectivamente, fue Jefe de Publicaciones de la Sección de Educación Sanitaria y Jefe de la Sección Publicaciones del Ministerio. En 1947, Director de Prensa de la XII Conferencia Sanitaria celebrada en Caracas.

Rafael Carías Capó, 1909

Rafael Carías Capó, 1975

Recibió su jubilación en 1967 por disposición del Presidente Raúl Leoni, en reconocimiento a su dedicación al servicio público durante 40 años.

Fue autor de los siguientes trabajos: "Orientación para la Historia de la Sanidad en Venezuela" (1941); "Herencia Biológica y Derecho", conferencia pronunciada en el Ateneo de Caracas en 1945; varios escritos sobre "Infancia abandonada" (1958), amén de la Biografía de su abuelo materno, el general Rafael Capó, que se incluyó en dicho *Boletín Histórico.*

A esa bibliografía habría que agregar el libro *Cartas de Teresa de la Parra,* con quien tuvo una especial relación literaria y epistolar, que editó nuestro abuelo.

Sobre el abuelo, mamá, Margarita Carías de Brewer escribió lo siguiente:

> "Papá nació en 1895. Considero a mi padre, Rafael Carías Capó, un autodidacta. Quedó huérfano de madre siendo muy pequeño, y también tendría 15 años cuando murió su padre. Tuvo que luchar duro para estudiar y seguir adelante. También le gustó la literatura y fue un buen literato, sabía redactar muy bien, sin errores ortográficos y con una bella caligrafía. A él también le tocó "sacar la espada", como el General Capó, y muy joven, en un alzamiento que hubo en Caracas, como tantos otros, de estudiantes, huyó a las montañas perseguido por las tropas; fue preso y tuvo una herida de bala en una pierna que nos la enseñaba a mis hermanos y a mí, de vez en cuando. Esto sucedió aproximadamente en 1908.

Pasa una temporada tranquila, conoció a mamá, Guillermina Aldrey Ochoa y se casaron en el año 1914. Le tocó vivir y levantar a su familia bajo la dictadura del General Juan Vicente Gómez. No le quedaba más camino que aceptar esa situación. Ocupó varios cargos públicos, como Primer Secretario de la Cámara de Diputados, y en otra ocasión como Primer Secretario de la Cámara de Senadores. Mas tarde pasó a ser Secretario Privado del Dr. Henrique Toledo Trujillo, Ministro de Sanidad y Asistencia Social y entonces, es nombrado Redactor de la Revista de ese Ministerio.

Yo tendría 13 años de edad y recuerdo a papá llegar a la casa con un rollo de papel debajo del brazo y empezar a llamarme: "Margarita, mi amor, ven para que me ayudes". Nos sentábamos en su biblioteca con toda seriedad y me entregaba todo aquel rollo para que yo le leyera.

Él decía que, oyendo, podía corregir mejor la redacción y ortografía de las pruebas.

Me mandaba a detener la lectura cada vez que iba a corregir y así pasábamos horas.

Confieso, que me parecía muy aburrido, pues los temas eran casi todos términos médicos, y que yo no entendía mucho.

Pero ese trabajo que parecía tan aburrido, fue una escuela para mí, aprendí mucho en cuanto a ortografía, gramática, redacción, composición y dialéctica en general.

Así al final, se lo he agradecido a papá.

Cuando se retiró el Dr. Toledo Trujillo siguió en el mismo cargo de Secretario con el Dr. Fernández, en el período presidencial del General López Contreras, hasta el año 1936.

Al terminar todos estos cargos en Caracas, aceptó la Dirección de la Compañía Venezolana de Navegación, la cual estaba ubicada en New York, y eso le dio la oportunidad de instalarse con mi mamá en esa ciudad."

Nota sobre la genealogía de las familias Carías y Capó

El apellido Capó llegó a Venezuela después de la declaración de Independencia de las Provincias de Venezuela de España, con los hermanos **Franco Capó y Coll** y Benito Capó y Coll, nacidos en Puerto Rico, que era donde se habían situado las fuerzas españolas de invasión a Venezuela desde 1811. Ambos llegaron a Venezuela, al haberse alistado en la expedición del año 1814 comandada por el General Pablo Morillo, llamado el Pacificador, quien había sido designado Capitán General de las Provincias de Venezuela. Dicha expedición, la más grande que España despachó a América (18 barcos de guerra y 42 barcos de carga), fue enviada para someter las provincias que se habían declarado independientes.

Los hermanos Capó hicieron toda la campaña en dicha expedición bajo las órdenes de Morillo, hasta que Morillo firmó con Simón Bolívar el Tratado de Armisticio y Regularización de la Guerra en Santa Ana de Trujillo, en noviembre de 1820. Como muchos de los españoles que fueron a Venezuela en dicha expedición, los dos hermanos Capó se quedaron en el país. Morillo, por su parte retornó a España en 1820, habiendo sido nombrado Capitán General de Castilla la Nueva.

Durante la ocupación de las fuerzas españolas, **Franco Capó y Coll** fue Gobernador Militar de Caracas, habiéndose casado en Barcelona, Venezuela con **Teresa de Planchart y Rendón**, descendiente de españoles. Su hermano Benito Capó, también se casó en Barcelona con la hermana de Teresa, Gertrudis de Planchart y Rendón.

Después del Armisticio, los hermanos Capó y sus familias se instalaron en Maracaibo, provincia que había permanecido realista, sin haberse sumado al proceso de la independencia.

Después de la batalla naval de Maracaibo en 1823, al incorporarse Maracaibo a la entonces Republica de Colombia (Gran Colombia) creada en 1821 a instancias de Simón Bolívar, Franco Capó decidió abandonar el país, trasladándose con su esposa a Puerto Rico, donde arraigó el apellido, no habiendo regresando de nuevo a Venezuela.

Franco y Teresa, sin embargo, dejaron en Maracaibo a uno de sus hijos **Rafael Capó Planchart**, quien había nacido en Barcelona (Venezuela) el 23 de octubre de 1817, al cuidado de sus tíos Benito Capó y Gertrudis Planchart y Rendón, quienes por su parte no tuvieron descendencia.

En Puerto Rico por tanto se arraigó la familia de Capó y Planchart, con todos los hermanos de Rafael Capó Planchart: Pedro Juan Fermín, Florencio, Luis, Francisco

I, Francisco II, Teresa y Federico, quienes se casaron en Puerto Rico originando una extensa familia en la Isla, con numerosas ramas; que descienden todas por línea directa del fundador de la familia Franco Capó

En Venezuela, por otra parte, el apellido Capó quedó representado solo por **Rafael Capó Planchart**, quien casó en Maracaibo con **María Dolores de Sanz y Urdaneta Berrenechea**, hija a su vez de Fulgencio Josef del Carmen Sanz Troconis y de Maria de la Natividad Pote Jacinta Urdaneta Montiel. Tuvieron siete hijos Capó Sanz: Rafael, Teresa, Dolores, Herminia, Florencio, Eduardo, Amelia y **Julia**.

A excepción de Julia, todos los hermanos Capó Sanz murieron solteros, razón por la cual el apellido Capó se extinguió en Venezuela al fallecer el General Rafael Capó Planchart en 1866.

Julia Capó Sanz Urdaneta se casó en Maracaibo con el Doctor **Fulgencio María Carías Sanz**, abogado, profesor de la Universidad del Zulia y Magistrado de la primera Corte de Casación. Y con ellos se unen los apellidos Capó y Carías en el país.

Del apellido Carías también hay noticias que llegó a Venezuela con **Santiago Carías** en la misma expedición de Morillo de 1814. Se radicó en Villa de Cura, donde se casó con **Rosalía Contreras**, matrimonio del cual nació en Villa de Cura, Santiago María Carías Contreras.

Éste se radicó joven en Maracaibo, donde se casó con **Maria de la Natividad Sanz y Urdaneta Berrenechea**, hermana de María Dolores de Sanz y Urdaneta Berrenechea, la esposa de Rafael Capó Planchart.

Del matrimonio de Santiago Carías Contreras y María de la Natividad Sanz y Urdaneta, nacieron los siguientes cuatro hijos: Fulgencio María Carías Sanz, Antonio José Carías Sanz, Francisco Félix Sebastian Carías Sanz y Santiago Carías.

Fulgencio María Carías Sanz (hijo de Santiago Carías Contreras y María de la Natividad Sanz y Urdaneta) se casó con su prima **Julia Capó Sanz** (hija de Rafael Capó Planchart y María Dolores Sanz y Urdaneta), siendo este es el origen de la familia **Carías Capó**, de cuyo matrimonio nacieron los siguientes ocho hijos:

Fulgencio Cecilio Carías Capó (médico-cirujano), quien casó con María Bazó y tuvieron dos hijos: Rafael Ernesto Carías Bazo (sacerdote jesuita); y Fulgencio (Filyan) Carías Basó (estudiante).

Alejandro Carías Capó (escritor y poeta), quién casó con Carmen Rodríguez Ocampo y tuvieron dos hijos: Alejandro Carías Rodríguez (abogado) y Horacio Carías Rodríguez (funcionario público y comerciante).

Rafael Carías Capó (escritor, funcionario público y hombre de negocios), quien casó con **Guillermina Aldrey Ochoa,** nieta del periodista muy afamado Don Fausto Teodoro de Aldrey, y tuvieron tres hijos: Luis Eduardo Carías Aldrey (ingeniero), Rafael Carías Aldrey (músico) y **Margarita Carías Aldrey (casada con Charles**

Augustus Brewer Maucó), y madre de los hermanos **Brewer-Carías (Charles, Allan Randolph, Ralph Anthony, James Oliver, Elizabeth Margaret, y Alexander Dennis).**

Los hermanos Brewer-Carías con Rafael Carías Capó: Tony, Randy, Lilly, Dennis, Charles, Jimmy 1975

Margarita Carías Capó se casó con Fernando Arroyo Parejo (escritor y banquero) y tuvieron cinco hijos: Fernando Arroyo Parejo Carías (comerciante); Humberto Arroyo Parejo Carías (médico); Rafael Arroyo Parejo

Carías (abogado); Margarita Arroyo Parejo Carías (casada con David Simón Itriago) y Cristina Arroyo Parejo Carías (casada con Rafael Sainz de los Terreros).

Mercedes Carías Capó se casó con Eduardo Díaz Báez (comerciante), y tuvieron tres hijos: Eduardo José Díaz Carías, Carlos Díaz Carías y Salvador Díaz Carías.

Elisa Matilde Carías Capó y María Teresa Carías Capó, solteras y Julio Carías Capó (escritor y poeta. Estudiante de Leyes), quien murió joven y también soltero.

Además, hubo tres varones que murieron en tierna edad: Alejandro, Rafael y Antonio Carías Capó.

Como se ve, si bien el apellido Capó se extinguió en Venezuela con la muerte de Rafael Capó Planchart, siguió vinculado con el apellido Carías, y en todo caso, como escribió Rafael Carías Capó, ello no significó que se hubiera extinguido "el lustre que su último vástago," en testimonio de lo cual escribió esta biografía.

NOTA SOBRE EL BIOGRAFIADO: RAFAEL CAPÓ PLANCHART

Esta nota sobre el general Rafael Capó está basada en lo que escribió nuestro abuelo materno, autor de esta Biografía, cuyo texto los Editores de este libro hemos ampliado y completado tomando como referencia lo publicado en el *Diccionario de Historia de Venezuela*, Fundación Polar, segunda edición 1997, Tomo I, pp. 649:

Rafael Capó Planchart nació en Barcelona de Venezuela el 23 de octubre de 1817. Fueron sus padres don Franco Capó y Coll y doña Teresa de Planchart y Rendón, hija de don Gil Planchart, ambos de pura cepa española.

Franco Capó llegó a Venezuela, procedente de España y Puerto Rico, el año de 1814 como Oficial de alta graduación en el Ejército Expedicionario comandado por don Pablo Morillo, Conde de Cartagena, bajo cuyas órdenes hizo las campañas de Venezuela y Nueva Granada desde aquel año hasta diciembre de 1820 cuando el General Morillo regresó a España después de haber firmado con el Libertador Bolívar el Armisticio y el Tratado sobre regularización de la guerra. Entre otros importantes cargos, Don Franco Capó fue Gobernador Militar de Caracas y de la provincia de Barcelona.

Después de la partida del General Morillo vivió don Franco Capó algún tiempo en Maracaibo y antes de la rendición de esta plaza (1823) se ausentó con su señora para Puerto Rico, dejando su pequeño hijo Rafael al cuidado de su hermano don Benito Capó y de la señora de éste doña, Gertrudis Planchart y Rendón, hermana de doña Teresa, matrimonio que no tuvo sucesión. En cambio, don Franco y su señora procrearon, después del primogénito Rafael, seis hijos más que nacieron en Puerto Rico: Pedro Juan, Florencio, Luis Federico, Francisco Gil, Teresa y Francisco. De esta forma se instaló la familia Capó-Planchart en dicha isla, donde se arraigó el apellido, y ninguno de ellos visitó a Venezuela.

Entre tanto, Rafael Capó Planchart siguió viviendo en Maracaibo y siempre bajo la dirección de sus tíos, cursó sus estudios reglamentarios.

Años después, en 1835 lo encontramos sirviendo bajo las órdenes del General José Antonio Páez, combatiendo a los reformistas (Revolución de las Reformas) en la campaña que culminó con el decreto de la Laguna de Pirital, en el sitio de Puerto Cabello (1836) y en la campaña de Apure (1837). Estas acciones le hicieron merecedor del grado de capitán.

Capitán Rafael Capó (der.) uniformado, 1837

En 1838 lo encontramos inscrito en la Universidad Central a los veintiún años de edad, cursando Matemáticas como discípulo del sabio profesor Juan Manuel Cagigal. Cuatro años después lo tenemos como director de la misma asignatura en el Colegio Nacional de la antigua provincia de Maracaibo, asignatura que regentó desde 1842 hasta 1848.

Ya antes de ese lapso, a los 22 años de edad, el 8 de noviembre de 1839 Rafael Capó contrajo matrimonio en

Maracaibo con María Dolores Sanz Urdaneta, descendiente directa de don Luis Urdaneta, prócer de la Independencia del Ecuador y primo del General Rafael Urdaneta, Prócer de la Independencia de Venezuela.

Del matrimonio Capó Planchart-Sanz Urdaneta, nacieron siete hijos: Rafael, Teresa, María Dolores, Amelia, Herminia, Florencio, Eduardo y Julia. Hasta aquí dejó esbozado nuestro abuelo Rafael Carías Capó, en unos párrafos de su Estudio histórico, "el cuadro familiar, la filiación, así como el proceso educativo y orientación profesional de Rafael Capó, pues estos elementos fijan puntos de partida para lo que en el devenir histórico que envolverá su actuación, significarán su progenie, su educación, carácter, ideales y sentimientos; lo que asimismo nos dará ocasión de apreciar esa espléndida unidad que constituye el mérito más alto de su vida."

Ese esbozo de la vida del general Capó sigue así en la Nota del mencionado *Diccionario de Historia de Venezuela:*

A raíz de los sucesos del 24 de enero de 1848, cuando se produce el asalto al Congreso, Capó lucha en los campos de El Moján, La Venega, Quisiro, La Cañada y Los Haticos, apoyando la resistencia que hace Maracaibo al Presidente José Tadeo Monagas, de donde salió victorioso Monagas, por lo que Capó se tuvo que trasladar con su familia exiliado a Puerto Rico. Allí residió en la ciudad de Guayama, donde se ocupó de dar clases en colegios particulares.

Permaneció diez años en Puerto Rico, hasta que, en 1858, con motivo de la Revolución de Marzo, se produjo la renuncia de José Tadeo Monagas a la presidencia, y decide regresar a Venezuela, dejando su familia en Puerto Rico.

En octubre de 1858 es nombrado por el gobierno de Julián Castro como Comandante Militar de Barcelona, para lo cual fue ascendido a Comandante, siendo a la vez Jefe de Operaciones del Litoral Oriental.

En agosto de 1859, a raíz de la renuncia del General Castro, Capó es llamado a Caracas para defender la ciudad de los ataques federales liderizados por el General Pedro Vicente Aguado, a quien derrota y persigue hasta La Guaira; toma esa población y hace huir a las fuerzas de Aguado hacia La Victoria.

Es nombrado entonces Jefe de la División de Barlovento, y en 1860 es nombrado Jefe de Operaciones de Puerto Cabello. En 1861 regresa a Barlovento y es propuesto por el Presidente Manuel Felipe Tovar para ser ascendido a Coronel y meses más tarde, para que se le ascienda a General.

A mediados de 1861, con ocasión de la renuncia de Tovar y de que Pedro Gual se encarga de la presidencia, Capó regresa a Caracas y es nombrado Comandante de Armas de la capital y Jefe de Operaciones de las provincias de Caracas y Aragua. Una reorganización del Ejército lleva a Capó a ejercer la jefatura del Estado Mayor del distrito capital (provincias de Caracas, Aragua y Guárico). Es entonces cuando puede agenciar el viaje de su familia, de Puerto Rico a Caracas, y reunirse con ella luego de tres años de separación.

General Rafael de Capó y Planchart

b. Diciembre 1817, Barcelona, Anzoátegui, Venezuela

d. 26 diciembre 1866, Maracaibo, Zulia, Venezuela

Instaurada la Dictadura de José Antonio Páez en septiembre de 1861, Capó disintió de este hecho, lo que hace saber al mismo Páez en carta que le dirigió. A pesar de ello, se le nombra Jefe Militar de las provincias de Mérida, Trujillo, Táchira, Portuguesa y Barinas, cargo que ejerce durante un año.

A finales de 1862 sale para Nueva York por desavenencias con el gobierno iniciando su segundo exilio.

En mayo intenta ingresar al país por La Guaira, pero le es negado el permiso de desembarco, por lo que sigue hacia Saint Thomas y de regreso a Nueva York. A finales de 1863 viaja a México con la intención de alistarse como voluntario en el ejército de Benito Juárez para la expulsión de las tropas francesas de ocupación; permaneciendo en México hasta julio de 1864. Allí debió haber servido con el grado de General, y como lo destacó Arístides Urdaneta "la actuación de Capó ha debido ser allí brillante, pues el Gobierno de aquel país, después de la trágica muerte de Capó, asignó modesta pensión vitalicia a su viuda, pensión que fue pagada con regularidad."

Foto Clare E. Taylor, Saint Thomas

Aspecto de la rada y ciudad de Saint Thomas en las Islas Vírgenes Danesas, donde estuvo el General Capó en 1863, y después, en 1866, antes de regresar a Venezuela e invadir a Maracaibo. Para ese entonces, en dicha ciudad nuestro bisabuelo paterno de nombre Charles Augustus Brewer, era Procurador del comercio Hjardemall & Co., y después fue contador del Bank of the Danish West Indies.

En abril de 1866 está de nuevo en Saint Thomas y en octubre pasa a Cúcuta, intentando preparar una expedición para invadir Maracaibo donde gobernaba el general Jorge Sutherland. En la incursión lo acompañaron Eduardo Pérez, Jaime Harris y José Aniceto Serrano, entre otros.

Aprovechando una ausencia del general Sutherland de Maracaibo, los insurrectos llegan a la ciudad. Se combate en las calles, el Hospital Militar y el cuartel, pero la inferioridad numérica y poca preparación de su tropa, contribuyeron a la pérdida de la acción por parte de los revolucionarios. Capó y Pérez fueron sorprendidos en la retirada; Capó se entregó a condición de ser llevado ante Jorge Sutherland, pero fue engañado y fusilado antes de llegar a Maracaibo.

En enero de 1867, Serrano escribió un sentido obituario *In Memoriam* de Capó que se publica como anexo de este libro (*pág. 199*).

BIOGRAFÍA DEL GENERAL RAFAEL CAPÓ

Por Rafael Carías Capó

TRASFONDO DE LA GUERRA FEDERAL

Al presentar este trabajo, juzgo oportuno declarar que no ha sido mi propósito escribir una historia, sino simple y llanamente ofrecer una justa biografía de mi abuelo el General Rafael Capó, y para acometer esta empresa he buscado las mejores y más puras fuentes de información, además de su correspondencia personal.

Como él regresó al país después de un largo exilio, a raíz de la Revolución de Marzo, o sea en el mes de junio de 1858, a partir de entonces se alistó en el servicio militar y es en este campo donde debo referirme a él en su biografía.

Bien sabemos que las Fuerzas Armadas estaban subordinadas al Poder Civil y más aún bajo el Gobierno

Constitucional, integrado por los hombres más preclaros entre los cuales se destacaban Don Manuel Felipe de Tovar, el integérrimo y el intachable Don Pedro Gual.

A fin de lograr una imagen cabal o intentar un análisis imparcial y sincero de la situación política y de cómo fue aquel terrible drama de la Guerra Federal, juzgamos también oportuno consultar la obra del Doctor José Santiago Rodríguez, titulada *Contribución al estudio de la Guerra Federal en Venezuela*, pues dicha obra ofrece el mayor interés y el más valioso aporte que pueda darse, ya que ella emana de la correspondencia cuidadosamente archivada del Licenciado José Santiago Rodríguez, quien fue ilustre abuelo del autor de dicho libro, y verdadero hombre de Estado a quien se confiaban las misiones más difíciles y delicadas.

Debemos también recordar que al triunfo de la revolución de marzo (1858) fue investido el Licenciado José Santiago Rodríguez con el cargo de Ministro Plenipotenciario ante el Gobierno de su Majestad la Reina Victoria y, asimismo, con igual rango ante el Gobierno de su Majestad el Emperador de los franceses. Luego de otras importantes misiones fue nombrado Ministro de Relaciones Interiores de Venezuela.

Era el Licenciado Rodríguez hombre de refinada cultura y clarísima inteligencia y por eso se dirigían a él casi todos, si no todos, los elementos más valiosos y de mayor prestigio en aquella época. De ahí que su correspondencia, copiosa en verdad, es por su contenido interesante y útil en sumo grado y por sí sola refleja el estado de una situación política en extremo difícil de determinada época histórica.

Nos permitimos copiar, como ejemplo de lo expuesto, breves párrafos de las cartas que escribían al Licenciado Rodríguez tres distinguidos elementos de indiscutible probidad al principiar el año 1860, cuando el Gobierno que acababa de organizarse no podía estar mejor constituido. Como presidente y vicepresidente, Manuel Felipe de Tovar y el Doctor Pedro Gual entre las personalidades más distinguidas y más altas de que podía vanagloriarse una sociedad; y el Ministerio que había elegido el señor Tovar no podía encerrar en su seno elementos más valiosos.

El señor Doctor Henrique Pérez de Velasco, Ministro de Relaciones Interiores, era una personalidad llena de ilustración y de talento y poco antes de asumir dicha Cartera escribía al Licenciado Rodríguez:

> "Hoy la revolución ha degenerado en salteamiento de bandoleros. Batidos los revolucionarios por todas partes, ya no pretenden medirse en guerra regular con los sostenedores del Gobierno, y agrupados en partidas poco considerables, siembran el espanto donde quiera, cayendo de improviso sobre los campos y poblaciones indefensos donde todo lo talan y destruyen. Horrible sistema de estrago y desolación. Como esos bandidos no respetan vida ni propiedad de nadie, dan a unos muerte, por constitucionales o por oligarcas, como ellos los apellidan, y a otros por liberales o federales inactivos que no

> están con las armas en la mano. Con tal proceder demuestran que su móvil es más social que político".

Don Nicanor G. Linares, hombre de clara inteligencia y probidad, le escribe también al Licenciado Rodríguez y le describe la situación de este modo:

> "No podía usted nunca figurarse cuál es el verdadero estado de este país, de confusión, de desorden, de ignorancia y, por último, de peligro. Que tenemos por toda perspectiva un obscuro porvenir, no le quepa a usted la menor duda, y que tal situación no podrá ser dominada por los que actualmente dirigen la cosa pública, téngalo también, por cierto. La guerra últimamente ha tomado un aspecto favorable a los facciosos, y yo no puedo alimentar ninguna idea de que este cambio no tenga sus frutos. Temiendo, por el contrario, que los produzca, muy amargos, por cierto. Aténgase usted a esto como la deducción más racional e imparcial que es dado sacar del caos y confusión a que un destino adverso nos entrega cada vez más."

No pensaban de otro modo los mismos que gobernaban. El Vicepresidente, Don Pedro Gual, escribía un mes más tarde al mismo Licenciado Rodríguez, y a la vez que celebraba la terminación del asunto Levraud, que estuvo a punto de precipitar complicaciones, le decía:

> "Puede usted imaginarse los sacrificios que habrá habido que hacer para remitir este dinero a Francia en medio de la penuria que nos

abruma en esta guerra fatal, mezcla de crimen y encono de razas y de inmoralidad".

Y agrega:

"Ahora mismo están lanzando algunos cohetes en celebración de una derrota que dicen ha dado el 18, Brito a Sotillo. ¿Contribuirá esto al término de esta abominable contienda? Lo dudo mucho. Las pasiones están todavía demasiado exaltadas y una sincera reconciliación en las guerras civiles no puede dejar el resultado de una civilización avanzada de que carece nuestra tierra. Mi esperanza, pues, no está ahora en los hombres sino en la Providencia que nos ha de favorecer proponiéndonos la oportunidad de un avenimiento por cansancio, horror a tanta efusión de sangre, a tanta ruina y devastación. Usted, señor Rodríguez, es muy feliz en no ser testigo de lo que ha pasado y está pasando en Venezuela".

De los párrafos insertados se puede colegir en síntesis el trasfondo de aquel terrible drama de la Guerra Federal, también llamada la Guerra de los Cinco Años.

1835. EL CAPITÁN CAPÓ A LAS ÓRDENES DEL GENERAL PÁEZ

En la época a que hacemos referencia Rafael Capó ya ostentaba las presillas del grado de Capitán, pues siendo muy joven, casi un adolescente, había servido a las órdenes del General José Antonio Páez, entonces "General en Jefe de los ejércitos de la República, y del de operaciones para el restablecimiento del orden constitucional," en la campaña del Alto Llano, que terminó con los arreglos de La Laguna del Pirital hacia finales de 1835.

Luego, como recordará él mismo en carta a dicho General, concurrió en 1836 al sitio de Puerto Cabello, en la acción de Paso Real que terminó con la rendición de dicha plaza. Y en 1837 estuvo también con el mismo General Páez en la campaña de Apure, que decidió la acción de Payara. Estas, relatadas por él mismo en carta pública, que está insertada en el lugar correspondiente de esta Biografía, fueron sus primicias en la carrera de las armas.

José Antonio Páez

1790-1873

1848: JOSÉ TADEO MONAGAS Y EL DÍA DEL "FUSILAMIENTO DEL CONGRESO"

Pero luego, a partir del 24 de enero de 1848, fecha aciaga en los anales patrios, el capitán Rafael Capó fija para siempre sus ideales políticos, que sustentará siempre también con las armas.

Nota de los editores

Esa "fecha aciaga en los anales patrios" a la cual se refirió Rafael Carías Capó, el 24 de febrero de 1848, fue el día en el cual se produjo un asalto a la sede del Congreso en Caracas (sita en la antigua sede del Convento de San Francisco) por turbas alentadas por el partido liberal, del cual tres diputados Francisco Argote, José Antonio Salas y Juan García) resultaron asesinados, al igual que un sargento de la guardia y un sastre partícipe de la trifulca. En la misma también fue herido el jefe de la guardia del cuerpo legislativo, Guillermo Smith, y el destacado político liberal Santos Michelena, quien falleció dos meses después a causa de una herida de bayoneta.

Con ese hecho, en la historia política del país, puede decirse que se produjo la ruptura definitiva entre conservadores y liberales culminando así más de dos décadas de enfrentamientos políticos, entrando en crisis definitiva el régimen constitucional que se había establecido en 1830.

El Congreso, dominado por el partido conservador, unas semanas antes había comenzado a enjuiciar al presidente José Tadeo Monagas, jefe del Partido Liberal, a quien se acusaba de haber violado la Constitución por haber ejercido facultades extraordinarias, emplear la fuerza armada sin el consentimiento del Consejo de Gobierno y de haber ejercido la administración del Poder Nacional fuera de su sede en la capital.

Ese día, el Ministro de Relaciones Interiores y Justicia, Martín Sanabria, había acudido al Congreso a rendir el informe anual del Poder Ejecutivo, y estando en el recinto, afuera, en la calle corrió el rumor de que había sido detenido o asesinado, habiendo sido ello lo que provocó que turbas liberales enardecidas intentaran entrar al Congreso por la fuerza, produciéndose los resultados señalados, al ser repelidas por la guardia. Tan grave fue el evento que el propio Presidente Monagas se presentó a caballo en el centro de Caracas, acompañado por el general Santiago Mariño, con las fuerzas para restablecer el orden.

Del evento, habiendo quedado diezmado el Congreso de su representación conservadora, pues por temor muchos diputados tuvieron que pedir asilo en delegaciones extranjeras o partir al extranjero vía Curazao, el mismo se instaló sometido al partido liberal, perdiendo su autonomía, al igual que el Poder Judicial, prevaleciendo la voluntad personalista del Presidente Monagas.

La reacción de los conservadores fue armada, con José Antonio Páez a la cabeza, tratando de recuperar el poder, produciéndose revueltas en todo el país. Páez al final fue derrotado, estuvo preso en Valencia, Caracas y Cumaná y en 1850 salió desterrado, permaneciendo exiliado en Nueva York hasta 1861.

Y fue precisamente es de esos hechos del 24 de febrero de 1848, cuando fueron las primicias de Capó en la guerra civil que hizo Maracaibo contra el gobierno del General Monagas, luchando con denuedo en la resistencia que se concentró en los campos de "El Moján", "La Venega", "Quisiro", "La Cañada" y "Los Haticos", heroica pero inútil resistencia que al fin se resolvió por el General Monagas.

La protesta armada de Maracaibo y otras provincias había sido proclamada e inspirada también por el General José Antonio Páez. Conviene dejar definido esto porque tiene estrecha relación con lo ocurrido después con lo que se llamó la Guerra Federal en Venezuela, en la cual tuvo señalada actuación dicho jefe José Antonio Páez.

José Tadeo Monagas, 1785-1868

Mucho se ha escrito sobre el asesinato del Congreso el 24 de enero de 1848, pero hoy, libres de prejuicios, tenemos una opinión y un juicio irrefutable, en lo que asienta el historiador contemporáneo, Caracciolo Parra Pérez en su obra *Mariño y las Guerras Civiles*:

> "A nuestro modo de ver personal, si bien no puede afirmarse que el gobierno mandara ejecutar el atentado, o incitase a las turbas por medio de agentes provocadores, es indudable que pudo impedirlo y no lo impidió, y aún más, que se aprovechó de él para aplicar su política, ya francamente hostil a los conservadores u oligarcas, llegando poco después, para mengua suya, y sobre todo del propio Congreso que así lo decretó, hasta proclamar de fiesta nacional aquella fecha luctuosa. Lo menos que puede decirse es que "las autoridades" se cruzaron de brazos y permitieron con su inercia u omisión que la turba se lanzase contra la Cámara. Dichas autoridades, cuya responsabilidad no se sabría escamotear, eran en primer lugar el Presidente Monagas y su Ministro del Interior Sanabria, y en segundo lugar el General Mariño, Comandante de Armas, y Marcelino de la Plaza, Gobernador de Caracas.
>
> En tales circunstancias, planteábase una cuestión de fuerza: el populacho y los milicianos, guiados, digamos por agitadores anónimos, la resolvieron en favor de Monagas y de los liberales. Pero de todos modos lo que no admite duda es la trascendencia que tuvo tal

hecho insólito en la historia nacional y su influencia en la transformación de las costumbres políticas y sociales de nuestro país".[1]

1 CARACCIOLO PARRA PÉREZ, Mariño y las Guerras Civiles, Tomo III, "El 24 de Enero", Ediciones Cultura Hispánica, Madrid, 1960, pág. 60. La bastardilla es nuestra.

1848-1858: PRIMER EXILIO: VIAJE A PUERTO RICO

Convencido entonces de la inútil resistencia, el joven paladín Capó dejó su Cátedra de Matemáticas del Colegio Nacional de Maracaibo y se trasladó con su mujer y sus pequeños hijos a Puerto Rico, radicándose en la población de Guayama donde vivían sus hermanos Luis y Florencio Capó. Allí se consagró durante diez años al cuidado de su familia y a la educación de sus menores hijos y también a ejercer el profesorado en colegios particulares. Junto a estos sagrados deberes cultivaba siempre los más puros sentimientos de amor a su patria venezolana, a la que deseaba volver, de la que se alimentaban sus sueños de proscripto y por la que aspiraba luchar algún día y, al fin, verla feliz.

1858: LA REVOLUCIÓN DE MARZO Y LA PRESIDENCIA DE JULIÁN CASTRO

En esa expectativa discurría el tiempo para nuestro compatriota cuando tuvo conocimiento de que en Venezuela había estallado una revolución armada pero incruenta que obligó al General José Tadeo Monagas, Presidente de la República, a renunciar el poder ante el Congreso el día 15 de marzo de 1858. Entonces pensó Capó que había llegado la oportunidad que tanto deseaba para reintegrarse a su patria y prestarle sus servicios.

La revuelta había tenido como centro la ciudad de Valencia. donde se había gestado, y había reconocido como Jefe al General Julián Castro, quien entró en Caracas el 18 del mencionado mes, con el carácter de "Jefe supremo del Ejército Libertador, encargado de la Reorganización de la República".

¿Quién era este militar que así irrumpía en la vida política de Venezuela? Oigamos lo que de él nos dice Lisandro Alvarado, en su *Historia de la Revolución Federal de Venezuela*:

> "Este hombre, a los principios de su carrera militar, había servido a los ejércitos de Colombia en los que alcanzó el grado de Alférez. Nada hubo a la verdad en el transcurso de su vida pública que lo hiciera notable como

militar o magistrado y el hecho de figurar en primera línea como elemento de la insurrección lo debía evidentemente al puesto que ocupaba por entonces. El 8 de julio de 1835 lo vemos en una Compañía que mandaba como Teniente del Batallón "Anzoátegui", estableciendo por orden de Carujo una guardia en la habitación del Presidente Vargas. Lo volvemos a encontrar en 1847 con el grado de Capitán, batiendo en "Los Leones" al comandante Ezequiel Zamora. Se había rehabilitado. En el gobierno de los Monagas halló nuevas causas para ascender y en 1849 fue nombrado Jefe de una de las columnas que expedicionaron contra Páez, y después como Gobernador de Apure. Por último, desde 1855 fue destinado a la Gobernación de Carabobo; donde lo encontró,

General Julián Castro 1810-1875

cual se ha visto, la revolución. Este era el pasado, algo tortuoso, del hombre que ahora estaba encargado de la reorganización de la República".[2]

Antes de seguir adelante hemos juzgado conveniente insertar esta micro biografía del General Julián Castro porque servirá de orientación para explicarse buena parte de los sucesos que ocurrieron luego en el campo de la política nacional y también porque en cierto grado sirve para exponer las condiciones y contrastes del medio ambiente del país y sus fuerzas predominantes al momento en que Rafael Capó resolvió reintegrarse a la Patria, pletórico de hermosos ideales y deseoso de servirla y luchar por su gloria y libertad.

Es a todas luces cierto que fue un hecho insólito y sorprendente el triunfo de la Revolución de Marzo y que ésta fuera incruenta, pues no encontró resistencia sino la más completa aceptación de los partidos y clases sociales, ya que la nación entera repudiaba el gobierno dinástico de los Monagas; y el júbilo con que se celebró el advenimiento de un nuevo gobierno fue porque todos esperaban que iba a comenzar para Venezuela una nueva era en la cual se alcanzaría la regeneración política, social y económica, junto con la dignidad y bienestar de la República, tanto más cuanto que las banderas triunfantes traían como consigna lisonjera el "olvido de lo pasado y la unión de los venezolanos".

Naturalmente que esta consigna llamaba a todos los expatriados, a los compatriotas dispersos, encarcelados y

---

2 . LISANDRO ALVARADO, Historia de la Revolución Federal en Venezuela, Caracas, 1956, páginas 11-12.

perseguidos para reunirse y protegerse mutuamente y cambiar la suerte adversa y despiadada que hasta entonces habían tenido.

Hasta este punto hubiera resultado todo muy bien, pero desde el principio empezaron a encenderse los ánimos y a exaltarse las pasiones con propósitos de represalias contra José Tadeo Monagas, sus familiares y los corifeos de su derrocado gobierno. Esto no podía evitarse y sucede y sucederá siempre cuando ocurren cambios radicales en los gobiernos, sobre todo cuando éstos han sido tiránicos y derribados por una revolución triunfante.

Como consecuencia de esta situación se iniciaron las represalias con la prisión y expulsión de los gobernantes derrocados, pidiéndose con urgencia la salida del país del General José Tadeo Monagas y de sus familiares que se habían refugiado en la Legación de Francia. Esto complicó la situación política internacional, que se extendió a peligrosos extremos, lográndose al fin soslayar la crisis con un arreglo diplomático: el General Monagas quedó a la orden del nuevo gobierno bajo condiciones de seguridad personal mientras se efectuaba su expulsión del país.

1858: LA ASAMBLEA CONSTITUYENTE Y LA PRESIDENCIA DE MANUEL FELIPE TOVAR

Después de este incidente, el gobierno revolucionario se propuso salir de esa situación de facto convocando a la ciudadanía a una Asamblea Nacional Constituyente que diera estructura y consistencia legal al Estado Venezolano bajo el dictado de una nueva Constitución y nombrara un nuevo Presidente de la República, restaurándose así el orden institucional de la Nación. Esta Asamblea se instaló en Valencia el día 5 de Julio de 1858 y desde entonces fue llamada "La Convención Nacional".

Mientras la Convención pasara al proceso de discutir y aprobar una nueva Constitución, declaró vigente la de 1830, nombró Presidente Provisional de la República al general Julián Castro; designó un Consejo de Estado compuesto de 5 miembros, entre los cuales ocupó el primer puesto el señor Manuel Felipe de Tovar, quien supliría las faltas temporales o absolutas del Presidente Provisional.

Manuel Felipe Tovar

1803-1866

Como el señor Tovar tuvo una actuación muy destacada y si vamos a ver decisiva en la política nacional de la época que relatamos, juzgamos oportuno insertar aquí una micro biografía, si pudiéramos llamarla así, que hace de él, el antes citado Lisandro Alvarado en su *Historia de la Revolución Federal de Venezuela*:

> "El señor Tovar nació en Caracas en 1803. A los 19 años fue enviado por su padre Francia e Inglaterra, para que completase su educación. Adquirió en ambos países, durante ocho años, no sólo los idiomas, que hablaba con perfección, sino muy sólidos conocimientos en diferentes ramos del saber humano, particularmente en humanidades. / Pocos hombres parecían llenar tan bien como él en la vida pública las aspiraciones del partido conservador" [3]

[3] 3. LISANDRO ALVARADO, op. cit., página 275.

1858: RAFAEL CAPÓ REGRESA DEL EXILIO

Aunque a grandes rasgos y tal vez con apreciables omisiones, hemos querido dejar con estos relatos un perfil de la situación política que se desarrollaba en Venezuela cuando llegó a Caracas Rafael Capó, y nada mejor que su correspondencia familiar puede orientarnos para saber por él mismo las circunstancias y acontecimientos reinantes en la época como él los veía y sus reacciones personales al respecto. Así, con fecha 28 de junio de 1858 escribe a su señora:

> "Todavía no puedo hablar con seguridad sobre el proyecto que me trajo aquí. Tengo buenas esperanzas de que esto se arregle pronto. Mucho desearía que me fuera posible traerlos aquí con preferencia a otro punto de Venezuela, pero esto depende de circunstancias que debo consultar antes. La situación del país no está todavía muy buena y es preciso esperar los trabajos de la Convención."

Por este párrafo se puede apreciar que está desanimado, prevenido, indeciso y aún desconcertado y se presume su situación personal como dudosa, incierta. Luego, con fecha 6 de julio, escribe con más soltura a su hermano Florencio:

"He encontrado esta tierra como me la había figurado: un hermosísimo país en estado anormal. Los ingleses y los franceses insisten en que se cumpla a Monagas y los suyos la oferta que inoportunamente se les hizo y no sabemos lo que resolverá la "Convención"; pero la opinión del país está por el merecido castigo de los culpables. Si viene fuerza, se repelerá con la fuerza; y no vayas a creer que esta es una baladronada, porque hay 20.000 hombres sobre las armas y los 10.000 franceses que puedan venir, encontrarán, no lo dudes, quien les haga frente. Podrán ocupar algún punto del Litoral, pero si se internan hasta aquí, se les dará ocupación.

La Convención se reunió ayer y nombró presidente de ella a Fermín Toro. Creo que se prolongarán los poderes del general Julián Castro y creo también que será nombrado Presidente de la República. Estamos en una situación indefinida todavía. Yo creo que iré a mandar un Batallón en los pueblos de Aragua. No pienso en milicias, pero tendré que aceptar esto como escalón para colocarme luego en otro puesto más en consonancia con mi posición respecto a mi familia. Es cuestión de tres o cuatro meses más y entonces iré a buscarlos. Decididamente me fijo aquí para siempre".

Caracas Julio 6. de 1858

Mi querido Honorio — He encontrado esta tierra como me la figuraba en mis ensueños: un hermosísimo país en estado anormal — los franceses y los ingleses insisten en que se cumpla el allanamiento y los suyos la oferta que imprudentemente se les hizo y no sabemos lo que resolverá la convención; pero la opinión del país está por el castigo de los criminales — si viene fuerza, se repelerá con fuerza y no vayas a creer que esta es una baladronada porque hay 2000 hombres sobre las

armas y los 8 ó 10000 franceses
que puedan venir, encontrarán
no lo dudes, quien les haga fren
te — podrán ocupar algún
punto del litoral, pero si se in
ternan hasta aquí se les dará
expulsión — Los cónsules que
conocen ya esto y que están per
suadidos de que no se cederá
á esas amenazas, entiendo que
volverán sobre sus pasos —

La Convención se instaló
ayer y nombró Presid.te de
ella á Fermín Toro; creo
que se prolongarán los
honores al Gral. Castro y creo
también que sea nombrado
Presid.te de la República — lo

merece por que su comportamiento
no puede ser mas arreglado.
Estamos en una situacion inde
finida todavia; pero solo puede
desconfiar el que no conozca la
historia de las reacciones en general
que principian siempre como aquí,
y terminan satisfaciendo todas
las necesidades publicas —

Yo creo que iré á mandar
un batallon á los pueblos de Ara
gua — otro pienso en milicia,
pero tendré que aceptar esto
como escalon p.ª colocarme
luego en otro puesto mas
en consonancia con mi po
sicion respecto de la familia
es cuestion de tres ó cuatro
meses y entonces iré á bus

Gracias a que hemos logrado encontrar, muy bien conservada, gran parte de la correspondencia epistolar, rigurosamente sostenida en todo tiempo entre Rafael Capó y su señora e hijos, nos es dado aprovechar tan valioso aporte para seguir sin desviaciones el orden cronológico de sus actividades desde el preciso instante en que llegó a Caracas hasta que se ausentó definitivamente del país en el mes de diciembre de 1862, o sea dentro del lapso de 5 años en gran parte de los cuales estuvo combatiendo contra los federales en Venezuela.

Aún más, nos ha servido de precioso auxiliar esa correspondencia porque ella por sí misma es un claro exponente de su actuación personal, y por otra parte contribuye a llenar con datos prolijos, importantes espacios de los servicios militares que prestó al gobierno constitucional y que omitieron, con deliberada intención, los historiadores que hicieron el relato de dicha guerra, todos afiliados al partido triunfante, especialmente el general Luis Level de Goda, quien fue un factor activo en la contienda y un fanático partidario de los Monagas, como él mismo lo deja ver en su *Historia Contemporánea de Venezuela Política y Militar*, publicada en París en abril de 1893.

Han sido también federales los demás historiadores de la Guerra Federal y por consiguiente sus juicios son parciales, como Francisco González Guinán en su *Historia contemporánea de Venezuela* y Lisandro Alvarado en su *Historia de la Revolución Federal en Venezuela*.

1858: RAFAEL CAPÓ, MILITAR CONSTITUCIONALISTA: BARCELONA, VALENCIA, PUERTO CABELLO

Como es fácil advertir, con semejantes fuentes de información no es posible a las presentes generaciones formarse un criterio justo e imparcial sobre los hombres y los sucesos que cubrieron toda la historia militar y política durante los 5 años que duró aquella espantosa contienda que fue la Guerra Federal.

Pero nos vamos a referir aquí, naturalmente, a las actividades de Rafael Capó como militar, en esa terrible lucha; y para la precisión de los datos cronológicos iremos cotejando las fechas de su correspondencia familiar con los acontecimientos en que él tomó parte de dicha época.

Todavía en agosto de 1858 su situación es incierta. Con fecha 4 escribe a su señora desde Valencia:

> "Me ocupo de conseguir un destino que me permita ir a buscarlos. Esto no está muy claro porque los ánimos están divididos y la cuestión extranjera lo entorpece todo; pero esperamos que pronto quedará arreglado el país de un modo satisfactorio".

El 23 de octubre anuncia desde Puerto Cabello que irá a Barcelona destinado a un cargo importante (Comandante); y, efectivamente, desde dicha ciudad escribe con fecha 22 de noviembre de 1858:

"He sido nombrado Comandante Militar de esta plaza. Ya estoy bien relacionado y pien-

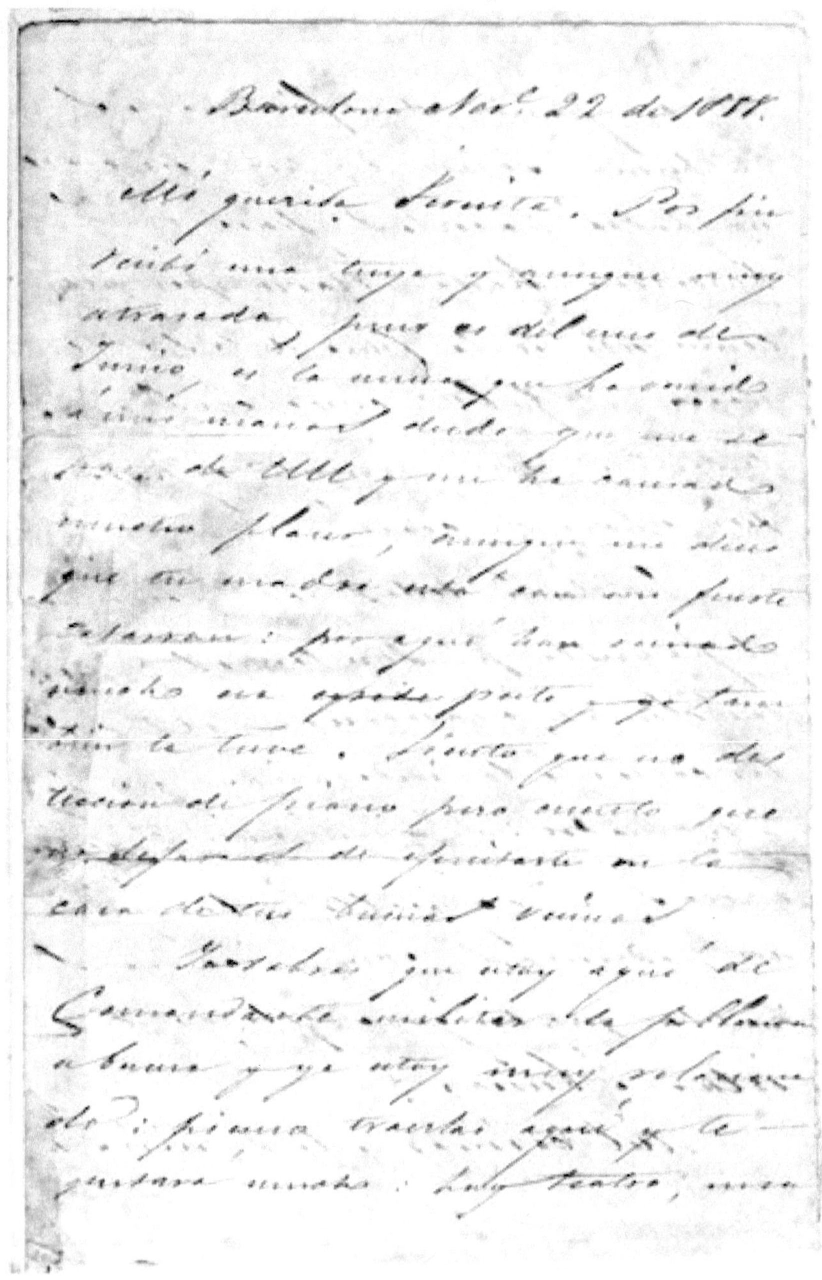

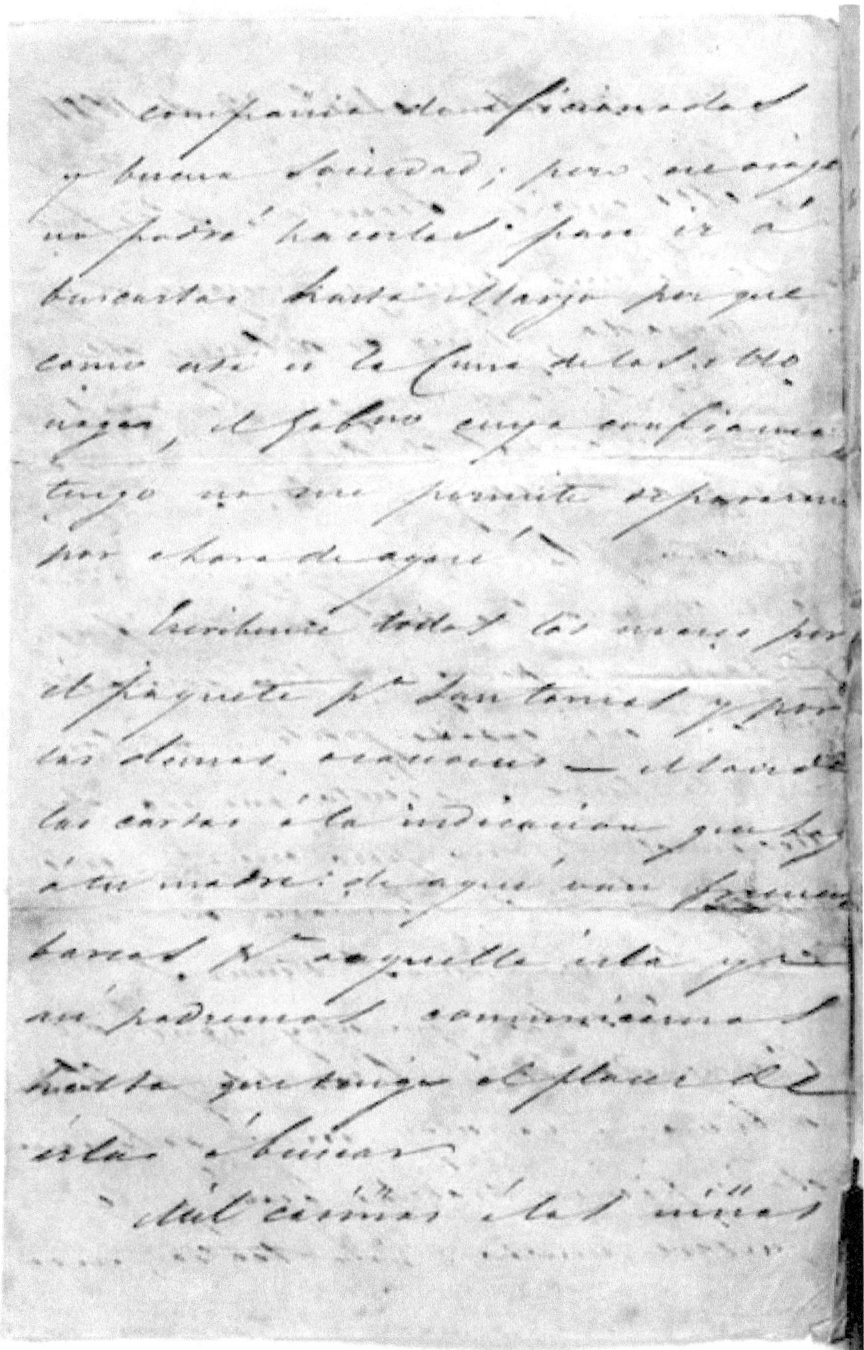

compañía de fraternidad
y buena sociedad; pero me creo
no podré hacerlo para ir á
buscarte hasta Mayo porque
como está en la Cuna del ladrón
negro, el Gobierno cuya confianza
tengo no me permite separarme
por ahora de aquí.

Escríbeme todos los meses por
el paquete p.a Santomas y por
los demás vapores — Al rev... de
las cartas á la indicación que hoy
á tu madre: de aquí van [illegible]
barcos p.a aquella isla y así
no podremos comunicarnos
hasta que tenga el placer de
esta [illegible] abrazar

Mil cariños á los niños

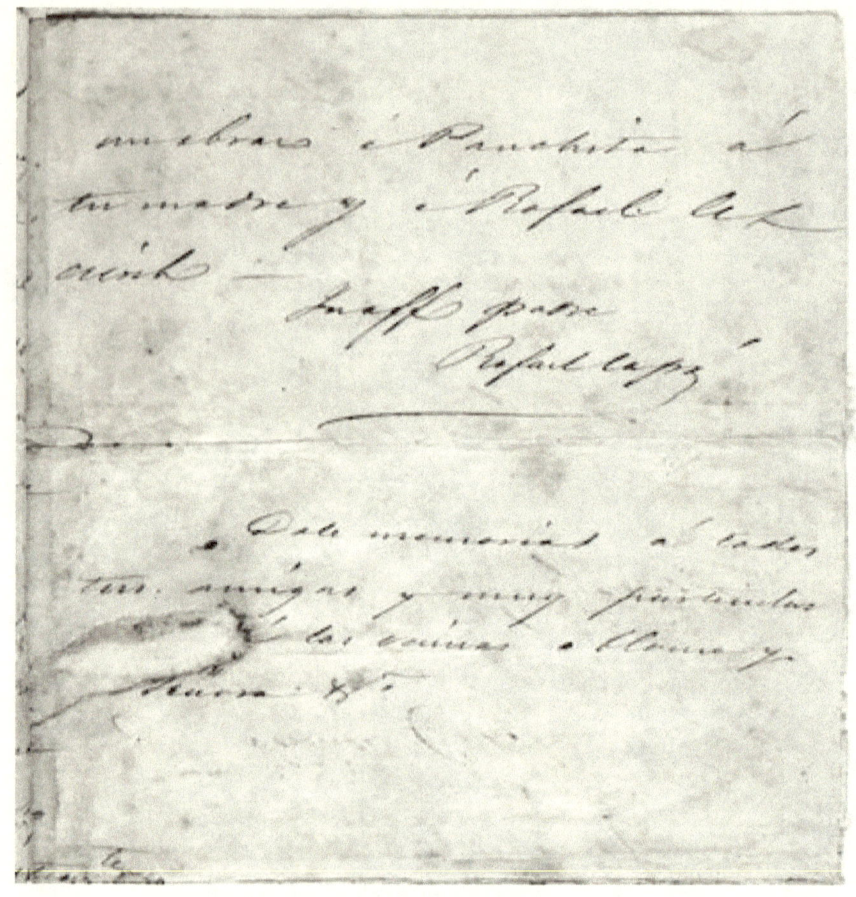

memorias á Panchita á tu madre y á Rafael [illegible] [illegible] —

Tu aff° padre
Rafael [illegible]

Dale memorias á todos tus amigos y muy particular [illegible] á las [illegible] [illegible] [illegible] &c.

so traerlos aquí y les gustará mucho.

Ustedes saben que mi madre es de Barcelona y que yo nací en esta ciudad. Pero también deben saber que ésta es la cuna de los Monagas.

Con la autoridad de que estoy investido el Gobierno me discierne su confianza, pero no puedo separarme por ahora de aquí y pasarán unos meses para ir a buscarlos".

Tenemos así que este es el primer cargo que se le confía a Rafael Capó para el cual fue ascendido al grado de Comandante, pues el nombramiento de Comandante Militar de Barcelona incluía el de Jefe de operaciones en ese litoral oriental.

Más adelante habremos de referirnos a las actividades de Capó en Barcelona durante 7 meses, o sea desde octubre de 1858 hasta que en mayo de 1859 fue llamado a Caracas.

1858: CAPÓ ASCENDIDO A COMANDANTE Y DESIGNADO GOBERNADOR MILITAR DE BARCELONA

Conviene volver aquí a la forma en que estaba organizado provisionalmente el gobierno con el general Julián Castro de Jefe Provisional del Estado, Manuel Felipe de Tovar de Presidente del Consejo de Estado, quien supliría las faltas del Jefe Provisional, y los Ministerios distribuidos en el orden siguiente: Interior, M. Berrizbeitia; Exterior, Fermín Toro; Hacienda, Manuel Herrera; Guerra, General León de Febres Cordero.

Febres Cordero fue el único General en Jefe de las constitucionales durante casi toda la Guerra Federal; y fue él quien designó a Rafael Capó para Gobernador Militar de Barcelona, así como para otros importantes cargos militares, como se verá luego. Era Jefe de Estado Mayor el Coronel Manuel Vicente de las Casas, quien desempeñó con eficacia y singulares dotes de mando ese importante cargo durante casi toda la Guerra Federal.

Junto a ellos, había un grupo de jóvenes distinguidos, algunos de Caracas y otros procedentes de las distintas provincias del país, que con el grado de Comandantes hicieron también la defensa de la Constitución y demás leyes de la República, durante los largos años de lucha contra las huestes federales.

Esperamos rendirles aquí un tributo de admiración a estos héroes que, como dijo el integérrimo Manuel Felipe de Tovar en un Mensaje al Congreso, "ennoblecieron el grado de Comandante". Son ellos: Andrés Avelino Pinto, Facundo Camero, Rafael Capó, José María Rubín, Benito Figueredo, F. M. Pérez Arroyo, José Echezuria, Manuel Garrido, Eduardo Carrillo, Rafael Adrián, José Leandro Martínez, Julián Marrero, José Angel Ruíz, Cipriano Heredia, José Gil Francisco Mirabal, Manuel Herrera, Eduardo Madriz, J. López Mercado.

Este grupo de jóvenes militares pertenecía en su mayor parte a distinguidas familias de la sociedad venezolana y desde que fue derrocado el gobierno de José Tadeo Monagas se afiliaron al Ejército que organizó el Ministro de Guerra León de Febres Cordero, y pronto se destacaron por su valor a toda prueba, su singular espíritu combativo y su intachable disciplina. Manifestaron estos jóvenes poseer una mística de lo que es el servicio militar; y así se verá en todo el curso de su actuación que no dependían nunca de ningún caudillo, ni trataron nunca de serlo ellos mismos, sino del Ejército a que pertenecieron y del gobierno constitucional que respaldaba ese Ejército. De ahí la condición impersonal que inspiraba esa mística.

Por otra parte, nunca participaban en deliberaciones de orden político, las cuales eran campo vedado para los militares en servicio; y así durante 3 años fueron sólo Comandantes, a quienes se destinaba como "Jefes de Operaciones" en los lugares en que se requería de su servicio activo en las campañas. Así fue como ennoblecieron el grado de Comandante hasta que muchos de ellos fueron ascendidos al de Coronel, y en ciertos casos al de general por el Congreso de 1861 a solicitud del Ejecutivo.

LAS FUERZAS CONSTITUCIONALISTAS Y LAS GUERRILLAS FEDERALES

En síntesis, esta era la estructura de las fuerzas armadas que defendieron al gobierno constitucional y que por eso se apellidaban constitucionalistas, o mejor, constitucionales, así como las guerrillas de los insurgentes se llamaban federalistas o simplemente federales.

Estas guerrillas empezaron en el mes de julio de 1858, en el Guárico, cuando se instalaba la Convención en Valencia y dictaba un nuevo orden constitucional de la República. Otras guerrillas aparecieron entonces por Guanarito, provincia de Portuguesa. Dice el historiador Level de Goda en su obra ya citada:

> "Esas guerrillas no tenían centro común ni bandera, pero estaban todas de acuerdo en hacerle la guerra al gobierno y se llamaban 'liberales.'"[4]

Así, durante los meses de julio, agosto, septiembre y octubre, a medida que se ramificaban estos focos guerrilleros en distintas regiones del país, se organizaba y tomaba cuerpo la Revolución Federal, y en una junta reunida en Saint Thomas, formada por sus principales

---

[4] 4. LUIS LEVEL DE GODA, Historia Contemporánea de Venezuela Política y Militar, Caracas, 1954, página 110.

corifeos, se designó para Jefe de dicho movimiento al General Juan Crisóstomo Falcón.

Juan Crisóstomo Falcón

1820-1870

Entonces se efectuaron concentraciones revolucionarias en Saint Thomas, Curazao y Trinidad hacia los meses de noviembre y diciembre del año mencionado. El Gobierno, por su parte, se ocupaba de organizar la defensa militar con los elementos y recursos de que disponía, a la vez que daba el frente a difíciles problemas, como fue el caso de que hemos hablado con las Legaciones de Francia e Inglaterra, el cual terminó el 31 de agosto con la expulsión de José Tadeo Monagas y su familia, que embarcaron en La Guaira con destino a Martinica.

Además, las autoridades tenían que confrontar múltiples problemas que aparecían como secuela del cambio radical de gobierno.

Para fines del año tenemos a Rafael Capó ejerciendo su cargo de Comandante Militar de Barcelona sin haber sido molestado por las guerrillas, aunque sí requerían su atención vigilante las actividades de los elementos conspiradores en aquella ciudad, porque ya Zamora y los Sotillo andaban alzados por Maturín y se tenía noticia de que ocurrían desembarcos de elementos revolucionarios en las costas orientales.

1859: PRIMER ENCUENTRO CON LOS INSURGENTES FEDERALES: BARCELONA, MATURIN, CIUDAD BOLÍVAR, PÍRITU

En efecto, el Comandante Capó tuvo el primer encuentro con los insurgentes cuando éstos desembarcaron en Jose, puerto cercano a Píritu, que luego tomaron, capitaneados por Julio Monagas y José L. Arismendi. El breve relato histórico que hace Level de Goda de esta acción es como sigue:

> "El Comandante Rafael Capó, notable Oficial del Gobierno, por su valor y conocimientos, que estaba en Barcelona, había salido con una pequeña fuerza por la costa y encontró aquellos revolucionarios en Píritu y éstos, después de un tiroteo, abandonaron el poblado. A poco fueron otra vez atacados en la laguna de Susucual y quedaron derrotados, dispersándose los principales Jefes y cayendo muchos prisioneros".[5]

Se ve en el párrafo copiado la intención de amenguar la proeza del vencedor, quien hace el relato en carta a su señora, fechada en Ciudad Bolívar el 23 de mayo de 1859, así:

---

[5]. LUIS LEVEL DE GODA, op. cit., páginas 128-129.

"Aquí ha estallado una gran revolución que tenía ramificaciones en toda la República. Barcelona, cuyo mando militar yo tenía, era el centro de la insurrección, pero a fuerza de energía paré el golpe y pude conservar el orden en la plaza. Después salí a campaña contra Julio Monagas y lo derroté completamente en Susucual y luego las exigencias de la guerra me han ido trayendo a esta plaza, en el extremo de la República. Los diarios de Caracas se han ocupado mucho de mí. Uno de ellos, que es monaguero puro, me acusó de atrocidades en la guerra y todos los otros me han defendido con justicia, porque tú sabes que no soy capaz de nada que desdiga de sentimientos humanitarios y del honor. En esa acción cogí más de 200 prisioneros cuyas vidas respeté.

El mismo diario que me acusó desmintió los hechos atribuyéndolos a erróneos informes; pero esto da una idea del estado del país. No hay una reputación política o militar que esté a cubierto de ataques calumniosos; y por otra parte estamos en lucha con una facción vandálica que tiene por bandera el asesinato, el incendio y el robo. Nosotros, que debíamos atacarla con mano vigorosa, tenemos una Constitución que nos liga".

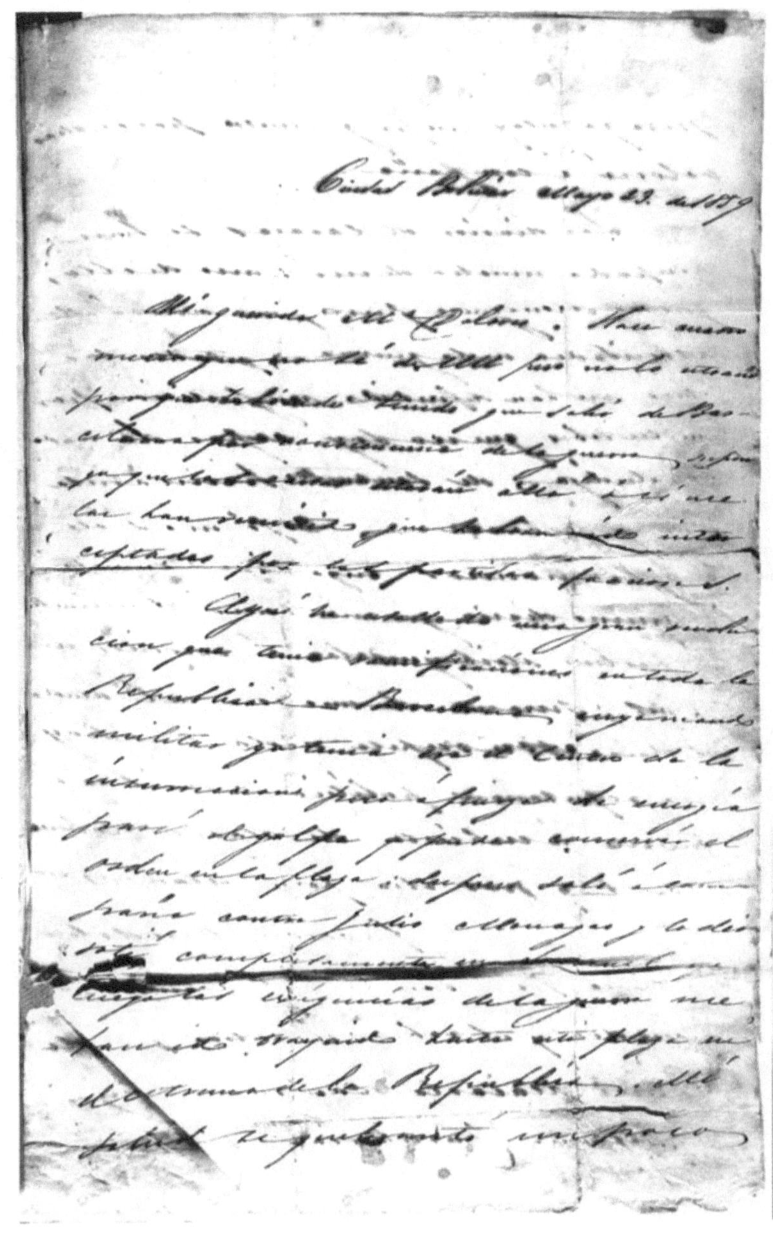

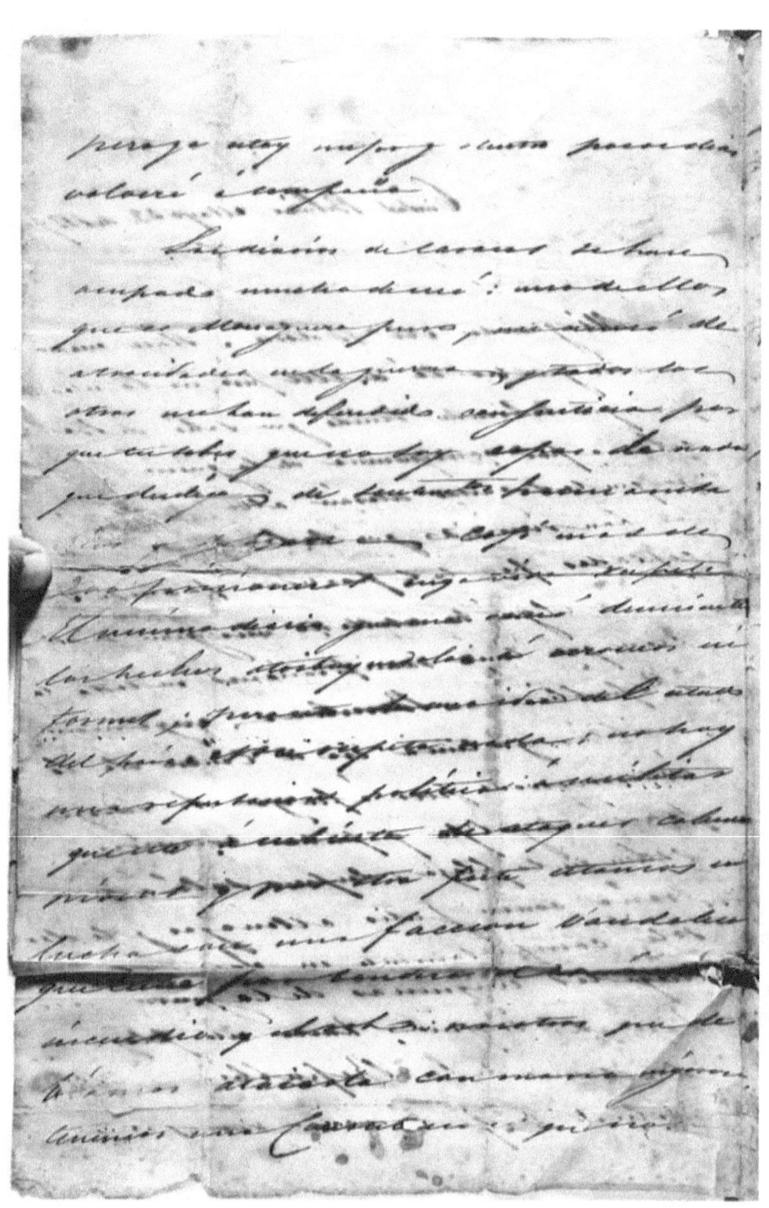

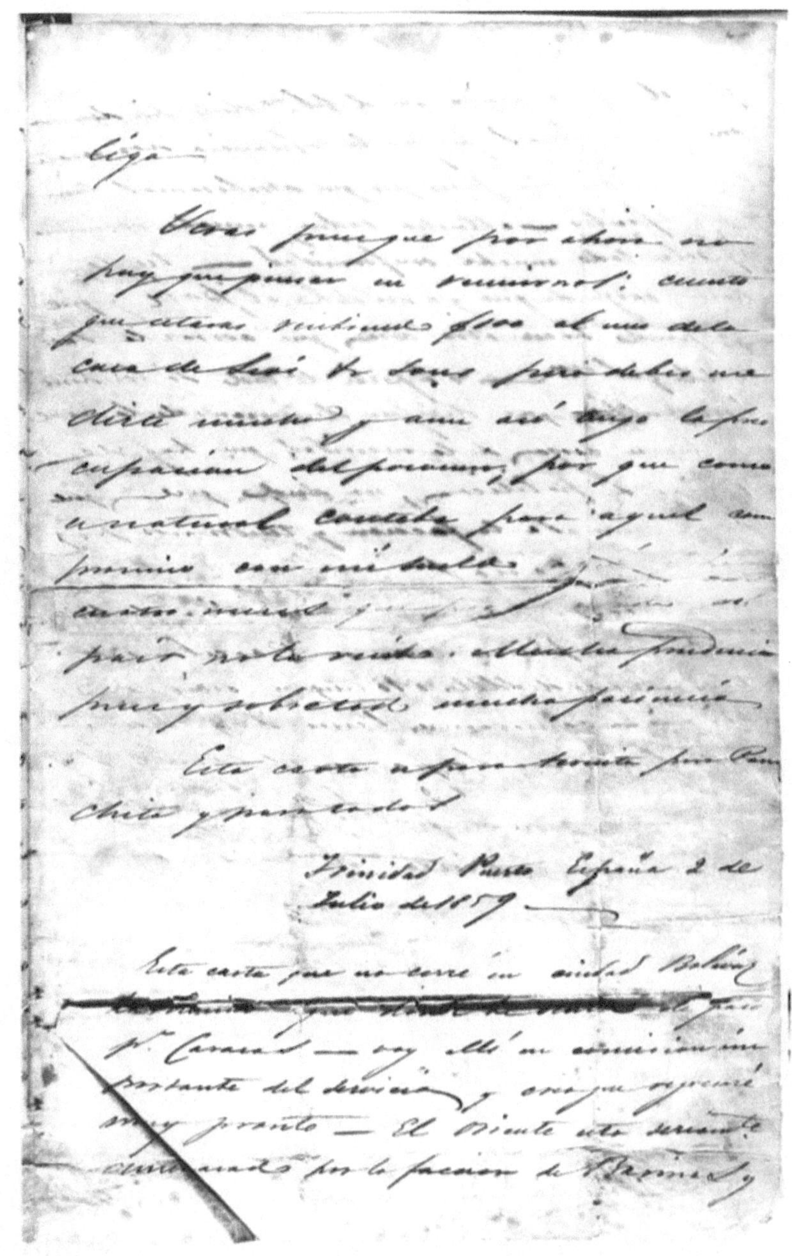

Liga—

Verás pues que por ahora no hay que pensar en reunirnos: cuento que estamos recibiendo $100 al mes de la casa de [illegible] Sons pero debo me [illegible] mucho y aun así tengo la preocupación del porvenir, por que como es natural [illegible] para aquel compromiso con mi [illegible] [illegible] [illegible] para [illegible] la vida. [illegible] la Providencia [illegible] y sobre todo mucha paciencia.

Esta carta es para [illegible] por Panchita y para todos

Trinidad Puerto España 2 de Julio de 1859—

Esta carta [illegible] en ciudad Bolívar [illegible] el paso p. Caracas — voy allí en comisión importante del servicio y creo que regresaré muy pronto — El Oriente está seriamente [illegible] por la facción de [illegible]

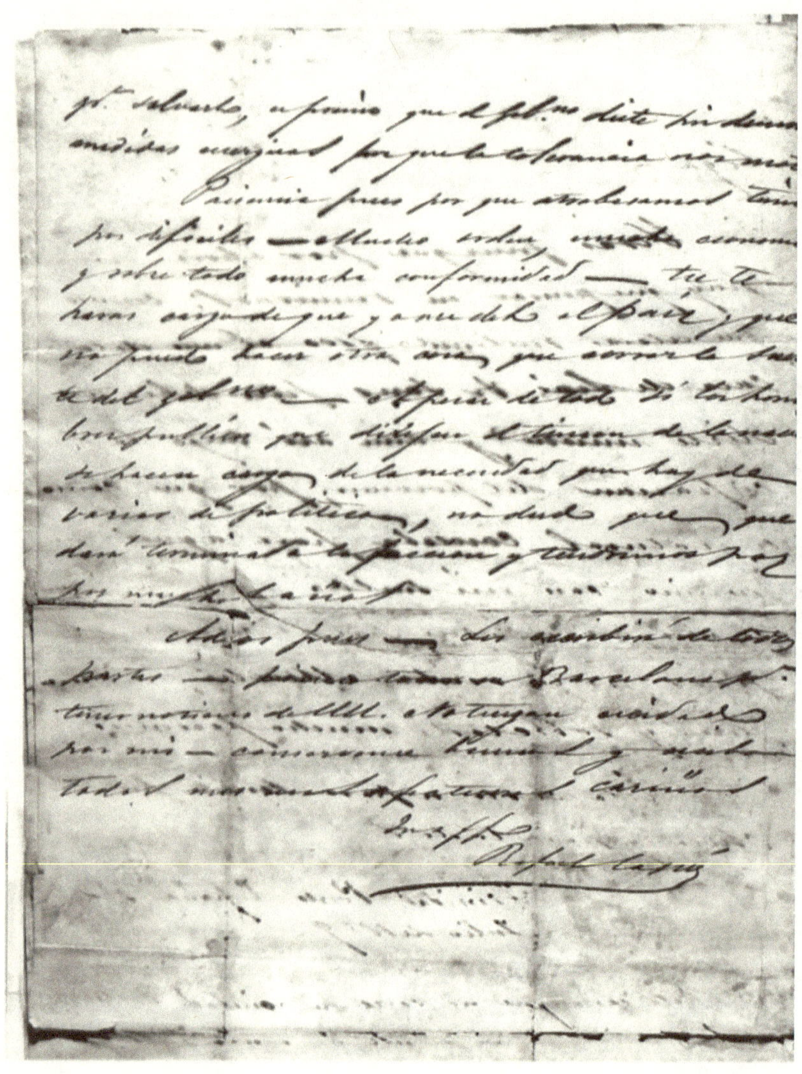

Lo que él llama arriba "exigencias de la guerra" sin duda se refiere a un encuentro con el General Gregorio Monagas cuando éste se había reunido con los Sotillo en un punto llamado Copado, entre Barcelona y Maturín.

En esta ocasión dice Level de Goda que después del descalabro que sufrieron los federales en Las Piedras, pasados algunos días,

> “las caballerías de los Sotillo recorrían los llanos y en una ocasión, en los primeros días de mayo se desprendió de ellos, con su grupo, el dicho General Gregorio Monagas y se dirigió a su Hato "Las Hoyas" con el fin de desenterrar una gran cantidad de dinero que años antes había sepultado en cierto sitio de dicho Hato. Entonces supo esto el Comandante Capó y salió a buscar a dicho General; cuando las avanzadas lo avistaron se dieron cuenta de que iba en retirada y Capó consideró inútil perseguir con su infantería a un pequeño grupo de caballería como el del citado General Monagas. Pero un oficial de nombre Pedrique supo la vía que había tomado el militar revolucionario y con pocos hombres de caballería le dio alcance; al realizarse el encuentro, Monagas no logró resistirlo y murió en la pelea. Como Capó había seguido su marcha para Ciudad Bolívar no tuvo noticias de este final sino mucho después, a su regreso a Caracas, por lo cual no hace mención de este encuentro en su citada carta del 23 de mayo que concluyó en Trinidad, de paso para la Capital, a donde se dirigía "en comisión importante del servicio".

CAPÓ GUERREANDO CON LOS INSURGENTES

Aquí podemos apreciar ya cómo empieza a destacarse la figura militar de Rafael Capó, diseñada por sí mismo, por su propia mano, y así también podemos ver el contraste en el relato de los hechos según quien los escribe; luego su firmeza para sostener la verdad y su devoción a la justicia, lo mismo que su inflexible lealtad a la Constitución que ha jurado defender.

Desde Trinidad, el 2 de julio, continúa la carta empezada en Ciudad Bolívar y agrega:

> "El Oriente está seriamente amenazado por la facción de Barinas y para salvarlo es preciso que el Gobierno dicte sin descanso medidas enérgicas, pues la tolerancia nos mata. A pesar de todo si los hombres públicos que dirigen el país se hacen cargo de la necesidad que hay de variar la política, no dudo que quedará terminada la facción y tendremos paz por muchos años".

Pero la situación era mucho peor de lo que pensaba Capó. Durante los meses de abril, mayo y junio, muchos de los elementos revolucionarios que conspiraban desde las Antillas habían desembarcado en Venezuela, donde estaban en armas y combatían con algún éxito en determinadas zonas. Los meses de julio y agosto estuvieron agitados por fuertes conmociones políticas en Caracas y hubo numerosos pronunciamientos por la causa federal.

PARTIDO CONSERVADOR Y PARTIDO LIBERAL

Como es sabido ya para entonces la opinión estaba fragmentada y había dos grandes partidos o corrientes políticas. En el Gobierno se mantenía el partido conservador o constitucionalista; y en la oposición el partido liberal que se había pronunciado por la Federación, por lo cual se llamaban federales. Como Jefe del partido Conservador se había reconocido al General José Antonio Páez y como Jefe del partido Liberal o federalista se había designado al General Juan Crisóstomo Falcón.

Bajo la dirección de ambos Jefes se habían aglutinado sus respectivos partidarios y existía una lucha campal. Puede decirse que con excepción de la Cordillera y algunas otras provincias occidentales, el resto del país estaba en guerra, incluso en Caracas había encuentros armados. Existían profundas divisiones, siendo la de entonces la situación más grave y compleja que haya afrontado el poder ejecutivo por la animadversión que había en el partido conservador contra el Presidente, General Julián Castro, quien había seguido una política desorbitada y sobre todo extraña e inconsecuente, dando la espalda a los conservadores y rodeándose de elementos activos del partido federal.

GOLPE DE ESTADO CONTRA EL PRESIDENTE CASTRO

Esta conducta del Presidente provocó una reacción violenta que se extendió hasta los Oficiales que sostenían al Gobierno con las fuerzas armadas, llegándose a calificar de traidor al General Julián Castro. De aquí provino un golpe de Estado que se venía preparando y que estalló el 2 de agosto, provocando serios conflictos. Para ese día era Vice-Presidente Manuel Felipe de Tovar y Designado Pedro Gual.

Los oficiales que dieron el golpe fueron el Coronel Comandante de Armas de Caracas, Manuel Vicente de las Casas; el Primer Comandante del batallón "'Convención", José de J. González; el primer Comandante del batallón "Cinco de Marzo", Ramón Castillo, y el segundo Comandante del "'Cinco de Marzo", Camilo Prada.

Estos oficiales no pudieron por sí mismos constituirse en gobierno ni elegir gobernantes y por ello fue que ese mismo día 2 de agosto se reunieron muchos ciudadanos notables de la ciudad para hacer una representación ante las autoridades y significarles que habiendo cesado el General Julián Castro en el ejercicio del poder ejecutivo, reconocían al señor Manuel Felipe de Tovar y, en su ausencia, al Doctor Pedro Gual, como legítimos sucesores de dicho poder. Esto era, pues, volver a la legalidad o sea al régimen constitucional. Como el Coronel de las Casas no deseaba otra cosa, aceptó sin vacilar esta fórmula, la notificó en seguida a los Comandantes de los batallones y éstos la aceptaron también. Entre tanto fue Castro preso y llevado a la casa de gobierno donde firmó su renuncia como Presidente de la República, encargándose inmediatamente del Poder Ejecutivo el Designado, Doctor Pedro Gual, por hallarse ausente de Caracas el Vicepresidente Manuel Felipe de Tovar.

A tiempo que esto ocurría en la Casa de Gobierno, se combatía en las calles de Caracas, pues como en la propia capital se habían hecho pronunciamientos por la Federación, los propulsores de este movimiento hicieron para que marchara sobre la ciudad, con fuerzas armadas, el General Pedro V. Aguado, quien se había pronunciado en La Guaira por la Federación, se había enseñoreado de dicho puerto y de Maiquetía y tenía el Litoral bajo su dominio. Aguado marchó a toda prisa hacia Caracas mientras Manuel Vicente de las Casas dominaba la ciudad y proclamaba el gobierno constitucional del Doctor Pedro Gual.

RAFAEL CAPÓ LLAMADO A DEFENDER CARACAS

Y es aquí donde nos encontramos de nuevo con el Comandante Rafael Capó en acción, llamado de urgencia para reforzar la defensa de la ciudad amenazada.

El historiador Lisandro Alvarado hace una breve reseña de esta aventura del general Aguado, pero con todo deja constancia de la valerosa actuación del Comandante Capó peleando en las calles de Caracas. Dice el historiador:

> "Cuando apareció el General Aguado en las alturas del Oeste, se distribuyeron armas a los milicianos y se les hizo marchar al sitio de combate a las órdenes del Comandante Capó, junto con un trozo de caballería de los Comandantes Echezuria y Madriz, una Compañía del Cinco de Marzo y otra del Convención... Pero el esfuerzo de Aguado no fue grande. Al ver la resistencia desplegada, no pensó más que en retirarse. . . Por la calle de San Juan marchó el General federalista y por la fila se dirigió a Maiquetía, adonde llegó en la mañana del 4".[6]

---

[6]. LISANDRO ALVARADO, op. cit., páginas 194-195.

No lo dice con estas palabras el historiador, pero Aguado fue derrotado y puesto en fuga por el bizarro Comandante Rafael Capó en defensa de la ciudad Capital.

Quince días después lo encontramos guerreando en las zonas del Este, próximas a Caracas, que también se habían pronunciado por la Federación; y sobre esta nueva acción comenta el mismo prevenido historiador, que nunca hace méritos del valor y la destreza militar del denodado Comandante:

> "Rompiéronse con esto vivamente las hostilidades. El 18 de agosto hace desalojar el Comandante Capó 400 hombres que había en "El Rodeo". Desde este punto destacó Rubín el mismo día al Comandante Garrido con una columna de 100 hombres que de pronto se vio cercada en "El Tamarindo" por fuerzas superiores antes de llegar a Guarenas".[7]

Garrido se defendió con bizarría hasta las 5 de la tarde cuando llegó Capó sosteniendo un porfiado combate con el batallón Convención, hasta que cayó la noche. A esa hora abandonaron los federales a Guarenas, guía "Los Reventones", hacia Barlovento. Después de esta campaña que decidió Capó, regresaron a Caracas los aguerridos Comandantes que con él compartían la suerte de las armas.

---

[7]. Id., id., página 198.

1859: LA TOMA DE LA GUAIRA Y MAIQUETÍA. CAPÓ HERIDO

Con todo, el regreso a Caracas de estos infatigables guerreros se debió a que habían sido llamados por el Ministro de Guerra para reconquistar el puerto de La Guaira y gran parte del litoral, donde se había hecho fuerte el General Aguado, quien había instalado su cuartel general en Maiquetía. Dispuso un plan de ataque el Coronel Comandante de Armas Manuel Vicente de las Casas, quien lo expuso previamente a los Comandantes que iban a tomar parte en las operaciones militares. En consecuencia, ordenó que una columna conducida por el Comandante Garrido, saldría por Galipán (flanco derecho); una brigada, dos compañías y reflejos del batallón Cinco de Marzo (centro), comandados por Rubín, entrarían por "Las Dos Aguadas"; y la brigada que dirigía de las Casas, con una parte del batallón Convención, marcharía por la vía carretera.

Una columna de estos cuerpos en la vanguardia quedó al mando del Comandante Capó, a las inmediatas órdenes de Casas. En las órdenes de este Jefe para Rubín estaba comprendido que este Comandante debía concurrir con un destacamento por Maiquetía, en lo cual convino Rubín, pero exigió como condición indispensable que se encargase el propio Coronel Casas de dirigir el peligroso ataque de Maiquetía. Aceptado este plan, se distribuyeron las fuerzas de ataque en el orden debido; y lógicamente le correspondió al Comandante Capó mandar la vanguardia de Casas en esta acción, en la cual resultó herido al bajar a Maiquetía por "El Rincón". La lucha fue reñida y dispuesta con el orden previsto en el plan de batalla.

La oficialidad marchaba al combate, ufana y confiada, cantando el himno al Ejército Constitucional que había compuesto el poeta Abigaíl Lozano para los expedicionarios sobre La Guaira, canción que, al decir de Juan Vicente González, parecía escrita sobre un escudo.

El triunfo fue celebrado en Caracas en forma delirante. Aguado no pudo resistir el ímpetu de los combatientes y huyó en la noche replegándose por la orilla del mar vía Carayaca y la Colonia Tovar; llegó por último a La Victoria, adonde lo persiguió y derrotó el Comandante Rubín; pero fue el impetuoso ataque del Comandante Capó el que le obligó a desalojar a Maiquetía, donde se había hecho fuerte, un mes después de haber sido batido el General Aguado en las Calles de Caracas, haciéndolo huir hacia La Guaira.

A propósito de este sonado triunfo, y en vista de las situaciones conflictivas del gobierno en aquella época, consultemos ahora la correspondencia particular del Comandante Capó, quien el 12 de septiembre de 1859 dice a su señora:

> "Cuatro palabras sólo para quitarles el cuidado que tendrán al saber por los periódicos que fui herido en la toma de La Guaira. Es una

herida leve en una pierna, de la cual espero estar bueno en pocos días.

Este país estaba perdido por la infame traición del General Julián Castro, que armó las facciones para entregar la sociedad al vandalaje; pero el día que iba a dar la última mano a su obra, paramos el golpe, y aunque hemos tenido que sostener tantos combates, en todos hemos vencido y la guerra toca a su fin".

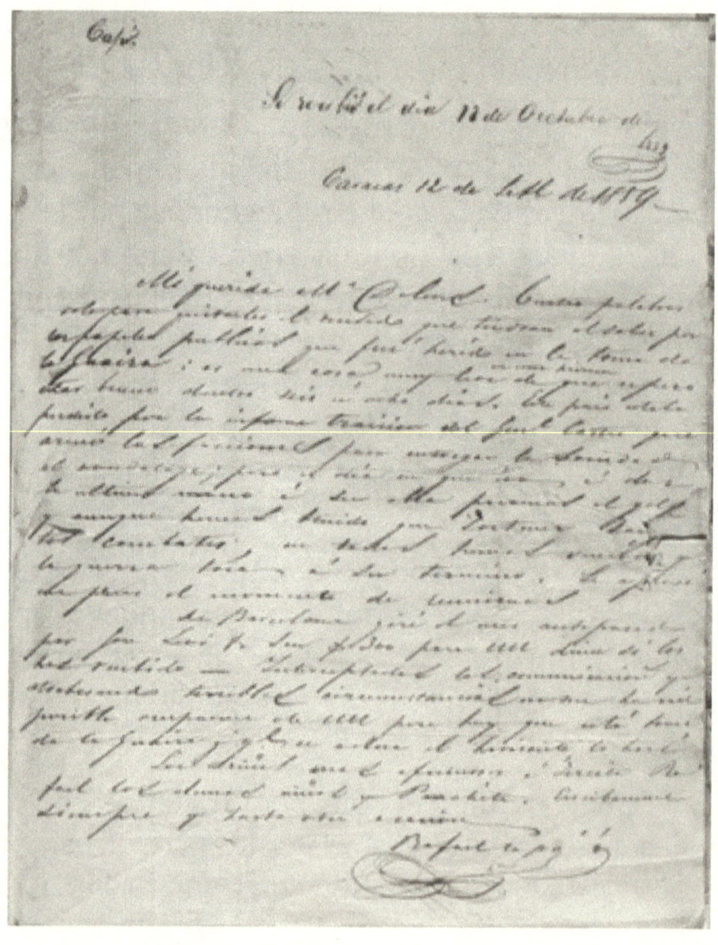

Capó.

Caracas 12 de Setbre de 1859

Rafael Capó

De Caracas, el 24 de septiembre de 1859, para su señora:

> "Estoy mejor de mi herida, aunque todavía cojeo un poco. El Gobierno me ha nombrado Jefe de Operaciones del litoral de Barcelona, y saldré para allá dentro de tres o cuatro días. Todavía estamos aquí luchando con una facción vandálica que nada respeta. Aunque la revolución tenía inmensas ramificaciones, su principal fuerza se la daba la traición del General Castro, Presidente de la República, y ya tenemos otro Gobierno que procura dominar la situación'
> ,

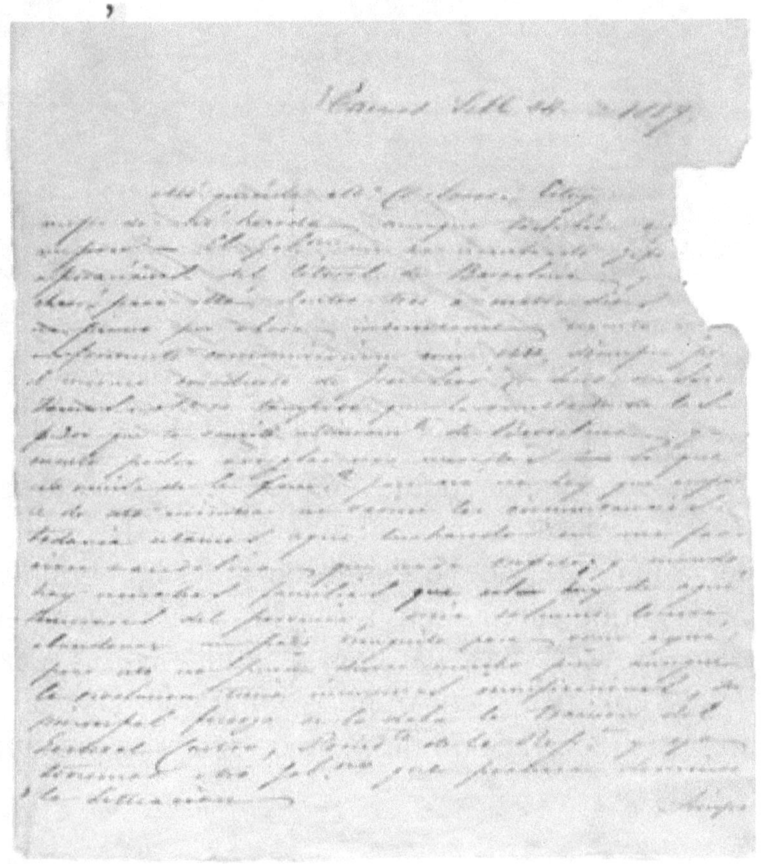

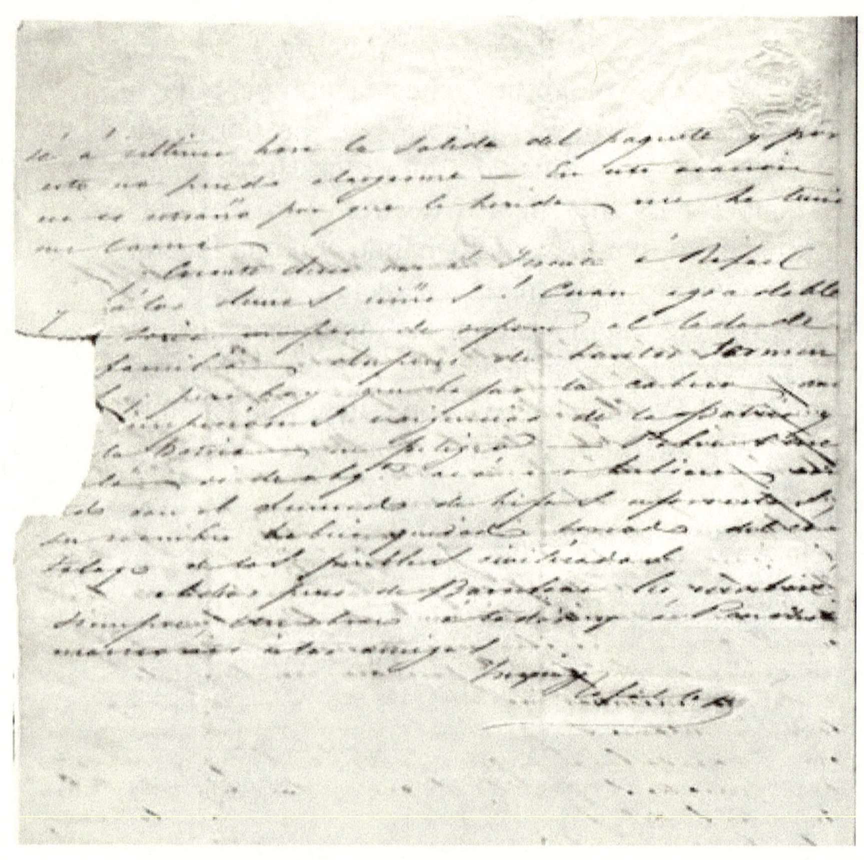

Conviene anotar aquí, como dice el historiador Lisandro Alvarado, que algunos días después del establecimiento del nuevo Gobierno y del nombramiento del Ministerio tomó actividad la guerra, sufriendo frecuentes reveses las partidas revolucionarias de las provincias, en especial en Aragua y Guárico. Más enérgica fue, no obstante, la acción desplegada sobre las provincias de Oriente y Occidente; es decir, sobre los focos principales de la insurrección.

No estaba aún aplacada en Barlovento la llama de la guerra, aunque sufrían allí los federales frecuentes reveses. En reemplazo del Comandante Garrido fue nombrado el Comandante Lovera, que llegó el 15 de octubre a Higuerote. Garrido acababa de moverse de Curiepe y situarse en Río Chico, donde hizo frente a varias facciones; una de ellas, desbaratada, iba huyendo hacia el Este, y fue alcanzada en la noche del 12 en Machurucuto. Acevedo, como se sabe, uno de los principales revolucionarios de la región de Barlovento, intenta penetrar en las montañas de Capaya y es dispersado el 18 en el paso del Tuy.

CAPÓ DE NUEVO EN BARCELONA

El Comandante Andrés Avelino Pinto, mandado en auxilio de Barcelona, tenía que obrar de nuevo sobre los insurrectos de Píritu, encabezados por el Coronel Herrera, el 20 de octubre. El Comandante Rafael Capó, con 200 hombres de la columna "Barlovento", zarpó de Higuerote en la goleta Ciudad Bolívar el 14 de octubre y desembarcó en Barcelona para prestar auxilio a Pinto con ese refuerzo.

No cabe duda de que la derrota de las fuerzas constitucionales en Santa Inés fue un golpe inesperado para el Gobierno y que esa derrota tuvo fuertes repercusiones que llegaron a conmover sus cimientos.

EL GENERAL LEÓN DE FEBRES CORDERO

Sin embargo, como todas las guerras, ésta que duró cinco años tuvo también sus días triunfales y sus días adversos; más ya veremos cómo el mismo General León de Febres Cordero volverá por sus laureles para cubrirse de gloria en la Batalla de Coplé. Y no podía ser de otro modo, pues basta conocer algunos rasgos biográficos de este militar insigne para formar concepto de sus grandes cualidades y su valor indiscutible.

General León Febres Cordero

1797-1872

En la Villa de Altagracia, provincia de Maracaibo, nació el 28 de junio de 1797. A los 15 años alistóse en el batallón de cadetes en el cual servía también su padre, el Capitán Don Bartolomé de Febres Cordero. Como Teniente del Batallón Numancia marchó a Bogotá bajo las órdenes de La Torre; pero opuesto al sistema terrorista de Morillo, fue destinado a Neiva. Habiendo contribuido a la Revolución de Guayaquil en octubre de 1820, prestó desde entonces sus servicios a la causa republicana. Sentó plaza en 1821 bajo las órdenes del General San Martín en el Ejército Peruano, desempeñó la Jefatura de Estado Mayor de la División de la Sierra y la Comandancia General de la Costa del Sur. Incorpórase en Cuenca, el año 1822, al Ejército Gran colombiano, en el cual, después del hecho de armas de Riobamba, fue nombrado por el General Sucre Gobernador y Comandante Militar de los departamentos de Riobamba y Guaranda. Ascendido a Coronel en 1823, siendo Jefe del Batallón Vargas, y a General de Brigada en la batalla de Tarqui. Su vida parlamentaria se inicia en 1827 en que fue Representante por la provincia de Maracaibo; y esta activa labor comenzada en 1820 continuó hasta 1833 en que pidió al gobierno de Quito sus pasaportes para Venezuela, retirándose entonces a la vida del campo. Alistóse de nuevo para combatir a los Reformistas; y dos veces lo vemos después en servicio de plaza hasta 1842 en que domiciliado en Carabobo retiróse de nuevo a la vida privada. Desde el 24 de enero de 1848 se puso en campaña contra los Monagas, y en la ruina de Páez se hundió también él. Como Jefe de Estado Mayor firmó la capitulación de Macapo y sufrió la pena de destierro por ocho años. Residió entonces en Curazao y en el Perú hasta febrero de 1857 en que volvió a Valencia.

Cordero demostró grandes aptitudes en el curso de la guerra y acreditó la escuela en que se había formado:

> "Yo lo vi al frente del enemigo, más sereno que otros, activo como el que más, ordenado como nadie y prudente como ninguno; yo lo vi soportar las impertinencias de un público que, ansioso de paz, le mandaba batirse, cuando sólo podía resistir; yo lo he visto en fin despreciar las injurias para servir a nuestra patria".

Esto decían de Cordero en una carta de Valencia, luego que tomó la ofensiva contra Falcón. "Su valor está en el alma y su mérito en la inteligencia."

CAPÓ DESIGNADO COMANDANTE MILITAR EN BARLOVENTO

Pero volvamos a la guerra de Barlovento. Nos parece que no hubiera otro jefe como el Comandante Capó a quien se pudiera designar con mayor empeño para dirigir la campaña de Barlovento, donde la guerra era más difícil por las peculiares condiciones en que se desarrollaba.

Así vemos que a fines del mes de diciembre de 1859 los Valles del Tuy y Barlovento continuaban ocupados militarmente por los Comandantes Capó, Echezuria, Vaamonde y Eduardo Madriz. El Comandante Capó era el Jefe de la División de Barlovento. El día 19 ocupó a San José de Río Chico y el 26 entró en Tacarigua. A poco se trasladó a Caracas con Eduardo Madriz al apercibirse del peligro que amenazaba al Gobierno después de la derrota sufrida por las armas constitucionales en Santa Inés. Pero regresó en seguida con más amplios poderes para continuar dirigiendo la campaña, ahora como Jefe de Operaciones en Barlovento.

A fin de que se pueda formar una idea de lo que era la guerra en aquellas regiones vamos a insertar aquí, tomada del archivo del General León de Febres Cordero, copia de una comunicación, fechada en Curiepe, que le dirigiera el Comandante Andrés Avelino Pinto, destacado en cierta ocasión para combatir a los federales en dicha región. Copia textual de la carta dice así:

> "Mi general: es increíble que haya hombres de conciencia tan criminal, ni que pueda existir una guerra de esta especie; el objeto de estos hombres no es pelear, es colocarse en cada cuarto de cuadra, tres o cuatro, en alturas inmensas y cerradas de bosques, donde se ocultan para disparar sus armas a los jefes y oficiales, de manera que en cada salida puedo contar con cuatro o seis heridos diarios, si no muertos".

Asombra en verdad ver cómo no hallaron Pinto y la mayor parte de sus compañeros de armas una muerte segura en aquellas zonas guerrilleras en las cuales el enemigo luchaba como francotiradores sin dar nunca el frente, disparando sobre las columnas expedicionarias y matando o hiriendo jefes y oficiales sin distinción.

Así, pues, era realmente impresionante este serio problema para la campaña de Barlovento y los valles del Tuy, adonde habían sido destacados los principales jefes defensores del Gobierno, siempre con el mismo resultado, pues cuando ya se daba por seguro que el fuego se había extinguido en aquellas regiones, aparecía de nuevo encendido con mayor violencia.

1860: CAPÓ DESDE RÍO CHICO

Aquí proseguimos el orden cronológico que nos hemos propuesto en esta biografía de Rafael Capó, y empezamos el año de 1860 con la siguiente carta, dirigida a su hija Teresa el 5 de enero de dicho año, fechada en Río Chico:

> "Nombrado por el Gobierno Jefe de operaciones de estos hermosos Valles, que estaban perdidos, he estado constantemente en campaña batiendo a estos bandidos. Ya la situación se va despejando y de esto depende nuestra reunión, pues ni el honor ni el estado del país permiten que yo deje las importantes atenciones que me detienen aquí para ir a buscarlas".

Río Chico Enero 5 de 1860

Mi queridísima Teresita. Talvez no creerás que de dos meses á esta parte no he tenido lugar para ponerte cuatro letras y sin embargo nada más cierto. Nombrado por el Gob.no Jefe de operaciones de estos hermosos valles que estaban perdidos he estado constantemente en campaña batiendo á estos bandidos — ya la situacion se va despejando y de esto depende nuestra reunion, pues ni el honor, ni el estado del país permiten que yo deje las importantes atenciones que me tienen aquí p.a ir á buscarte — ya el Gob.no sabe por que he tenido cuidado de ponerlo en cuenta que yo necesito una licencia p.r eso — Cuenta pues que no está muy distante el tiempo en que pueda traerlas á

Caracas, porque á Caracas pienso traerlas y que allí á imponerlas del tiempo de sufrimiento que han pasado en su pueblo.

Mil cariños á los niños: de recuerdo á Rafael y á tu madre — Un abrazo á Panchito. Memorias á los amigos de tu affmo. padre y mejor amigo

Rafael Capó

Y a la misma le decía, desde Caracas, el 24 de febrero de 1860:

"En vano trataría de explicarles las dificilísimas circunstancias porque ha pasado y pasa este país en su lucha con una facción que tiene ramificaciones en toda la República. Las desgracias de nuestro Ejército en Santa Inés y Curbatí me hicieron abandonar los valles de Barlovento donde estaba reduciendo a sangre y fuego la más infame de todas las facciones, una facción de negros alzados que asesinan, roban e incendian por sistema, pero que yo los iba combatiendo también por sistema, y ya nos íbamos entendiendo cuando tuve que venir a la Capital amenazada"

"Ayer celebramos la victoria de nuestro Ejército en Coplé, que fue una verdadera batalla campal, con ventajosas consecuencias para el Gobierno constitucional, y hoy vuelvo a Barlovento, donde espero concluir con aquellos infames bandidos y espero también la completa destrucción del Ejército Federal".

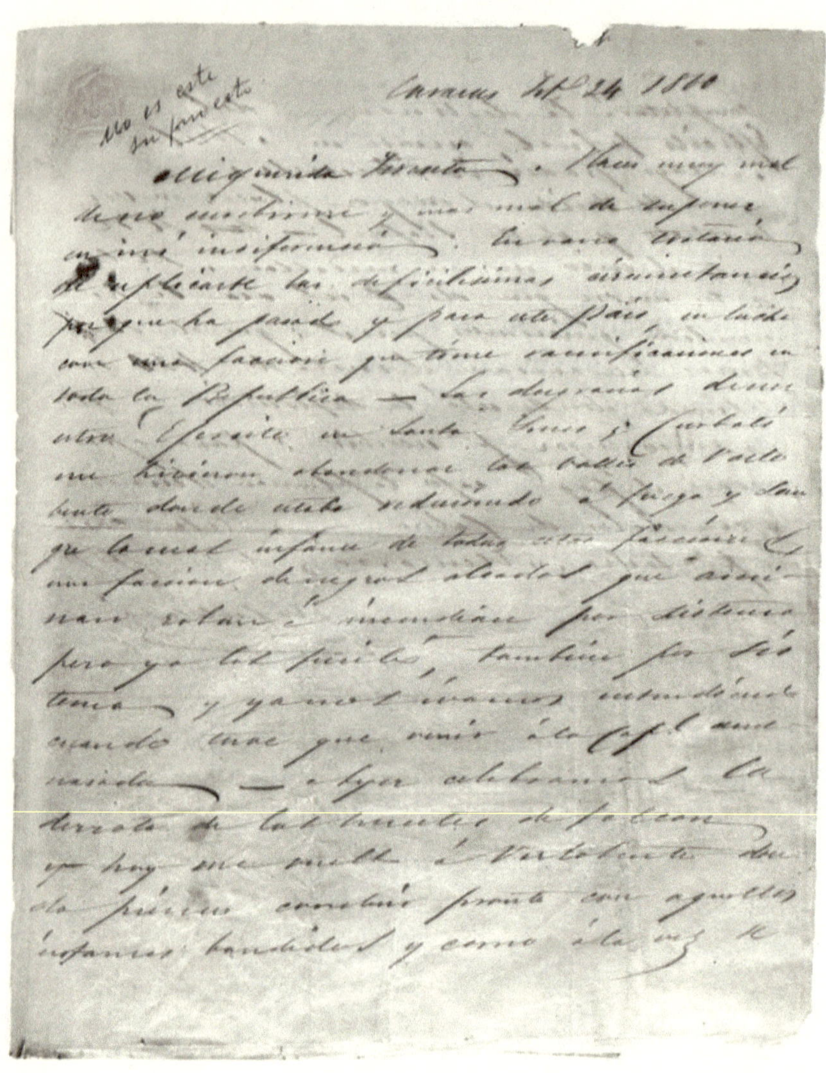

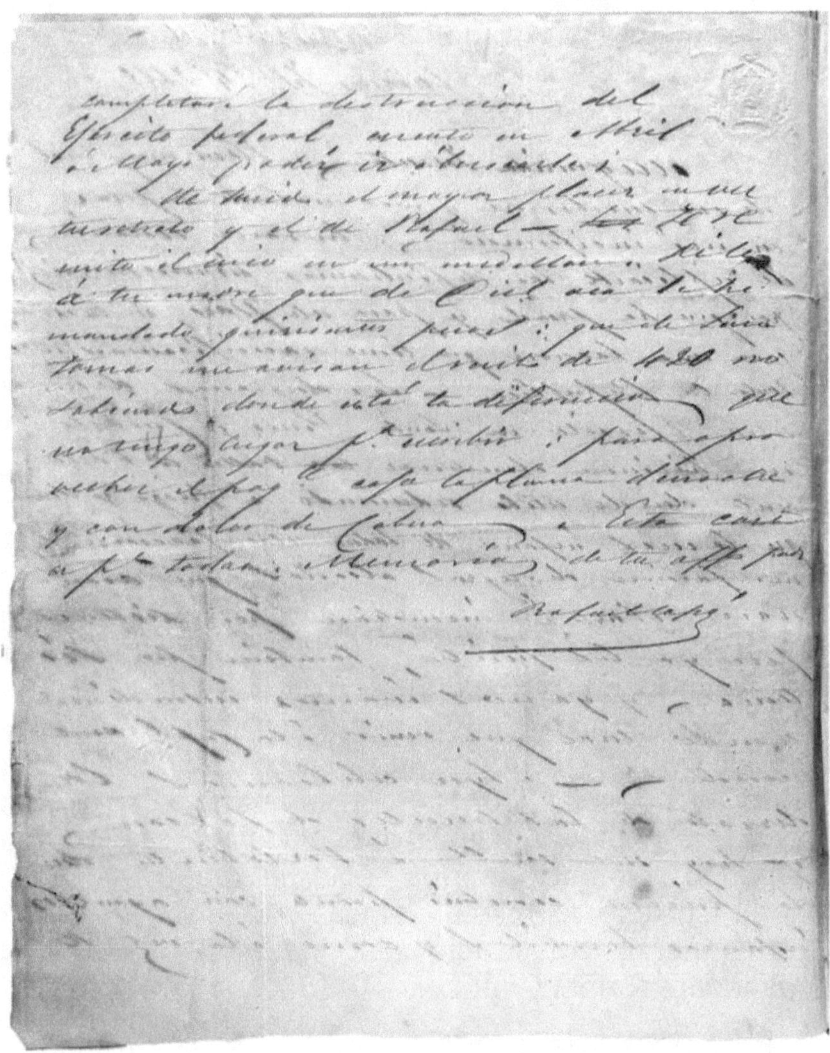

Y ya en Río Chico, el 16 de marzo de 1860, le escribía Capó a su señora:

> "No pueden formarse una idea de las apremiantes atenciones que no me dan lugarpara nada. Me ha tocado dirigir una guerra de

> bandidos, y con mi salida de aquí por la desgracia de Santa Inés se han envalentonado y ahora tengo que empezar de nuevo".

Era tan grave y desesperante esta situación que el propio Ministro de la Guerra, General León de Febres Cordero, después de su magnífico triunfo contra el General Falcón en las sabanas de Coplé, se movió de La Victoria hacia Cúa a mediados del mes de marzo, para dirigir personalmente las operaciones contra las facciones que se habían hecho fuertes en los Cantones de Río Chico y Caucagua, enlazándose con las de Barlovento. Con el fin de emprender una combinación semejante a la que había realizado en la costa, designó Cordero al Comandante Capó, confiándole el mando de una división respetable, y a fines de marzo había dado principio a la campaña con buen éxito ocupando el litoral de Barlovento mientras que los Comandantes Camero y Vallenilla marchaban por Guatire, apoderándose el primero de Caucagua el 31 de marzo, y penetraron a viva fuerza en "Los Reventones", cobrando así actividad y presteza las operaciones del Tuy. El 2 de abril ocupó a Curiepe el Comandante Capó y otras brigadas, al mando de Camero, avanzaban por Caucagua, replegándose los adversarios hacia las montañas. Así, el General Cordero regresó a Caracas con la satisfacción de dejar las fuerzas constitucionales victoriosas al mando del Comandante Rafael Capó.

Pronto pasaría este distinguido Jefe a dirigir otras campañas en las cuales volvería a destacar sus cualidades y sus relevantes dotes militares.

1860: CAPO NOMBRADO JEFE DE OPERACIONES EN CARABOBO: PUERTO CABELLO, VALENCIA

Separado el General Febres Cordero del Ministerio de Guerra, fue designado General en Jefe de los Ejércitos de la República para dirigir en persona las operaciones militares. Esto hubo de producirle al Gobierno excelentes resultados. En consecuencia, dispuso el General en Jefe una campaña seria sobre las Costas de Puerto Cabello y destinó para Jefe de Operaciones en esa zona al Comandante Rafael Capó, quien merecía toda su confianza como militar activo y entendido, secundado en dichas operaciones por los Comandantes Moreno, Olivo y Torrellas, muy buenos oficiales, y con buenas tropas.

En Carabobo, además de las antiguas guerrillas que existían en Güigüe, el Naipe y la Sierra, se habían hecho fuertes las que estaban bajo las órdenes de los Generales Gabriel Guevara y Mora, que se habían extendido, con la reputación de invencibles, desde Puerto Cabello hasta el Yaracuy por Canoabo, y también hacia Montalbán y Boca de Aroa.

Una vez conocidas las posiciones que ocupaban los federales, como ya se ha expuesto, dispuso el Comandante Capó el plan de operaciones; pero antes de abrir las hostilidades dirigió una Proclama a los revolucionarios en la cual les ofrecía la paz y la concordia, o sea que las puso a elegir antes de proseguir la guerra. Esa Proclama, que insertamos luego, prueba el temple acerado de este militar verdaderamente invencible a la vez que sus sentimientos humanitarios.

Como no fue aceptada la oferta de la paz, partieron de Montalbán por distintas vías los Comandantes Adolfo Olivo, Nicolás Torrellas y Félix Moreno, quienes ejecutaron con precisión sus movimientos y tomaron a Canoabo a fuego y sangre. Dueño del punto el Comandante Capó, dispuso una batida de los enemigos, simultánea y activa. El Comandante Moreno ocupa el camino de San Felipe; el Comandante Torrellas ocupa a Temerla y domina el territorio que se le había señalado, haciendo muchos prisioneros, mientras que algunas fuerzas de la columna Puerto Cabello persiguen a los facciosos refugiados en Alpargatón y Morón. Así pudieron los Comandantes Moreno, Torrellas y Olivo dominar la costa extendida desde Puerto Cabello hasta el río Yaracuy, haciendo más de 300 prisioneros. El General Guevara fue preso por las fuerzas de Torrellas.

He aquí la proclama antes mencionada:

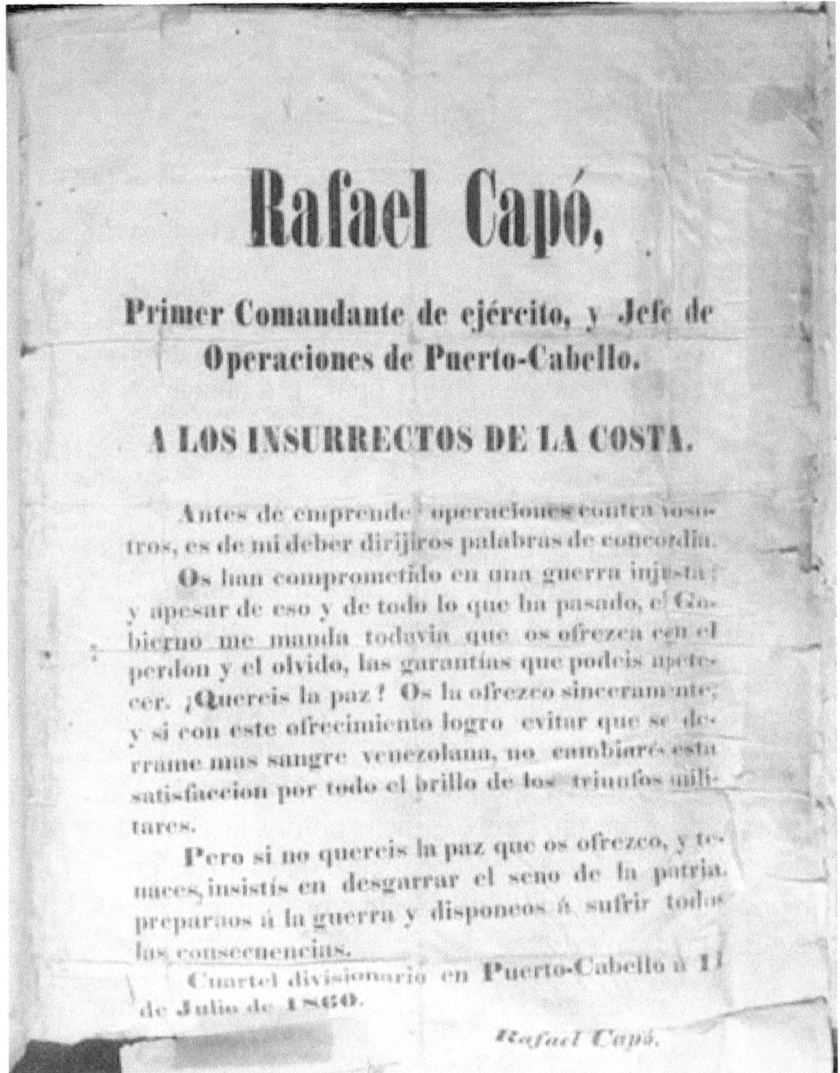

Rafael Capó,

Primer Comandante de ejército, y Jefe de Operaciones de Puerto-Cabello.

A LOS INSURRECTOS DE LA COSTA.

Antes de emprender operaciones contra vosotros, es de mi deber dirijiros palabras de concordia.

Os han comprometido en una guerra injusta; y apesar de eso y de todo lo que ha pasado, el Gobierno me manda todavia que os ofrezca con el perdon y el olvido, las garantías que podeis apetecer. ¡Quereis la paz! Os la ofrezco sinceramente, y si con este ofrecimiento logro evitar que se derrame mas sangre venezolana, no cambiaré esta satisfaccion por todo el brillo de los triunfos militares.

Pero si no quereis la paz que os ofrezco, y tenaces, insistís en desgarrar el seno de la patria, preparaos á la guerra y disponeos á sufrir todas las consecuencias.

Cuartel divisionario en Puerto-Cabello á 11 de Julio de 1860.

Rafael Capó.

Con el fin de conservar el orden cronológico que venimos observando y darle al Comandante Capó el mérito que le corresponde en la dirección de esta campaña, vamos a cerrar esta relación insertando extractos de cartas dirigidas por él a sus familiares y copiando la versión histórica hecha por Lisandro Alvarado en su mencionada obra sobre la Guerra Federal.

De Puerto Cabello, Julio 14, 1860 para su señora:

> "Por la adjunta Proclama verán que voy a entrar en campaña y les recomiendo que economicen mucho para que no se vean en apuros. Terminada esta campaña, que espero será corta, nada me detendrá para ir a buscarlos".

Septiembre 11. De Puerto Cabello, para su hija Teresa:

> "Deben comprender que no me ha sido posible separarme de aquí para ir a buscar a la familia. No me ha sido posible abandonar puestos importantes y la dirección de las operaciones militares que me ha confiado el Gobierno. Pero el horizonte ya parece que se despeja. Fuertes temporales han bramado sobre este infortunado país y épocas hemos atravesado en que no hubiese sido prudente que viniera aquí una familia cuando otras iban a buscar seguridad en el extranjero".

Diciembre 6. De Puerto Cabello, para su señora:

> "Voy a separarme por uno o dos meses de aquí para el interior a dirigir una guerra. Escribiré siempre, aunque no con la regularidad con que lo he hecho desde esta plaza".

De Río Chico, marzo 17, de 1861, para su hija Teresa:

> "Terminada felizmente la campaña de la Costa de Pto. Cabello con la extinción de todas las facciones y la prisión del General Guevara, que era el Jefe, estuve gravemente enfermo, con tifus, tomado en la Costa. Ya, un poco restablecido, he vuelto aquí, como Jefe de Operaciones de estos Valles".

En cuanto a Lisandro Alvarado, dice así, en su obra citada:

> "Dominado por Capó al comenzar el año todo el territorio a la margen derecha del río Yaracuy, sólo faltaba tomar a Moroncito, último atrincheramiento de los federalistas, situado entre dicho río y el de Aroa. Siguiendo dicho Jefe su campaña de ocupación en especial para los lugares poblados de sementeras, dispuso que el punto de Blanca-flor, que suministraba al enemigo considerables recursos, fuese ocupado por Torrellas y que las bocas del Yaracuy, para que quedase expedita su navegación, fuesen cubiertas por el Comandante Mendoza.
>
> Con tales medidas refugióse Guevara en Moroncito. El 14 de enero fue ocupada Boca de Aroa: los contrarios, que tenían construida una trinchera circular en la playa, huyeron a sus posiciones del Río Aroa, seguidos por los constitucionales, hasta que estuvieron a distancia de 500 varas unos de otros, en cuyo estado pernoctaron. Tenía el enemigo dos fuertes trincheras al frente de las márgenes del Aroa, estando resguardados sus flancos por dos caños caudalosos, también atrincherados. El

Comandante Mendoza se arroja sobre ellos y en nueve horas los aniquila. Olivo y Torrellas iban sobre la retaguardia enemiga por un camino largo, fragoso e inundado: oyeron desde por la mañana las detonaciones del combate y aceleraron la marcha; más en la noche tomaron los facciosos el parecer de desbandarse, dejando el campo sembrado de cadáveres. Así fue como, ocupadas por el Comandante Capó todas las posiciones enemigas, continuó con tenacidad la persecución y el 22 cayó Guevara prisionero en Palma Sola, en manos de una guerrilla de las fuerzas del Comandante Torrellas. El resultado de esta laboriosa campaña, fue la recolección de muchas armas, más de 300 prisioneros y el restablecimiento del tráfico mercantil entre Pto. Cabello y las provincias del Yaracuy y Barquisimeto".[8]

---

[8]. LISANDRO ALVARADO, op. cit., página 374.

1861. EL CORONEL CAPÓ DE NUEVO EN BARLOVENTO

Tenemos pues que al comenzar el año 1861 se encontraba el Comandante Capó, de nuevo en la difícil campaña de Barlovento.

Sin embargo, esta situación habría de cambiar radicalmente por el giro que tomaban los acontecimientos políticos que mantenían al Gobierno en agitación permanente, pues de una parte las inquietantes atenciones de la guerra y por la otra, más grave aún, como resultado de las enconadas pugnas dentro del mismo Gobierno entre los partidarios del General José Antonio Páez, que unos optaban por la Constitución y otros por la Dictadura.

Todas estas circunstancias de extrema gravedad por sus consecuencias, como es fácil colegir por la siguiente carta, que se publica ahora por primera vez, dirigida al Comandante Capó por el Presidente de la República Don Manuel Felipe de Tovar.

"PRESIDENCA DE LA REPUBLICA "Caracas, mayo 18 de 1861.

"Señor Coronel Rafael Capó.

"Jefe de Operaciones de Barlovento. - Río Chico. "Muy estimado amigo y señor mío:

"La situación actual requiere que yo me dirija hoy a usted para imponerle, aunque muy de ligero de lo que ocurre, y prevenirle. El círculo dictatorial se ha unido descaradamente con los federales para hacerle la guerra al Gobierno: el 16 los revolucionarios fueron a las barras del Congreso a impedir la discusión de importantes medidas de seguridad pública, y a ahogar la voz de los Ministros. No pasó todo de una poblada sin resultados, pero que revela bien a las claras que no perderán ocasión de falsear el Gobierno. El señor General Cordero, con este motivo y creyendo que es a él a quien se hace más cruda guerra, patriota siempre, se ha separado del Ministerio de la Defensa, deseoso de apartar obstáculos para la buena marcha de la Administración, y ha entrado a sustituirlo el señor Coronel Rubín. El Coronel Pinto ocupa la Comandancia de Armas. La ciudad permanece tranquila; el Congreso decidido por una inmensa mayoría a sostener el Gobierno legítimo: espero que nada lograrán los perturbadores de la paz.

"Mucho he deseado aprovechar en estos momentos sus servicios para ayudar a combatir esa posición facciosa; pero no he hallado otro jefe que me inspire tanta confianza como usted para terminar esa campaña de Barlovento, iniciada bajo tan buenos auspicios por usted y cuya gloria le pertenece toda entera. Yo espero que muy pronto nos anunciará usted que está concluida y que podemos destinarle a más importantes operaciones. Así lo reclaman la necesidad de salvar esos ricos valles de la revolución y la de preparar Jefes como usted para dar cima a otras quizás mayores empresas.

Es esta la ocasión de manifestar a usted que para que sus operaciones en Barlovento no se entorpezcan y marchen con la celeridad que es de desearse, usted debe entenderse directamente con el Poder Ejecutivo y no recibirá tampoco órdenes sino del Gobierno.

"En medio del sentimiento que me ha causado la separación del señor General Cordero, que tan poderoso apoyo era para el Gobierno, me anima la consideración de que tenemos Jefes como usted, valientes, leales, inteligentes y decididos a sostener las Instituciones patrias, por las que han combatido sin tregua ni descanso desde Marzo de 1858.

"Le desea toda felicidad y nuevos y decisivos triunfos en esa campaña de Barlovento, su siempre y afectísimo amigo y servidor

Q.B.S.M

Manuel Felipe de Tovar"

Sr Coronel Rafael Capó

Caracas Mayo 18 de 1861

Mui estimado amigo y señor: mas la semana actual [illegible] quiere que yo me dirija á U. para imponerle aunque [illegible] de lo que ocurre y prevenirle. El circulo dictatorial se ha [illegible] descaradamente con los federales para hacerle la guerra al Gobierno del 16; los revolucionarios fueron á las barras del Congreso á impedir la discusion de importantes medidas de seguridad y á ahogar la voz de los Ministros; no pasó todo de una patulada sin resultados, pero que revela bien á las claras que no perderan ocasion de falsear el Gobierno. El Sr Gral [illegible] con este suceso y creyendo que es á él á quien se hace mas cruda guerra, prudente siempre se ha separado del Ministerio, deseoso de apartar obstáculos para la buena marcha de la Administracion, y ha entrado á sostituirlo el Sr Coronel Rubin; el Coronel Pinto ocupa la Comandancia de Armas. La ciudad permanece tranquila: el Congreso decidido por una inmensa mayoria á sostener al Gobierno legítimo: espero que nada lograran los perturbadores de la paz. — Mucho he deseado aprovechar en esto

momentos sus servicios para ayudar á combatir esa
oposicion facciosa, pero no he hallado otro Jefe que
me inspire tanta confianza como V. para terminar esa campaña de Barlovento, iniciada bajo tan buenos auspicios
por V. y cuya gloria le pertenece toda entera. Yo espero
que mui pronto nos anunciará V. que está concluida, y
que podemos destinarle á mas importantes operaciones
así lo reclaman la necesidad de salvar esos ricos valles
de la revolucion, y la de preparar Jefes como V. para
dar cima á otras quizas mayores empresas. Es esta
la ocasion de manifestar á V. que para que sus operaciones en Barlovento no se entorpezcan y marchen
con la celeridad que es de desearse, debe V. entenderse directamente con el P.E. y no recibirá tampoco
órdenes sino del Gobierno.

En medio del sentimiento que me ha causado
la separacion del Sr. Gral. Cordero, que tan poderoso apoyo
era p.a el Gobierno, me anima la consideracion de que
tenemos Jefes como V. valientes, leales, inteligentes y decididos á sostener las Instituciones patrias, por las cuales han combatido sin tregua ni descanso desde Mayo de 58.

Le deseo toda felicidad, y nuevos y decisivos triunfos en esa campaña de Barlovento su siempre

Afectísimo amigo y S. servidor

Q. B. S. M.

Manuel Fpe. de Tovar

Nunca un Primer Magistrado de la República ha hablado con mayor claridad y reconocido méritos de un militar al servicio del Gobierno, como lo ha hecho el señor Tovar en esa carta para el Comandante Capó, y expuesto una crisis política con mayor precisión. De ahí la justa satisfacción que tenemos al publicarla en esta oportunidad. Lo demás lo dejamos al análisis de la justicia histórica.

Nota de los Editores:

El reconocimiento al entonces Coronel Capó por sus servicios al país no solo lo vemos plasmado en esta carta que le envía el propio Presidente de la República, Manuel Felipe Tovar, sino en un carta que estaba en los archivos de nuestro abuelo, que le envía al Coronel Capó un preso de la Cárcel de Caracas, el Sr. Eusebio Gonzales, con fecha 28 de julio de 1861, en la cual le expresa los siguiente:

> Tiempo há que debía tomar la pluma para felicitaros de las gloriosas campañas que habéis hecho, sí, habéis sembrado por doquiera el terror a los perturbadores de la sociedad, habéis batido mil veces a los rebeldes, obligándolo a humillar bajo sus plantas, sí, vos habéis salvado a la afligida venezuela de la ferocidad de sus malignos hijos, sí, pobre de ella, si o fuera por el formidable brazo de un invencible Coronel Capó !
>
> Coronel: muchos son los admiradores de vuestros hechos y valor, y yo uno de ellos encerrado entre elevadas murallas humillo mi marchita frente, salve mil veces invencible

guerrero, héroe digno de la patria mía, que en la cruda contienda ofreciste un dique a los descarriados hijos de ella.

Coronel: así como os han llenado de todas partes de flores y guirnaldas, yo como más pobre y privado de libertad, adjunto una de mis curiosidades y entre ellas una porta pluma exclusivamente hecha para vos, en los ratos desocupados de una tremenda prisión, para que con ella estampe nociones de progreso a la desgraciada y afligida Venezuela.

Sin duda, un reconocimiento de enorme valor, apreciado por el General Capó al punto de conservarlo en su archivo personal, junto con las cartas enviadas y recibidas de altos funcionarios y de su familia, y que muestra desde otro ángulo el reconocimiento que se le tenía en el país.

Esta es la carta:

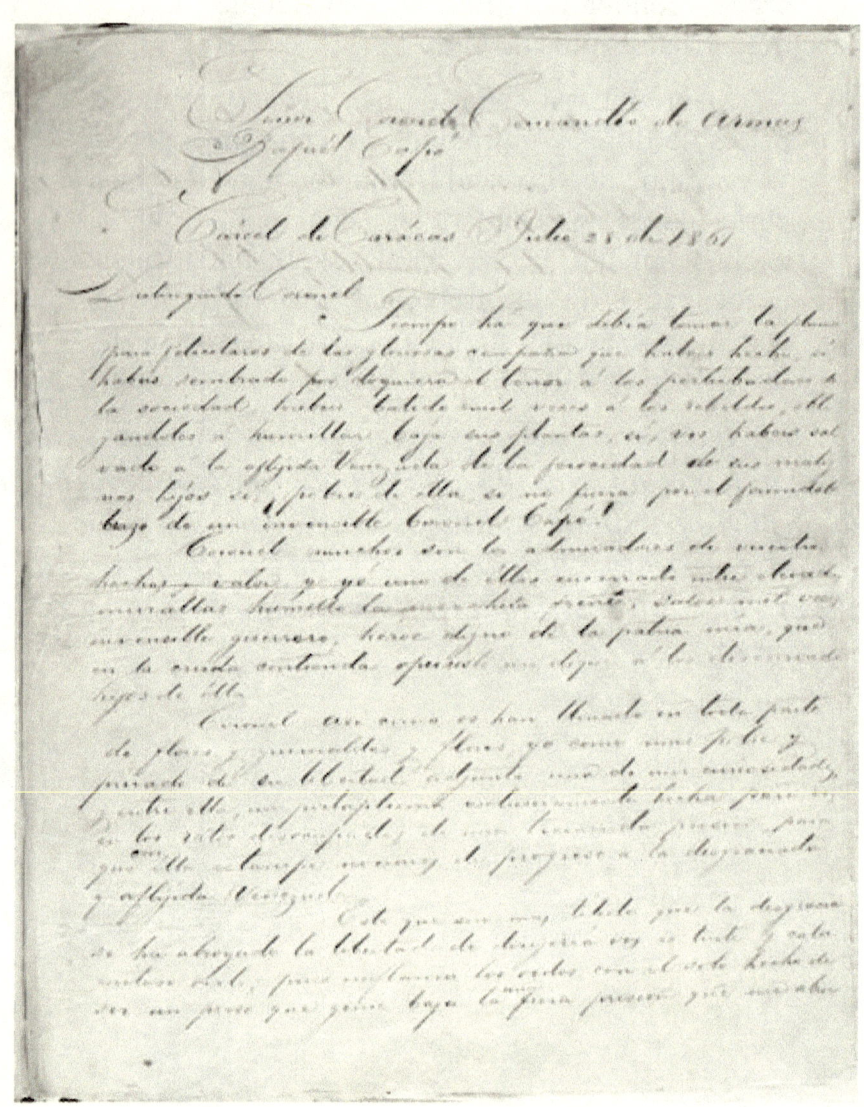

Señor Coronel Comandante de Armas
Rafael Capó

Cárcel de Caracas Julio 28 de 1861

Distinguido Coronel

1861: ASCENSO A COMANDANTE

Ahora proseguimos con la descripción de aquellas actividades que se relacionan con la Biografía de Rafael Capó.

La situación militar del país a principios del año 61 era muy satisfactoria para el Gobierno. Ya en los meses de febrero a mayo los federales lo habían perdido todo. De ellos sólo quedaban unas hordas alzadas que no ocupaban ninguna ciudad ni pueblo alguno de importancia. Como se puede traslucir, la situación de los federales era pésima en todo el país; pero de todos modos se imponía una organización de los ejércitos del Gobierno para garantizar su seguridad y el imperio de las Instituciones. Así vemos que el Presidente Don Manuel Felipe de Tovar dirigió un Mensaje al Congreso pidiendo el ascenso al grado de Coronel para los siguientes militares que durante tres años habían luchado en defensa de la Constitución y las Leyes y "habían ennoblecido el grado de Comandante":

> "José Angel Ruiz, José M. Rubín, Andrés Avelino Pinto, Rafael Capó, Manuel Garrido, Francisco M. Pérez Arroyo, Facundo Camero, J. L. Martínez, Manuel Herrera, Julián Marrero, López Mercado, Cipriano Heredia, Eduardo Carrillo, Vicente Romero, Francisco Mirabal, Rafael Adrián, Benito Figueredo, los hermanos Uncein, F. Hurtado, J. A. Betancourt, José Gil y Eduardo Michelena."

Daguerrotipo del General José Antonio Páez realizado en Nueva York 1860, justo antes de regresar a Venezuela

PÁEZ REGRESA A CARACAS Y CAPO ES ASCENDIDO A GENERAL

Hemos tratado de exponer que al principiar el año 1861, las necesidades de la guerra no eran tan apremiantes como la situación política que se complicaba en extremo grado.

Consideró el Gobierno indispensable mantener un Ejército unido, disciplinado y capaz para garantizar la estabilidad de las instituciones, y a ese fin llamó al General J. A. Páez, que estaba en Nueva York, para confiarle el cargo de Jefe de los Ejércitos de la República. Presentó el General Páez algunas condiciones para aceptar el alto cargo que se le discernía pero después de discutir dichas condiciones, fueron superadas las dificultades y al fin asumió el cargo que se le había destinado.

Pero como el General Páez, además de ser Prócer de la Independencia, era un hombre de incuestionable valimiento, tenía numerosos amigos y partidarios que se aglutinaron en torno suyo, promulgándolo como candidato para Presidente de la República. Hasta aquí no hubiera nada que objetar si no fuera que el partido de los paecistas se dividió en dos círculos, uno que se pronunciaba por el orden constitucional y el otro por la dictadura militar. Ambos círculos se confabulaban contra el Gobierno que presidía el señor Manuel Felipe de Tovar, ferviente partidario del orden civil.

Había, pues, este triángulo en constante pugna y agitación política en la que participaba también un grupo de los llamados federales.

Es de suponer las circunstancias conflictivas en que se encontraba el Gobierno presidido por el Señor Tovar.

En esta discordia participaba también el Congreso en cuyo seno ardían las pasiones más exaltadas. Como resultado de ese proceso tan intrincado se produjo la crisis que era de esperarse y al fin estalló empezando con la renuncia del señor General Páez, que fue aceptada el 10 de mayo de 1861.

Decía el General Páez en su renuncia "que era desgraciadamente cierto que desde su llegada a Caracas ocurrieron incidentes deplorables en sus relaciones oficiales con el Gobierno".

El día 15 del mismo mes de mayo se dirigió al Congreso el Presidente Manuel Felipe de Tovar solicitando nuevos ascensos militares y propuso para Generales a los Coroneles Rafael Capó, J. Angel Ruiz, Andrés Avelino Pinto, J. M. Rubín, Pérez Arroyo, Camero, J. L. Martínez, Garrido, J. Marrero, José Gil y Juan J. Illas.

Al día siguiente, 16 de mayo, hubo en el Congreso una sesión tempestuosa que degeneró en escándalo; y como dice el historiador Level de Goda "hubo gritos e insultos a diputados y palabras ofensivas entre miembros del Congreso, ofendiendo también a los del Gobierno". El señor General Cordero —decía el Presidente al Coronel Capó en su carta que insertamos— "con este motivo, y creyendo que es a él a quien se hace más cruda guerra, patriota siempre, se ha separado del Ministerio de la Defensa, deseoso de apartar obstáculos para la buena marcha de la Administración".

RENUNCIA DEL PRESIDENTE TOVAR Y PEDRO GUAL ASUME LA PRESIDENCIA

El señor Tovar, como expresa el mismo historiador, que "no estaba en el poder por intereses particulares ni por ambición de mando", y se encontraba cansado, harto ya de tantas intrigas y de la lucha que venía sosteniendo contra los federales y un círculo de su mismo partido: ya no podía resistir y menos conducir la pesada carga que llevaba sobre sus hombros, y por ello aprovechó aquella oportunidad para separarse de la Presidencia de la República, y presentó su renuncia ante el Congreso, el 20 del mismo mes de mayo de 1861.

El Congreso la aceptó en el acto y llamó al Vicepresidente, señor Pedro Gual, quien prestó el juramento constitucional y de seguida se hizo cargo de la Presidencia de Venezuela.

La renuncia de Tovar, dirigida al Presidente del Congreso, se expresa en estos términos:

"Excelentísimo Señor:

> He cumplido hasta hoy con el deber que me impuse al aceptar el cargo de Presidente de la República, y sin excusar sacrificios de ningún linaje, he sostenido y defendido la Constitución. Pero en medio de la lucha contra los rebeldes, se me han creado obstáculos de todo género, aún por

hombres que como yo habían jurado también sostenerla, hacer establecer una revolución a mano armada, con la defección de tropas al servicio de la República, confabuladas ya con los antiguos enemigos de las instituciones.

"No quiero que mi nombre sirva de falso pretexto para que cunda tan pernicioso ejemplo, ni que se pretenda excusar con mi permanencia en el Poder Ejecutivo los tremendos males por esta dolorosa complicación".

"Acaso el Vicepresidente, más afortunado que yo, logre acumular elementos que salven el principio de la legalidad, única esperanza racional para la estabilidad de la República.

"Guiado por estas graves consideraciones, presento al Congreso mi renuncia de la Presidencia de la República, haciendo fervorosos votos por el triunfo duradero de su santa causa.

Caracas: mayo 20 de 1861.

Manuel Felipe de Tovar"

Manuel Felipe Tovar, 1861

A fin de proseguir el orden cronológico que nos hemos propuesto al escribir esta biografía, apoyándonos en los relatos históricos como en la correspondencia epistolar del Coronel Rafael Capó, cuyos originales consultamos a cada paso, llegamos al 21 de Mayo de 1861 en que por dimisión del Señor Tovar se encarga del Poder Ejecutivo el Vicepresidente de la República Señor Doctor Pedro Gual, quien admitió la renuncia de cuatro Ministros y organizó el nuevo Gabinete con las siguientes designaciones: Interior y Justicia, Doctor Angel Quintero; Hacienda, P. Hernández Romero; Exteriores, Rafael Seijas; y para Guerra y Marina, el General Carlos Soublette. Por Decreto del mismo día fue nombrado el General Páez, de nuevo, Jefe del Ejército.

CAPÓ COMANDANTE DEL CENTRO

Al imponerse el Coronel Capó de estos cambios y de las importantes noticias que involucraban, y de cómo se preparaba en Caracas el movimiento paecista, se traslada a la Capital conduciendo las fuerzas que comandaba en Barlovento. Vemos que fue muy acertado este movimiento del Coronel Capó tomando en cuenta la situación expuesta, pues a poco de haber llegado a la Capital fue investido con el cargo de Comandante de Armas de Caracas y Jefe de Operaciones de las provincias de Caracas y Aragua.

Damos por sentado que por la forma en que estaba constituido el Gobierno, fue el Ministro de la Defensa, General Soublette, quien lo distinguió con tan importante investidura. Conviene en efecto por muchos respectos dejar clara constancia de los móviles que determinaron al General Soublette para hacer esa designación con vista a la situación política, cada vez más llena de acechanzas y peligros.

Con cautela y naturales reservas dice el Coronel Capó a su hija en carta fechada el 28 de junio:

> "Desempeño la Comandancia de Armas de Caracas y dirijo las complicadas operaciones de Caracas y Aragua; y yo no puedo separarme bruscamente de ese puesto".

Esa excusa, si así puede llamarse, era porque la familia lo requería con instancia por la muerte de su hijo Rafael que los tenía profundamente agobiados.

Cuando les avisaba el estupor en que lo había dejado la noticia, exclamaba:

> "Yo, hombre de guerra, que me creía fuerte contra la adversidad, y que lucho hace tres años por asegurar el porvenir de mi familia: yo, que pensaba en mi hijo como en la esperanza de mis sueños; cuando parecía condenado a no pararme y cuando atravesaba una de las situaciones más críticas en este país que parece destinado a la suerte más horrorosa; sufro, como sacudido por un rayo, con la muerte de mi pobre hijo".

Luego añadía:

> "No es el deber sólo, es el honor el que me retiene aquí. Si yo saliera hoy de Caracas, quedaría deshonrado para siempre".

Así vemos cómo el carácter de un hombre se sobrepone a su dolor para darle frente al cumplimiento del deber y a los juramentos que ha prestado para servir a la República y sus instituciones.

1861: CAPÓ CON SU FAMILIA EN CARACAS

En carta fechada el 7 de julio de 1861 avisa a su hija Teresa que todo ha sido dispuesto para que realicen el viaje a Caracas, a cuyo efecto ha escrito a sus hermanos Luis y Florencio Capó para que ellos les arreglen todo lo necesario y puedan trasladarse de Guayama, donde residen, a Mayagüez y de aquí a La Guaira, en lo cual no tendrán dificultades. Les envía los recursos necesarios para atender a los gastos del viaje; y al fin éste se realizó sin impedimentos llegando la familia a Caracas el 7 de agosto. Así logró reunirse con su familia después de tres años de ausencia y haber superado múltiples dificultades y serios contratiempos.

Entre tanto, y volviendo al recuento de los sucesos históricos, encontramos que el 9 de julio de 1861, por decreto del Presidente Gual, se organizó el gabinete con los siguientes Ministros: Doctor Ángel Quintero, Relaciones Interiores y Justicia; Luis Iribarren, Hacienda; Jesús Morales Marcano, Relaciones Exteriores; y Guerra y Marina: General Manuel V. de las Casas.

Pedro Gual Escandón

1783-1862

Al comentar el historiador Level de Goda los acontecimientos políticos de aquella época, observaba que los movimientos revolucionarios de las provincias de Aragua en los días 18 y 19 de mayo, que habían precipitado la renuncia del señor Tovar,

> "eran el principio de la revolución paecista de la cual debía surgir la Dictadura: en ella estaban comprometidos liberales y oligarcas de Aragua y Guárico y asimismo algunos de las provincias de Caracas y Carabobo y entre todos ellos había Jefes y oficiales al servicio del Gobierno. Pero varias circunstancias impidieron

> por entonces la proclamación de la dictadura, entre ellas la renuncia del señor Tovar, que no había sido prevista" [9]

Mientras tanto eran en extremo conflictivas y en cierto grado exasperantes las contingencias que soportaba el Gobierno; y fue por ello que sus amigos y sustentadores, a la cabeza de los cuales estaba el Doctor Angel Quintero, le pedían al señor Gual el implantamiento de una política enérgica para enfrentarse a los revolucionarios, que precisamente fingían optar por una política de orden y paz para todos los venezolanos.

Como era imposible sostener una situación tan conflictiva, peor todavía de la que tuvo el señor Tovar en el mes de mayo, resolvió el señor Gual seguir la política de fuerza, como te indicaban sus amigos y seguidores. En consecuencia, dictó dos Decretos el 19 de julio de 1861, que fueron refrendados por todas las Secretarías de Estado que integraban el Poder Ejecutivo.

---

[9]. LUIS LEVEL DE GODA, op. cit., página 385.

JUAN CRISÓSTOMO FALCÓN DESEMBARCA EN CORO, PÁEZ RENUNCIA Y RAFAEL CAPÓ ES NOMBRADO JEFE DEL ESTADO MAYOR DE CARACAS, ARAGUA Y GUÁRICO

Hemos estado considerando la oportunidad de insertar aquí el texto íntegro de ambos Decretos, que tiene un profundo interés histórico, o bien hacer una glosa de los mismos; pero nos hemos abstenido en el primer caso debido a su extensión que ocupa más de cinco páginas, y en cuanto a la glosa nos hemos abstenido por considerar que las omisiones en que es fácil incurrir al tratarse de documentos de esa naturaleza, darían lugar a falsas interpretaciones que debemos evitar.[10]

Juzgamos por tanto obviar esas dificultades, copiando las instrucciones que para el debido cumplimiento de ambos Decretos Ejecutivos dirige el Coronel Rafael Capó, en ejercicio de sus funciones, a las autoridades militares correspondientes, instrucciones que por sí solas explican dichos Decretos:

---

[10] . Su texto, por lo demás, está inserto en la obra de Luis Level de Goda citada, páginas 392-397.

República de Venezuela

"Jefatura de operaciones y comandancia de armas de las provincias de Caracas y Aragua. Caracas: Julio 20 de 1861.

A los señores Jefes de Operaciones y Comandantes Militares de los Cantones. Circular.

Acompaño a usted un impreso que contiene los "decretos ejecutivos" publicados ayer en esta ciudad, y el programa del nuevo Ministerio. La República está declarada en Asamblea y esa declaratoria se hace para hundir la guerra social que toma el nombre de Federación y para poner término a los inauditos escándalos y a la serie de crímenes atroces que han ensangrentado la República.

No más contemplaciones criminales, no más tolerancia con esos conspiradores de los poblados que alientan facciones, que mantienen correspondencia con ellos, que los proveen de víveres o de elementos de guerra, o de cualquier modo perjudican a la causa pública; todos esos desafectos están sometidos al régimen militar, y cumple a la majestad de las leyes, a los fueros de la sociedad tan ultrajada, al honor del ejército y al profundo respeto que debemos al Supremo Gobierno, que por parte de los Jefes y autoridades militares, se cumplan de la manera más formal las disposiciones de los expresados Decretos.

Si hasta ahora los jefes militares no han podido dominar la situación, a pesar de tanta heroica decisión y de tanto noble esfuerzo, removidos los inconvenientes por el Gobierno, en lo sucesivo nada debe embarazar la marcha decidida de la Administración. Nada de atropellamientos, ni nada de malas pasiones, que son siempre hijas de resentimientos particulares; pero aplicación inflexible de la ley; y mientras más calificado sea el conspirador y mientras más elevada sea su autoridad, más pronto debe sentir el peso de la autoridad que hasta ahora han ultrajado impunemente. El más grave cargo que se hará en adelante a todos los empleados militares y muy particularmente a los que ocupen puestos importantes, será manifestación de debilidad en la inmediata y fiel ejecución de las disposiciones del Supremo Gobierno.

No se han dictado esas disposiciones para que sean, como otras muchas, una letra muerta despreciada por los facinerosos que combatimos y por sus copartidarios de las ciudades, más criminales todavía que los otros; y, en consecuencia, usted hará observar lo siguiente:

l. - Se publicarán inmediatamente por bando en todas las poblaciones de su jurisdicción militar, los decretos ejecutivos adjuntos.

2. - Estos mismos decretos con la presente circular, se publicarán igualmente con la orden general.

3. - Pasará usted inmediatamente un informe reservado de todos los militares que, en su

concepto, manifiesten flojedad en el servicio o que sean de opiniones dudosas, para disponer sobre ellos lo que corresponda.

4. - Tratará usted de inquirir por todos los medios posibles la prueba de la convivencia que tengan con las facciones los conocidos desafectos, y procederá inmediatamente contra ellos, cualquiera que sea el culpable y cualquiera que sea su posición en la sociedad, con la brevedad prevenida para los juicios militares en campaña.

Hasta ahora esta prueba se ha obtenido siempre por las declaraciones de los prisioneros de guerra, y deben examinarse muy cuidadosamente a todos los que se cojan. Ya usted sabe que, según las leyes militares, el que en tiempo de guerra mantiene comunicación con el enemigo de palabra o por escrito, será pasado por las armas; y sabe también que, según la ley patria, se ejecutan las sentencias de los procesos campaña, dándose cuenta después de ejecutada. Por conclusión, nada de ejecuciones ilegales, nada de malas pasiones.

A la luz del sol; en desagravio de las leyes ultrajadas; en castigo de la más infame de las rebeliones, y con la seria fórmula de la justicia militar, haga usted cumplir los decretos del Gobierno.

Soy de usted atento servidor,

Rafael Capó

Secretaría de Guerra

Caracas: Julio 20 de 1861. Publíquese.

Enérgicas, inflexibles, rígidas, implacables, eran en verdad las sanciones que se exigían "en desagravio de las leyes ultrajadas; en castigo de la “más infame de las rebeliones”, pero al fin, todo quedó en letra muerta como lo presumía el mismo Coronel Capó.

No se instauró por cierto ningún proceso militar que concluyera con pena de muerte para los culpables; y aunque sí se frenaron por algún tiempo los delitos que se pretendía sancionar, la revolución federal estaba en marcha y el movimiento de los paecistas que se habían pronunciado por la dictadura proseguía con mayor actividad que nunca. Por otra parte, el señor doctor Angel Quintero, en su carácter de Ministro de Relaciones Interiores, no velaba sus aspiraciones de asumir el poder como Delegado, de acuerdo con la Constitución, en caso de dimisión o cualquiera otra falta del Presidente Señor Pedro Gual.

Han ocurrido en los meses de julio, agosto y septiembre importantes acontecimientos en el devenir de la política nacional que no nos corresponde, sino presentarlos objetivamente a la justa apreciación de los lectores, ya que nuestra labor se limita esencialmente a cuanto tenga relación con la biografía del Coronel Rafael Capó, a quien para dichos meses dejamos en ejercicio de sus funciones en la Comandancia de Armas y Jefatura de Operaciones de las provincias de Caracas y Aragua.

JUAN CRISÓSTOMO FALCÓN DESEMBARCA EN CORO

Siguiendo el curso de dichos acontecimientos por orden de fechas, debemos anotar primero el desembarco del General Falcón en las costas de Coro, y un manifiesto fechado el 11 de julio de 1861 en Agua Clara, donde rendía cuenta de su conducta pasada, hacía ver el presente de la revolución federal y comunicaba sus esperanzas para lo porvenir. Este movimiento fue frustrado y Falcón huyó de la costa y se refugió en las montañas en un sitio llamado Churuguara.

En cuanto al General Páez, se encontraba en Carabobo cuando supo el desembarco de Falcón, y se dirigió al Gobierno, en su carácter de Jefe del Ejército, participándole que iba a ponerse en marcha hacia Coro con el fin de hablar con dicho caudillo y proseguir sus trabajos de "Paz y Unión". Pero el Gobierno no aceptó esta insinuación de Páez, precisamente después de la renuncia del Doctor Angel Quintero y de los otros Ministros y cuando estaba resuelto su apartamiento del mando en jefe del ejército, lo que determinó a Páez a presentar su renuncia, que le fue aceptada el 16 de agosto de 1861.

Entonces se organizó de nuevo el ejército y dividió la República en seis distritos militares, a saber: (1) Distrito Capital, compuesto de las provincias de Caracas, Aragua y Guárico. Nombróse Jefe de este Distrito al General José

María Zamora; y Jefe de Estado Mayor al Coronel Rafael Capó. (2) Distrito del Centro, provincias de Carabobo, Cojedes y Yaracuy; Jefe, General Ramos; Jefe de Estado Mayor, Comandante Arroya. (3) Distrito de Oriente, provincias de Barcelona, Cumaná y Maturín: Jefe, Coronel Andrés Avelino Pinto; Jefe de Estado Mayor, Coronel Mendoza. (4) Distrito de la Cordillera, provincias de Maracaibo, Trujillo, Mérida y Táchira, Jefe, General Andrade. (5) Distrito del Sur, provincias de Apure, Barinas y Portuguesa; Jefe, Coronel F. M. Pérez Arroyo. (6) Las provincias de Guayana y Margarita continuaban en lo militar bajo la jurisdicción de sus respectivas comandancias de armas. El Estado Mayor General despachaba en el Ministerio de Guerra y Marina y su Jefe era el Secretario del Ramo. En las provincias puede decirse que preponderaban los federales merced a la extraordinaria confusión que reinaba en el país.

LA CRISIS DEL GOBIERNO DE GUAL Y LA DICTADURA DE PÁEZ

Al mismo tiempo que en Caracas se preparaba la lucha contra los dictatorialistas y la política que propulsaba el doctor Angel Quintero, en las provincias de Aragua y Carabobo se hacían pronunciamientos tan al descubierto como los de Valencia proclamando la dictadura de Páez. Estos revolucionarios estaban decididos a forzar al señor Gual a renunciar o a derrocarlo del poder. Tan es así que para el 27 de agosto de 1861 era en extremo difícil la situación del Vicepresidente en Caracas; y ese mismo día renunciaron todos sus Ministros y se organizó el nuevo Gabinete así: General Carlos Soublette, Relaciones Exteriores; Francisco Madriz, Hacienda; Lucio Siso, Interior; y el General Manuel Vicente de las Casas, Ministro de Guerra y Marina.

Comenta el historiador Level de Goda que el señor Gual, al nombrar estos nuevos Ministros, les dijo: "Vengan a acompañarme en mi caída". "Realmente al Gobierno de Gual no le quedaban sino dos días de vida". Y concluye con el siguiente corolario:

> "En aquellos días había llegado a Caracas, procedente del Tuy, el Coronel José Echezuria, militar prestigioso, de valor, y querido en la capital, que llevaba consigo fuerzas de alguna

consideración; el señor Gual quien era el Presidente, se confió a Echezuria no pudiendo suponer que se lo hubiesen ganado los paecistas y que seducido estuviese al servicio de ellos. Los dictatoriales de Caracas, contando ya con dicho Coronel y con sus tropas, decidieron prender y destituir al señor Gual, y lo pusieron por obra en la mañana del 29 de agosto de 1861, habiendo ordenado la prisión el mismo Echezuria. Al propio tiempo se levantaba en Caracas un Acta de pronunciamiento proclamando al General Páez, Jefe Civil y Militar de la República, con facultades omnímodas para pacificarla y reconstituirla; y al Coronel Echezuria como Jefe Civil y Militar de la provincia de Caracas. Esta Acta se le mandó en seguida al General Páez, quien antes de recibirla había tenido noticias de los últimos sucesos de la capital, en la ciudad de La Victoria, donde había llegado en compañía del Designado, doctor Quintero y de una gran comitiva [11]

Cuando llegaron a Los Teques todavía decía el General Páez que estaba dispuesto a acompañar al Delegado para restituir el poder legal; pero no fue así, pues el mismo doctor Quintero se dio cuenta de que el General Páez se dirigía a Caracas para asumir el mando como Dictador del país, con lo cual terminó Quintero como hombre público.

---

[11] . LEVEL DE GODA, op. cit., página 409.

General José Antonio Páez

El General Páez llegó a Caracas el 5 de septiembre, pero no quiso encargarse del mando supremo sino el día 10 de septiembre de 1861, en cuya fecha dirigió al país una Alocución, como sucede en estas ocasiones y nombró Secretario General al doctor Hilarión Nadal. El 14 nombró además dos Ministros de Estado: al Coronel Echezuria para la Cartera de Guerra y Marina y al señor Pedro José Rojas para las del Interior y Hacienda.

LA REACCIÓN DE MILITARES CONSTITUCIONALISTAS CONTRA LA DICTADURA

Algunos militares de renombre hicieron públicas sus protestas contra la Dictadura, como los Generales Carlos Soublette y Manuel Vicente de las Casas.

El comandante José María Hernández, Jefe del Castillo Libertador, protestó en documento público y se resistió a reconocer el nuevo gobierno negándose a entregar la fortaleza; más tarde la entregó y se fue para el extranjero.

El distinguido Coronel José Angel Ruiz, notable y brillante jefe que tuvo el gobierno, protestó en Oriente contra la Dictadura; rompió su espada, se separó del servicio militar y se retiró a Guayana para vivir en la obscuridad al lado de su familia.

Y así otros militares distinguidos que habían estado luchando durante años en defensa de la Constitución y las leyes protestaron contra la Dictadura del General Páez.

Entre ellos, el Coronel Rafael Capó dirigió una carta al General Páez, manifestándole su opinión adversa a la Dictadura, pero aceptando el hecho consumado; carta que contestó el General Páez con el siguiente texto:

"Caracas, 13 de septiembre de 1861.

"Señor Coronel Rafael Capó Ciudad.

Mi amigo:

Siento que mis muchas ocupaciones no me hubieran permitido contestarle su carta desde que tuve el gusto de recibirla.

Por fortuna puedo asegurarle que nadie me ha dicho nada que me hiciese dudar de la amistad y estimación que usted me ha protestado tantas veces, y le agrego que, si así hubiera sucedido, antes de dar crédito, habría averiguado la verdad, pues siempre me resisto a creer nada malo de las personas a quienes he dado mi estimación.

También yo, como usted, he sido contrario a mi dictadura. Resistí a ella con todas mis fuerzas, hasta el caso de desanimar a mis amigos y de perder la opinión y amor que me profesan los pueblos; pero al fin hube de ceder a grandes intereses, a grandes exigencias, al interés de la Patria, en fin, que estaba profundamente afectado y comprometido. Celebro que usted acepte el hecho consumado y que continúe honrándome con su amistad. Por mi parte le protesto que nunca dejo de estimar a mis amigos porque no participen de mis opiniones políticas. Siempre he sido partidario de la libertad absoluta del pensamiento.

Yo tendré mucho gusto en verle y oírle como usted me lo ofrece. Entonces se persuadirá de que siempre soy el mismo para usted.

Consérvese bueno.

Su afmo. amigo,

José A. Páez".

Sr. Coronel R. Capó

Caracas 13 de Set.e 1861.

Mi amigo:

Siento que mis muchas ocupaciones no me hubieran permitido contestarle su carta desde que tuve el gusto de recibirla.

Por fortuna puedo asegurarle que nadie me ha dicho nada que me [illegible] dudar de la amistad i estimación que U. me ha protestado tantas veces, i le agrego que si así hubiera sucedido, antes de dar crédito, habría averiguado la verdad, pues siempre me resisto a creer nada malo de las personas a quienes he dado mi estimación.

También yo, como U., he sido contrario a mi dictadura. Resistí a ella con todas mis fuerzas hasta el caso de desanimar a mis amigos, i de perder la opinión i amor que me profesan los pueblos; p.r al fin hube de ceder a grandes intereses, a gran-

des exigencias, al retirar de la Patria
enferma; que estaba profundamente afectado i comprometido. [illegible] que se
acepte el hecho consumado, i que
continúe honrándome con su amistad.
Por mi parte le protesto, que nunca dejo de estimar a mis amigos
[illegible] que no participan de mis opiniones políticas. Siempre he sido partidario de la libertad absoluta del
pensamiento.

Le tendré mucho gusto en co-
nocerle i verle como lo deseo, i
[illegible] personalmente de que siempre soi el mismo [illegible]

[illegible]

Su afmo. amigo

José A. Páez

CAPÓ ASCENDIDO A GENERAL, COMANANTE DE OCCIDENTE: MÉRIDA TRUJILLO, TÁCHIRA, PORTUGUESA, BARINAS

Hasta ahora hemos tratado de puntualizar en cuanto ha sido posible la entereza de las actuaciones de Rafael Capó en los mandos militares que ha ejercido dentro del Gobierno Constitucional a partir del mes de octubre de 1858 cuando fue designado Comandante Militar de Barcelona. Arduas y difíciles han sido las campañas que ha dirigido, como fueron sin duda las de Barcelona, Barlovento, Carabobo, Puerto Cabello, Apure, Ciudad Bolívar y otras en las cuales ha batido a las armas federales, concluyendo todas esas campañas victoriosamente.

Ahora, cuando el país está gobernado por la Dictadura del General Páez (septiembre de 1861), se inicia otra era política para la Nación y Capó es llamado para más altas empresas a las cuales habrá de respaldar, como siempre, con firme disciplina y absoluta responsabilidad.

Al principio de su gobierno lo primero que hizo el General Páez, para organizar el ejército, fue ascender al grado de Generales a quince Coroneles, ascenso que había propuesto al Congreso en el mes de mayo el Presidente Manuel Felipe de Tovar.

Entre esos Coroneles figuraban Rafael Capó, Facundo Camero, José María Rubín, F. M. Pérez Arroyo,

Carlos Benito Figueredo, José Echezuria, Manuel Garrido, José Leandro Martínez y F. Moreno.

Casi coincidió tan merecido ascenso con la más alta distinción de que fue objeto el General Rafael Capó en su hoja de servicios al ser nombrado Jefe Militar de las provincias de Mérida, Trujillo, Táchira, Portuguesa y Barinas.

Después de pasar varios meses en Caracas con su familia donde tuvo brillante actividad social, el General Capó fue promovido al mando de las provincias mencionadas con lo cual culminarían sus funciones militares en Venezuela.

Fue precisamente en esa época de su permanencia en la Cordillera, o sea en un lapso de once meses, cuando tuvo mejores y frecuentes oportunidades de velar por el cuidado de su familia, como podemos apreciar por la correspondencia que vamos compulsando, y asimismo fue en esa época cuando pacificó dichas provincias y pudo preparar la campaña de los Llanos con la cual se proponía llevar la paz a todo el país, si no se hubieran interpuesto graves acontecimientos políticos que iremos registrando al paso de estas páginas.

Para una empresa de tal envergadura, que habría concluido definitivamente con la guerra federal, había levantado y organizado el General Capó todo un ejército de seis mil soldados tachirenses, disciplinados bajo su experta dirección, militantes que por primera vez harían una campaña hacia el centro de la República.

Entre tanto, volvemos al escarceo de la correspondencia familiar a partir del 29 de noviembre de 1861. En carta de esa fecha para su hija le anuncia que ha escrito de Maracaibo y Betijoque y le dice que desea saber de la familia. Luego, de San Cristóbal con fecha 18 y 23 de febrero de 1862, trata con interés de asuntos familiares, entre los cuales se refiere a la compra de una casa en Caracas para habitación de la familia, a cuyo fin tiene el dinero disponible.

El 18 de mayo dice, desde Mérida, que en Caracas han tratado de intrigarlo con su compañero de armas José Echezuría, de quien dice que se tratan como hermanos y que nunca como ahora han estado tan unidos. Dice de Echezuria que él salió de las provincias de su mando muy contento y muy bien despachado al mando de una hermosa división que la entregó sin omitir sacrificios.

Más adelante anuncia que Mérida, Trujillo y Táchira están tranquilos porque tiene también mando en Portuguesa y Barinas y va a ocuparse de dominar la última provincia para llevar adelante la campaña de Los Llanos.

De Mérida, el 22 de mayo, hay una carta plena de optimismo, trata de asuntos familiares y envía giro de 6.000 pesos para comprar la casa. La letra está a cargo de Roncayolo & Perdomo, de Maracaibo.

Desde Trujillo el 6 de agosto, escribe una carta risueña y cordial y dice que se encuentra muy feliz en dicha ciudad. Parece que esta expresión, dicha con tal sinceridad, fuera como una asechanza del destino, pues en la próxima carta, fecha 2 de septiembre, desde Maracaibo, dice bruscamente que está retirado del mando en la Cordillera y que piensa ausentarse del país.

> "Encuentro esto en revolución, dice, y hay noticias de que el gobierno o mejor, el señor Rojas está prevenido contra mí. Estoy profundamente disgustado de las cosas de la tierra y me separo de la situación. Es probable que ese tiempo lo pase fuera del país".

1862. LOS FEDERALES Y LA BUSQUEDA DE APOYO EN COLOMBIA

Aunque son muy interesantes los comentarios y razonamientos del General Capó en la parte de su correspondencia que venimos transcribiendo, la interrumpimos, y retrocedemos en el tiempo de 1862 para referir un acontecimiento rigurosamente histórico, relativo a las negociaciones que venían realizando los federales de Venezuela con el General Tomás Cipriano de Mosquera, prócer de la Nueva Granada, hoy Colombia.

El punto es que este General, en sus decretos orgánicos de la Nueva Granada, había previsto el caso de que una o más secciones de Venezuela quisiesen hacer parte de aquella nación para el restablecimiento de la Gran República de Colombia; se le abrían los brazos a esas secciones que debían contar con su protección y apoyo si se pronunciaban por la federación colombiana, haciendo manifestaciones en debida forma.

Por este medio los federales de Venezuela podían recibir auxilios ostensibles de elementos de guerra y el decidido apoyo del gobierno de aquella República. "De ahí que los venezolanos de que hemos hablado —dice Level de Goda— y otros más, se pusieran en acción y se formase una propaganda de federación colombiana excitando a pueblos de Venezuela y a muchos federales en armas, a adoptar ese camino, haciendo pronunciamientos al efecto, que por lo menos habían de proporcionarles elementos de guerra de la vecina República[12] Por ahí —decían los federales—

> "pronunciémonos por la idea colombiana, incorporándonos a la nueva República: esto dará o no resultados en el sentido de la unión, pero entre tanto obtendremos elementos de guerra en cantidad suficiente para combatir y venceremos a los godos de Venezuela, lo cual es nuestra mayor y primera necesidad". [13]

Termina sus comentarios el citado historiador diciendo que:

> "todos los venezolanos que tomaron parte en esa propaganda lo hicieron porque no tenían fe en el triunfo inmediato de la federación, como estaban las cosas, y mucho menos en el General Falcón, de quien nada bueno esperaban ya, y porque parecían agotados todos los medios de obtener elementos de guerra del exterior [14]

En tan adversas circunstancias para la causa federal en Venezuela es extraño que el señor General Santos Gutiérrez, Comandante en Jefe del tercer ejército colombiano, escriba al General Rafael Capó desde Cúcuta, el 18 de enero de 1862, participándole los actos realizados por Mosquera de una manera intencionada y como tanteando al jefe de la frontera. La contestación de Capó

---

12 . LEVEL DE GODA, op. cit., página 488.

13 . Id, id, página 489.

14 . Id., Id., Id.

—dice el historiador Lisandro Alvarado— fue evasiva. Pero si se considera imparcialmente la gravedad del asunto y la responsabilidad que tenía el General Capó como Comandante de las provincias de Mérida, Trujillo, Táchira, Portuguesa y Barinas, su respuesta al General Gutiérrez fue negativa, en forma terminante y absoluta.

Al dejar puesta la verdad en su sitio en asunto que consideramos de vital interés, por todos respectos, volvemos al escarceo de la correspondencia en el punto en que lo habíamos interrumpido.

1862. SEGUNDO EXILIO QUE INICIA EN NUEVA YORK

Al terminar el año 1862 se inicia un periplo en la vida del General Rafael Capó tan lleno de cambios y contingencias inesperadas, que sólo podremos seguir el curso de su biografía dándole amplio margen a su correspondencia epistolar, que es un venero de recursos insustituibles. De tal suerte es así que él mismo nos irá diciendo cuanto le ocurra en un largo período de su existencia.

En esas circunstancias, partimos del 4 de noviembre, de Bajo Seco, a bordo de la goleta "Teresa":

> "Les escribí sobre mi resolución de pasar unos meses fuera del país. Esa era una resolución tan formal que hoy saldremos por la barra con destino a Nueva York. Rojas es mi enemigo: hay un disgusto general contra él. Mi posición sería muy mala hoy en Caracas; y como por otra parte, estoy enfermo, ese viaje está indicado por razones muy poderosas.
>
> Dejo depositados en la casa de Roncayolo, Perdomo & Co. de Maracaibo, 8.000 pesos para que ustedes tengan lo necesario y también por lo que pueda ocurrir. Como, además, ustedes tendrán fondos, porque no es posible que hayan gastado todo el dinero que les he mandado, debo concluir que no les faltarán recursos".

Al llegar a Nueva York escribe a su hija diciéndole:

> "Por las tuyas de principios de noviembre veo que en la familia no hay novedad; y quedo entendido de que se me manda procesar por mi salida de Venezuela. Contesté a eso con una representación dirigida al General J. A. Páez en la cual digo las cosas como son y llamo por sus verdaderos nombres a esos miserables que me persiguen hasta el exterior, pero para cohonestar con ese proceso su infame conducta.
>
> A pesar de las justas quejas que tengo contra el Doctor Rojas, le he guardado siempre el posible miramiento y nunca creí que fuera tan mal político y por complacer a los Arellano, Palenzuela y Gutiérrez, me hiciera perseguir hasta el extranjero. Yo sólo esperaba ratificación de ese juicio para tomar un partido que me aconsejan tanto el honor como el deber. Según las noticias que reciba de Venezuela podré hacer el viaje por la Nueva Granada".

El General Capó le remitió a su hija, un ejemplar impreso de la representación para el General Páez de fecha 3 de diciembre de 1862, firmada en Nueva York, bastante extenso, casi una autobiografía de la que tomamos datos muy interesantes.

CARTA PÚBLICA DEL GENERAL CAPÓ AL GENERAL JOSÉ ANTONIO PÁEZ DESDE NUEVA YORK EL 3 DE DICIEMBRE DE 1861

Insertamos en seguida dicho documento que nuestros lectores sabrán apreciar en sus justos términos.

Excmo. Señor General José A. Páez,

Jefe Supremo de la República de Venezuela.

Rafael Capó, General de Brigada de los Ejércitos de Venezuela, ante V. E. respetuosamente digo:

Que por la correspondencia particular ha llegado a mi noticia que se me manda seguir un proceso en Caracas por mi salida de Venezuela; y aunque en todas épocas esos procesos políticos no son otra cosa que la hipocresía de la enemistad que trata de encubrir sus malas pasiones bajo el velo de fórmulas al parecer protectoras pero que son en rigor más alevosas que el puñal del asesino, aunque por esto, si es cierto que se me manda someter a juicio, ya ese juicio está formado y la sentencia redactada, cumple con todo a mi honor dirigirme a V. E. con la franqueza y lealtad que me distinguen para consignar en esta representación las razones que calificaron ese proceso y ese juicio de lo más monstruoso y más

EXCMO. SR. GENERAL JOSE A. PAEZ,

JEFE SUPREMO DE LA REPUBLICA DE VENEZUELA.

Rafael Capó, General de Brigada de los Ejércitos de Venezuela, ante V. E. respetuosamente digo: que por la correspondencia particular ha llegado á mi noticia que se me manda seguir un proceso en Carácas por mi salida de Venezuela; y aunque en todas épocas esos procesos políticos no son otra cosa que la hipocresía de la enemistad que trata de encubrir sus malas pasiones bajo el velo de fórmulas al parecer protectoras, pero que son en rigor mas alevosas que el puñal del asesino, aunque por esto, si es cierto que se me manda someter á juicio, ya ese juicio está formado, y la sentencia redactada, cumple con todo á mi honor dirigirme á V. E. con la franqueza y lealtad que me distinguen para consignar en esta representacion las razones que califican ese proceso y ese juicio de lo mas monstruoso y mas indigno que registraron los anales contemporáneos.

En Noviembre del año de 61 fuí destinado por V. E. al mando de la provincia del Táchira en circunstancias en que aquel mando era uno de los mas importantes de la República, porque el Táchira estaba destrozado por discordias intestinas, y porque se aproximaba á la frontera venezolana un ejército granadino que el gobierno de Venezuela creia animado de sentimientos hostiles. Grande fué la confianza que se depositó en mí, y amplias las facultades que se me concedieron. "V. S. procederá segun se lo aconsejen las circunstancias," decian mis instrucciones; y como correspondí á esa confianza lo dicen los hechos y lo dicen la correspondencia oficial y particular de V. E. y de los miembros del gobierno que tan satisfechos se manifestaban de mi conducta. La paz se restableció en el Táchira con la política conciliadora que se observó desde mi ingreso á la provincia; y en cuanto á la Nueva Granada, á los injustos recelos que amenazaban turbar las fraternales relaciones de los dos pueblos sucedieron la concordia y la franqueza entre las autoridades fronterizas y relaciones fundadas en la justicia y el derecho. Satisfecho V. E. de mi conducta puso bajo mis órdenes las provincias de Mérida y Trujillo, y pasados pocos dias, las de Barinas y Portuguesa, de las cuales la primera se encontraba en poder de los facciosos del Llano, y la segunda en parte tambien ocupada por facciosos.

Desde entónces me ocupé sin tregua ni descanso en la organizacion militar de la Cordillera; y aunque la empresa no podia ser mas difícil, tratándose de poblaciones en que estaban relajados los resortes administrativos, de provincias en que todo debia crearse, los resultados tambien dicen si procedí con la actividad que demandaban las circunstancias.

Porque de las provincias de mi mando salieron mil quinientos hombres á órdenes del General Echezuria en auxilio de otras comarcas, viéndose por primera vez columnas de Tachirenses atravesar el centro de la República.

Porque en la Cordillera no habia un solo enemigo armado, habiéndose reducido con una sana política los que en Tovar y otras partes estaban por los montes.

Porque el sitio desastroso que tuvo para las facciones del Llano, la invasion que hicieron á la Cordillera por Pregonero prueba elocuentemente la buena organizacion que en tan corto tiempo llegaron á tener aquellas provincias.

Porque dos veces salvé á Guanare, que indudablemente habria caido en poder de los facciosos sin los oportunos auxilios que le despaché.

Y porque la campaña de Barinas, que sin disputa es la primera de la República, estaba preparada con tales elementos que debia ser corta y decisiva como las demas campañas que han estado bajo mi direccion en los cinco años que cuenta la revolucion de Venezuela.

[illegible]

indigno que registran los anales contemporáneos. En noviembre del año 1861 fui destinado por V. E. al mando de la provincia del Táchira en circunstancias en que aquel mando era uno de los más importantes de la República, porque el Táchira estaba destrozado por discordias intestinas y porque se aproximaba a la frontera venezolana un ejército granadino que el gobierno de Venezuela creía animado de sentimientos hostiles. Grande fue la confianza que se depositó en mí y amplias las facultades que se me concedieron. 'V. S. procederá según se lo aconsejen las circunstancias', decían sus instrucciones; y cómo correspondí a esa confianza, lo dicen los hechos y lo dicen la correspondencia oficial y particular de V. E. y de los miembros del Gobierno que tan satisfechos se manifestaban de mi conducta. La paz se restableció en el Táchira con la política conciliadora que se observó desde mi ingreso a la provincia; y en cuanto a la Nueva Granada, a los hoscos recelos que amenazaban las fraternales relaciones de los dos pueblos sucedieron la concordia y la franqueza entre las autoridades fronterizas y relaciones fundadas en la justicia y el derecho. Satisfecho V. E. de mi conducta, puso bajo mis órdenes las provincias de Mérida y Trujillo, y pasados pocos días, las de Barinas y Portuguesa, de las cuales la primera se encontraba en poder de los facciosos del Llano y la segunda también ocupada por facciosos.

Desde entonces me ocupé sin tregua ni descanso en la organización militar de la Cordillera, y aunque la empresa no podía ser más difícil, tratándose de poblaciones en que estaban relajados los resortes administrativos, de provincias en que todo debía crearse, los resultados también dicen si procedí con la actividad que demandaban las circunstancias.

Porque de las provincias de mi mando salieron mil quinientos hombres a las órdenes del General Echezuria en auxilio de otras comarcas, viéndose por primera vez columnas de tachirenses atravesar el centro de la República.

Porque en la Cordillera no había un solo enemigo armado, habiendo reducido con una sana política los que en Tovar y otras partes estaban por los montes. Porque el triste desenlace que tuvo para las facciones del Llano la invasión que hicieron a la Cordillera por Pregonero, prueba elocuentemente la buena organización que en tan corto tiempo llegaron a tener aquellas provincias.

Porque dos veces salvé a Guanare que indudablemente habría caído en poder de los facciosos sin los oportunos auxilios que le despaché.

Y porque la Campaña de Barinas, que sin disputa es la primera de la República, estaba preparada con tales elementos, que debía ser corta y decisiva, como las demás campañas que han estado bajo mi dirección en los cinco años que cuenta la revolución de Venezuela.

Todo me animaba: V. E. me dispensaba toda confianza; la correspondencia particular de V. E. no dejaba nada que desear; yo era el único Jefe que mandaba cinco provincias en la República; todos mis actos eran aprobados y aprobados con encomios. 'Obre usted con la confianza que inspira un recto proceder'. Se me decía: 'Siga usted adelante sin mirar para atrás'; y yo seguía adelante con las más fundadas esperanzas de pacificar pronto a los Llanos y de poner a disposición de V. E. un Ejército disciplinado y capaz de mantener la paz de la República.

Me dirigía, pues, sobre los Llanos con una fuerte División y por la vía de Trujillo había recorrido ochenta leguas. Dejaba en el Táchira al Coronel Herrera para que en su oportunidad ocupara el Alto Apure por San Camilo; el Coronel Sandoval quedaba en Mérida para entrar en campaña con una brigada por los Callejones; la División que estaba bajo mis inmediatas órdenes se reforzaba en Trujillo y libre de cuidados por las provincias de la Cordillera que dejaba en completa paz, había hecho desfilar mi vanguardia sobre Guanare y yo iba a seguir personalmente cuando un triste incidente que lamento por la República y que siento no poder prescindir de relatar, vino a trastornar todos mis planes, a hacer imposible la campaña y a disgustarme profundamente.

El obstáculo más grande que encontré en el Táchira para la pacificación de aquella provincia fue el señor Antonio Gutiérrez, que, con un carácter rencoroso y vengativo, enemigo pronunciado de la paz, se creía autorizado, por sus valiosas relaciones con miembros influyentes del Gobierno, para oponerse de frente a la política conciliadora. Nada omití en los límites de la prudencia para conseguir con el señor Gutiérrez que depusiera sus malas pasiones, y mi empeño fue tanto más grande cuanto que personalmente nada podía tener contra él. Como el señor Gutiérrez, a pesar de todo, continuaba fomentando las divisiones de la provincia, me dirigí particularmente a V. E. y a otros miembros influyentes del Gobierno pidiendo la separación de aquel señor que era tan incompatible con la paz del Táchira; y al fin, en la necesidad de alejarme de aquella provincia, porque los Llanos reclamaban mi presencia, nada más natural que el que yo tratase de eliminar motivos de disturbios que podían ser tanto más serios en mi ausencia, cuanto que mi presencia no había bastado para contener al señor Gutiérrez. Precipité, pues, la salida de aquel señor para Caracas; y esa medida que me aconsejaron la justicia y la prudencia, que fue generalmente aplaudida por los hombres sensatos de la Cordillera, y que yo no debía esperar que fuera desaprobada por las poderosas razones que la apoyaban y por las serias consecuencias que debía envolver la desaprobación, es la que viene a explicar la pérdida de la campaña de Barinas, la desorganización militar de la Cordillera y mi salida del país.

Porque el señor Gutiérrez se permitió decir en el tránsito “que a su llegada a Caracas no duraría yo una hora en el mando de la Cordillera”.

Porque llegó a Caracas el señor Gutiérrez y no duré una hora en aquel mando, relevándoseme con el General José Celis que traía órdenes para hacerse cargo de todos los recursos que yo había creado y concederme sólo para la Campaña de Los Llanos "aquellos de que creyera poderse desprender".

Porque la naturaleza de las órdenes que trajo el General Celis me hacía aparecer desautorizado, toda vez que aquel General debía entrar en ejercicio de su autoridad al pisar el territorio, para lo cual se comunicaron órdenes directas a los Jefes subalternos de operaciones en las provincias; y porque la correspondencia particular del señor Gutiérrez y de otras personas influyentes en el Gobierno no dejaban duda alguna de que mi conducta había sido desaprobada. El hecho solo de regresar Gutiérrez para el Táchira y de regresar con el carácter de Gobernador habla bien alto contra toda especie de duda en este asunto.

Cierto que V. E. en su correspondencia particular motivó mi relevo de la Cordillera con razones al parecer honrosas para mí: "la necesidad de que pudiera dedicarme sin otros cuidados a la Campaña de 'Los Llanos' que reclamaba mi presencia y toda mi atención". Pero yo sabía que aquella campaña se hacía imposible quitándome los grandes recursos que tan laboriosamente había preparado para ella; sabía que ya no podía contar con la División de Tachirenses llamada a ocupar el Alto Apure, ni con veinte mil pesos de un empréstito contratados en el Táchira para esa campaña, ni con la brigada de Mérida, ni con nada, en fin. Vi clara la situación en que se me colocaba e hice lo que correspondía hacer, lo que un hombre decente, un Jefe pundonoroso, no podría dejar de hacer en mi lugar. Renuncié el mando y pedí mi retiro del servicio para salir del país; porque bien

comprendí desde entonces que, si por consideración particular al señor Gutiérrez se habían sacrificado tan grandes intereses y perjudicado la primera campaña de la República, nada tenía que esperar que no fueran malos oficios y dañada voluntad. Renuncié, pues, pero llegó el General Celis y le entregué el mando, sin embargo de que las tropas que ponía a sus órdenes habían sido todas disciplinadas y organizadas por mí y sin embargo de que la impresión que produjo mi relevo en aquellos momentos no podía haber sido más desagradable; V. E. no me admitió la renuncia ni me concedió el retiro esforzándose en sus cartas particulares para tratar de convencerme de que no había ninguna disposición contra mí y de que estaba cada vez más satisfecho de mi conducta. Llevó V. E. su franqueza hasta decirme que no me faltaban razones para estar disgustado, pero que ese disgusto debía ceder y se variaban las órdenes al General Celis previniéndole que me proporcionara todos los auxilios que pudiera necesitar para 'Los Llanos': el señor Gutiérrez fue llamado a Caracas y toda la correspondencia que recibí entonces revela, a no dejar dudas, que el señor Antonio Gutiérrez había sorprendido al Gobierno, que éste sentía lo ocurrido y que nada omitía para remediar el mal.

¿Pero qué había sucedido en los cortos días que se contaban desde mi relevo de la Cordillera?

Había sucedido lo que todo el mundo debía prever, lo que sucederá siempre en Venezuela con ese sistema de desautorizaciones que todo lo consume en el abismo que hunde al país. Le pedí recursos al General Celis y me contestó que no podía darme ningunos porque los veinte mil pesos del empréstito del Táchira habían sido consumidos en cortos días por el joven Arellano. La brigada que había dejado en Mérida a órdenes del Coronel Sandoval se había desorganizado completamente y el mismo Coronel Sandoval, abandonando su puesto, había marchado para Caracas, sin hacer caso alguno de las órdenes del General Celis. Ninguna esperanza de mover tropas del Táchira, que había sido completamente desorganizado por el joven Arellano, quien me atacaba desembozadamente y me hacía el cargo de haber sacado tropas de la provincia; ninguna esperanza tampoco de conseguir recursos en Mérida administrada por el Doctor Arellano padre, que me hacía el mismo cargo y que animaba a la deserción a los merideños que servían a mis órdenes; y en cuanto a Trujillo, su patriota Gobernador Doctor González se veía obligado a dictar un Decreto declarando las provincias en peligro y a licenciar tropas por falta de recursos. Mientras tanto, nuestros soldados hambrientos y desnudos en Guanare me esperaban sin recursos para emprender la campaña en comarcas escasas y agotadas por la guerra. Los Jefes que los mandaban me escribían que sólo les alentaba la esperanza de que yo les llevara los recursos que tanto necesitaban y perdidos tan dolorosamente los que yo había creado con tantos afanes; perdida también la esperanza de obtenerlos en Maracaibo, porque sus autoridades me los negaban también manifestando que la Aduana tenía compromisos preferentes.

Desquiciada así tan completamente una campaña que había estado tan bien preparada por un error que nunca se lamentará bastante; profundamente disgustado y físicamente enfermo, insistí en la renuncia, e insistí con tanta más razón cuanto que no tenía la idea ni la opinión ni nada que pareciera duda sino el íntimo convencimiento, la persuasión más grande de que la campaña de 'Los Llanos' era una campaña enteramente perdida por entonces y que muy difícilmente podían volverse a reunir los elementos que ella necesitaba.

Algún tiempo después de esa segunda renuncia vi en *El Independiente*, que redacta el Secretario General y que tiene un carácter oficial, que mi renuncia había sido admitida y que se nombraba al General José L. Martínez para reemplazarme; y desde ese momento me creí enteramente libre para disponer de mi persona. Había pedido el retiro del servicio para salir del país; ese retiro había sido concedido y nada debía detenerme cuando el mal estado de mi salud exigía urgentemente que buscara en la tranquilidad del extranjero el reposo que tanto necesitaba.

Si el cargo se refiere al no haber esperado la llegada del General Martínez para separarme, queda contestado con la simple consideración de que yo me encontraba en Trujillo y de que no habiendo llegado el caso de hacerme cargo personalmente del mando de que era relevado, correspondía hacer la entrega de ese mando al Coronel Heredia, que lo estaba desempeñando"

¿Por qué se me somete a juicio?"

No será ciertamente por haber dado la paz al Táchira, ni por haber puesto la Cordillera en estado imponente, ni por haberme opuesto a los excesos de un corto número de hombres que en aquellas apartadas comarcas ejercen venganzas en poblaciones tranquilas. Tampoco puede ser por los mil quinientos hombres que a las órdenes del General Echezuria envié en auxilio del centro de la República, ni puede ser por haber hecho respetar a nuestros nacionales en Cúcuta, condenando en alta voz la expropiación de sales que se les hizo por autoridades granadinas en convivencia [sic] con infames autoridades venezolanas.

V. E. me llenaba de encomios hasta decirme, en carta fecha reciente, que me portaba como hábil político y como prudente y entendido General.

Tampoco puede ser por la pérdida de los grandes elementos que yo había preparado para la campaña de "Los Llanos", porque procediéndose en justicia, ese juicio debe formarse a otros que no a mí.

Merecerá ser procesado el señor Antonio Gutiérrez, que sorprendió a los Ministros de V. E.;

procesado debe ser el joven Arellano por haber malversado veinte mil pesos que estaban destinados a remediar las necesidades de tropas que estaban hambrientas y desnudas en la campaña más penosa de la República; merece un proceso el Coronel Sandoval por haber desertado de su puesto desmoralizando la brigada que estaba a sus órdenes; y lo merecen en fin esos intrigantes subalternos que se agitan alrededor del Poder para despertar sus susceptibilidades.

Duéleme hablar de mí, Excmo. Señor, pero la más justa de las defensas me obliga a ello. Muy joven, niño todavía, empecé a servir a mi país. A las órdenes de V. E. hice en 1835 la Campaña del Alto Llano que terminó con los arreglos del Pirital. A las mismas órdenes de V. E. concurrí entonces al sitio de Puerto Cabello que principió con la acción de Paso Real y terminó con la rendición de la plaza. El año 1837 acompañé a V. E. en la campaña de Apure, tan corta como gloriosa, que se decidió con la acción de Payara. El 48 empuñé de los primeros las armas contra el asesino del Congreso; y en esa heroica resistencia que hizo la provincia de Maracaibo, no hubo un solo hecho de armas en que yo no tomara parte activa. Los campos del Moján, la Venega, Quisiro, la Cañada y los Haticos, son testigos de mis esfuerzos por la libertad de mi país. Resuelta la cuestión a favor del General Monagas, me expatrié y comí el pan del ostracismo durante los diez años de la dominación de dicho General. A la primera noticia del alzamiento de marzo de 1858 vine a ocupar mi puesto entre los defensores del orden y llegué a la patria a tiempo de defender sus fueros en la primera acción que se libró en el "Boquerón de

Tiznados" contra los partidarios de la barbarie; y desde aquel empeñado combate mi hoja de servicios está escrita en la historia contemporánea de la República de una manera indeleble. Sacacual y Mesa Cantada en el Oriente; Los Reventones, Curiepe, San José, Tacarigua, La Esperanza y Guarenas en la provincia de Caracas; Las Rosas, Canoabo, Morón y Moroncito en Carabobo; y Caracas, el 2 de agosto; y Maiquetía y los Dos Caminos donde estuve por muchos días haciendo frente a más de dos mil hombres; y otros muchos puntos que no cito para no ser enfadoso, dicen alto que nadie tiene el derecho de acusarme por falta de cumplimiento de mis deberes.

En esos cinco años he desempeñado los mandos militares más importantes de la República; y la historia es demasiado reciente para que pueda olvidarse: porque demasiado sabe Venezuela, como lo sabe V. E., que siempre terminé con la posible economía de sangre y de recursos todas las guerras que se me confiaron.

Aunque V. E. sea el Jefe del Estado y deba suponerse por tanto que todo emane de su voluntad, hecho cargo de las graves atenciones del encumbrado puesto que ocupa y de la facilidad con que pueden ser sorprendidos los hombres que tienen esas posiciones, nunca me he permitido hacerle cargos.

Desde niño sirvo a las órdenes de V. E. y en esa larga fecha siempre he correspondido con respeto y amistad a las bondadosas distinciones con que me ha honrado. Pero hoy que se trata de deshonrarme por cuatro miserables, indignos de alternar con hombres de honor, que pretenden hacer conmigo lo que en todas épocas hacen los villanos de corazón: "poner el talón de la bota en el cuello del enemigo ausente"; hoy que la enemistad de esos hombres me persigue hasta el extranjero, donde nada he omitido para olvidar mis agravios personales, ocurro a la justicia de V. E. recordándole mi vida entera consagrada al servicio del país; recordándole que en mi vida militar nadie tiene el derecho de acusarme de haber faltado a mis deberes porque siempre he ocupado mi puesto y siempre he sido leal a la amistad y mis principios políticos; y como en todo caso yo tengo el legítimo derecho de la defensa, no puedo prescindir de pedir a V. E. que se sirva disponer la agregación a ese proceso de toda mi correspondencia oficial y particular tanto con V. E. como con el señor Pedro José Rojas, su Secretario General, y con el señor General Figueredo, Jefe de Estado Mayor General, y con el señor Doctor Canuto García, su Secretario Privado, porque en esa correspondencia, más que en otra parte, es donde debe buscarse la verdad.

Excmo. Señor,

Rafael Capó

Nueva York, diciembre 3 de 1862".

1863. EL GENERAL CAPÓ EXILIADO EN NUEVA YORK

Principia el año de 1863 con párrafo de una carta para su hija, fechada en Nueva York el 7 de enero.

> "Nada me dices de una causa que me siguen en Caracas por mi salida de Venezuela. Entérate de todos los particulares y comunícamelos, porque en caso de ser cierto que en esa causa me declaren la guerra los hombres que hoy son dueños de la situación en Venezuela, es muy posible que haga viaje a la Nueva Granada para estar en disposición de tomar la resolución que me dicten el honor y la clase de esa guerra. Les recomiendo, pues, mucho juicio, no ocuparse nada de política y mucho orden en los gastos. Hice un viaje al Niágara y les mando unos abanicos y otros recuerdos de los que allá se expenden".

Un mes después, el 3 de febrero de 1863, dice que las noticias que recibe de Venezuela son malas y que se confirmaron sus tristes presentimientos.

> "La dictadura del General Páez pudo dar la paz a la República, pero para ello hubiera sido preciso que se separaran enteramente de la huella que trazaron los gobiernos débiles a quienes había reemplazado dicha dictadura".
>
> "Era preciso que se restableciera la moral y que se hiciera imperar la Ley. Era preciso que, sin consideración de ningún género, premiando al

bueno y castigando al malo, dando garantías a los pueblos, se sobrepusiera a las miserias que hunden al país. En lugar de entronizar al señor Pedro José Rojas, que es el que gobierna hoy a Venezuela, con un sistema de favoritos que tiende a elevar nulidades y las nulidades en el poder o sin el poder serán siempre nulidades. Así para que el señor N. sea su amigo, ya le considera bueno para gobernar y cierra los ojos para sus errores y sus faltas a trueque de tener en él un instrumento dócil. Se ha equivocado sobre las causas que lo hacían padecer y en lugar de encontrarlas en el equilibrio, en el temor que los pueblos tienen a la Federación, las atribuye falsamente a la opinión, error grande, que le hará sucumbir".

"Yo siento mucho no prestar mi contingente al país en la crisis que atraviesa y a pesar de todo, porque lo olvidaría e iría a ocupar mi puesto entre los defensores del orden, pues esa Causa, sobre la cual desearía noticias exactas, me retiene naturalmente".

El 17 de febrero de 1863 dice en carta a su hija teresita que cuando mandó a algunas personas ejemplares impresos de su representación al General Páez, también, como es natural, la envió a su familia y extraña que no la hayan recibido.

Más adelante agrega:

"No conozco los detalles del desastre que motivó la prisión del General Facundo Camero y de Eduardo Madriz. Por otra parte, he sabido que el General José Echezuria ha sido expulsado del país y hasta se habla de que el General Rubín ha sido preso por orden del señor General Páez. Todas esas cosas, de ser ciertas, son graves por sí mismas y me persuaden de que sigue violenta la situación en Venezuela, y lo que es más sensible, crean conmociones del orden favorables a la causa federal.

Tengo para mí que el día que llegue a triunfar la Federación en Venezuela, no quedará nada en pie porque todo será hundido en el abismo que han sembrado las malas pasiones de esos hombres sin moral y sin principios; y por eso lamento todo lo que pueda servir de aliciente a tales hombres".

N York Feb.º 7. de 1863

Mi querida hermanita — Con mucho placer recibí juntas tus dos de 5 y 6 de Enero

Cuando mandé á algunas personas ejemplares de la representación impresa, también naturalmente les mandé á UUs y extraño que no los hayan recibido

Ya conocerás los detalles del desastre que motivó la prisión de Cancino y de su Ecll — por otra parte he sabido que Echeverría ha sido expulsado y hasta se habla de que Rubín ha sido preso por orden del Gen.l Paz; todas

esas cosas graves por ser mis
mas [illegible] de que [illegible]
[illegible] la situación del Beni,
y lo que es mas sensible, que
esas comunicaciones del Norte
de orden subversivo á los fide
les — Tengo p.a mí que el día
que llegue á triunfar la [illegible]
cion en Beni [illegible] no quedara na
da en pie porque todo tiene
que hundirse en el abismo
que cavan las malas pasio
de esos hombres sin moral
y sin principios y por [illegible]
mento todo lo que pueda
servir de aliento á esos hom
Aquí hemos tenido un [illegible]

En carta del 25 de marzo dice que escribe a algunos amigos preguntándoles cómo sería recibido en Caracas, y de acuerdo con lo que ellos le contesten resolverá.

Un telegrama del 13 de mayo de 1863 enviado desde La Guaira sorprende a su señora, informándole sobre su llegada a este puerto, donde espera el permiso para desembarcar y seguir a Caracas.

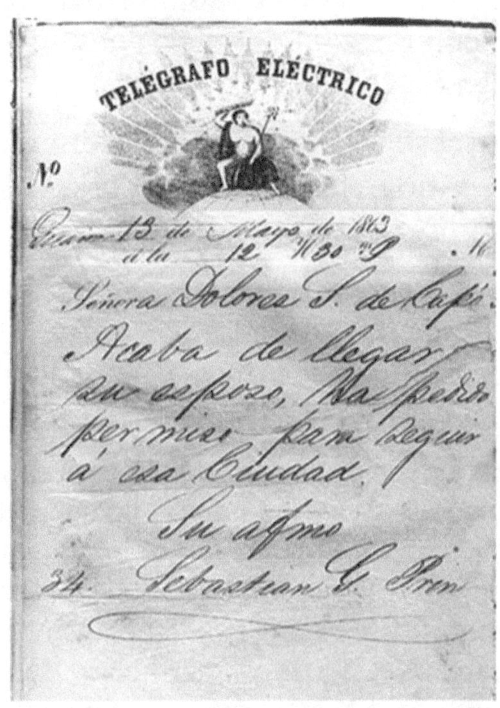

TELÉGRAFO ELÉCTRICO

Nº

13 de Mayo de 1863

a las 12 h 30

Señora Dolores S. de Capó.

Acaba de llegar su esposo, ha pedido permiso para seguir á esa Ciudad.

Su afmo

34. Sebastian G.

Tres días después le remite unos encargos que trajo de Nueva York y espera todavía permiso para desembarcar.

1863: CAPÓ INTENTA REGRESAR A CARACAS

El 17 de mayo de 1863 habíamos dejado al General Capó a bordo de la goleta "John Boulton", esperando ocasión para seguir a Saint Thomas, pues no le permitieron desembarcar en La Guaira.

Después, desde Saint Thomas informa el 2 de junio de 1863 que se dirige hacia Nueva York, pasando por La Habana.

Como a partir de esta fecha se advierte en sus cartas un porvenir incierto, iremos insertando textualmente algunos párrafos íntimos de dichas cartas.

> "Todavía tengo que permanecer en esta isla hasta el regreso del paquete; y como Andrés Sánchez, por motivos que ignoro, no quiso traerme la sortija que le entregaste, te recomiendo la mandes a La Guaira, con persona segura para que la entreguen al Capitán Todd, que tanto interés manifestó para recibirla y traérmela. Difícil es el tiempo y tú tienes bastante juicio para comprender el grado de discreción que se necesita para todo".

La carta siguiente, para su hija, está fechada en Filadelfia el 4 de agosto de 1863; como todas las demás, es muy íntima, pero la insertamos por su estado de ánimo desconcertante, para explicarnos las decisiones que vendrán después: textualmente dice:

> "He venido aquí acompañando unos amigos que van para Venezuela. Los envidio porque cada día echo de menos la patria y porque no intentaré regresar a Venezuela sin estar bien seguro de que hay completo deseo de reconciliación. No dejes de escribirme siempre sobre el estado de Venezuela y las esperanzas que hay de que se establezca la paz.
>
> Casanova, además de los 150 pesos que debe entregarte mensualmente, debe darte 40 o 60 pesos que quedaron pendientes, pero no sabíamos cuánto era y lo buscaré en mis papeles. La correspondencia de Perdomo me habla de haber entregado a Casanova una suma que está pendiente también. En cuanto a las ocho morocotas de Andrade, fue a Sánchez a quien yo las entregué y él es el que debe devolverlas. Díselo así y en todo caso salda las cuentas de que me hablas y las órdenes para recibir el valor de ellas, bien de Sánchez o de Palenzuela. Economía y ahorro son seguros, yo las quiero, pero hay situaciones en que se necesita lo que haya para cumplir los compromisos. Escríbeme siempre por conducto de Simón Camacho, Cónsul de Venezuela en New York, y dime muy particularmente lo que me interese de cerca. Mil cariños y memorias para todos. Tu padre que te quiere".

De New York, Capó le escribe a su hija el 23 de noviembre de 1863, informándole que va a incorporarse a la revolución mexicana dirigida por Benito Juárez, diciéndole:

"Pasado mañana me embarco para México donde voy a tomar servicio contra los franceses. Llevo buenas recomendaciones y no dudo que seré recibido en mi grado en el Ejército Mexicano. Sin nada que hacer aquí y sin comprender el idioma y gastando un dinero que se debe agotar, voy a ocuparme y voy a correr azares para buscar en otra parte, ya que en Venezuela no me ha sido posible correr la suerte con mi familia.

Le escribo a Sánchez para que les entregue los 200 pesos que le di para Andrade y le escribo a Casanova recomendándoselos.

Repito todos mis consejos que son hijos del afecto que les tengo y del deber. Mucho confío en que vendrán tiempos más felices en que podamos reunirnos. Abrazos a todos. Escríbeme por vía New York dirigiendo las cartas al Cónsul de México en New York. Yo les escribiré por el mismo conducto. Reciban un abrazo de su affmo. Padre".

1864: EL GENERAL CAPÓ EN MÉXICO, EN EL EJÉRCITO DE BENITO JUÁREZ

Ha transcurrido un lapso de ocho meses y no hemos encontrado nuevas cartas para la familia hasta que al fin llega una procedente de México, fecha 20 de julio de 1864, y que dice textualmente:

"Mi muy querida hija Teresita:

Después de mil trabajos y de mil peligros, he llegado a esta ciudad, bueno del cuerpo, pero enfermo del alma. Ya comprenderán los deseos que tengo de saber de ustedes. Escríbanme por conducto de Juan C. Casas, por La Habana. Te acompaño una carta para el General Falcón a fin de que ustedes se la manden, poniéndole un sobre, si creyeren que no es inoportuno. Deseo mucho regresar a mi país y estar al lado de mi familia; pero si voy a ser tratado como enemigo seguiré en el extranjero corriendo la adversa suerte que me depare el destino.

No tengo más tiempo porque se marcha hoy el paquete para La Habana y el amigo que lleva esta correspondencia.

Háblame de todos: Oropeza, Casanova, Sánchez, etc. etc. Dime cómo se han conducido. Saludos a todos los demás amigos.

Un abrazo afectuoso para todos y cuida mucho a tus hermanitas.

Muy tiernamente, de tu padre,

Rafael Capó".

Después de esta carta que envió a su hija teresita desde México el 20 de julio de 1864, de capó no hay más noticias, ni comunicación epistolar, sino hasta una carta fechada en Saint Thomas, casi tres años después, el 27 de abril de 1866; por lo que no se conoce bien sobre su actuación en México, donde participó con el grado de General en la revolución dirigida por Benito Juárez durante largos meses. Su propósito, al irse para dicho país, era tomar plaza como voluntario en las fuerzas comandadas por el patriota mexicano Benito Juárez, que luchaba por liberar a la patria azteca invadida por los franceses bajo el imperio de Maximiliano; todo esto con el bien entendido de que sería aceptado con el grado de General que le correspondía en el ejército de Venezuela.

Sólo en la carta de Saint Thomas dice así:

> "Hace 15 días que, habiendo regresado a la ciudad de México, de donde estaba separado hacía muchos meses, solicité mi correspondencia en el correo y recibí muchas cartas de ustedes que estaban allí detenidas por ignorarse mi paradero. Al día siguiente salí de México y hace dos días que llegué aquí".

No existe pues, ninguna correspondencia que explique su situación en México, o fuera de dicho país, en tan largo tiempo.

Sólo tenemos a la vista la versión del distinguido amigo Don Arístides Urdaneta, quien dijo que había solicitado informes en dicho país,

> "porque Capó sirvió en su mismo grado de General a las órdenes de Benito Juárez, cuando por este gran indio fue derrocado el imperio de Maximiliano. Su actuación allá debió ser brillante, pues el Gobierno de aquel país, a la trágica muerte de Capó, asignó una modesta pensión vitalicia a su viuda, pensión que le fue pagada con regularidad".

CAPÓ EN SAINT THOMAS

Con los elementos de que disponemos no hemos logrado precisar tan valiosa información para esta biografía, pues según vemos, por lo que dice el General Capó, estuvo sin comunicarse con su familia muchos meses, pues las cartas estuvieron detenidas en el correo de México "por ignorarse su paradero".

Continúa dicha carta con los siguientes párrafos:

"Al día siguiente salí de México y hace dos días que llegué aquí.

"Demasiado han debido ustedes comprender que mi situación no ha podido ser más mala, y que el abandono en que se han encontrado es hijo de la mala suerte que me abruma hace años.

' 'El señor Juan Reyna que tiene una tabaquería en la plaza de San Francisco te entregará con una carta mía doscientos pesos; en esa carta te incluyo una para el señor Casanova a fin de que te entregue un saldo que según su cuenta hay en mi favor y además el Doctor Francisco de Paula Arroyo te entregará seis (6) onzas de oro.

"Yo no sé cuándo me será posible remitirte otros recursos y te pido por tanto mucho no sólo economizar, sino que procures mantener la forma haciendo lo que hacen las familias pobres que tienen pocos recursos y que con ello procuran acomodarse. Ustedes han pasado por terribles trances y han conocido la necesidad y es inútil que les diga más nada.

"De aquí pienso pasar a Puerto Rico o a Maracaibo para tratar de reunirme con ustedes. Escríbeme a Saint Thomas sobre-cartando las cartas a Mr. Nones, dueño del hotel Turco, que él me las dirigirá, caso de que ya no estuviere aquí.

"Dame tu dirección. Yo creo que debías mudarte para otro extremo de la ciudad, que podría ser La Pastora. Mayo 2. Se va hoy el paquete para La Guaira. Yo saldré mañana para Curazao. Escríbeme allá. Múdate, como te he dicho, para La Pastora o a otro barrio de poca población. Paciencia y resignación'.

1866: CAPÓ EN CÚCUTA: LA FEDERACIÓN Y LA CONTINUACIÓN DE LA GUERRA

Hemos transcrito estos párrafos porque revelan el terrible estado de ánimo en que se encontraba el General Capó y que es difícil expresar con mayor sentido de la realidad, hasta alcanzar a veces el colmo de la desesperación. Léase la última, fechada en San José de Cúcuta, el 25 de octubre de 1866, la cual está llena de presentimientos sombríos y que no podemos dejar de insertar como signo de la angustia de una vida llegada al límite. Dice así:

"Hace algunos días que llegué aquí.

> "En Curazao perdía el tiempo. Nada promete aquel lugar para un padre de familia que sólo piensa en la terrible situación de su esposa y de sus hijos, y luego en aquella atmósfera de maldita política me asfixiaba y a mi pesar me hacía ocuparme de ella más de lo que yo deseo.
>
> "He sabido que hay hoy una ocasión para Maracaibo y la aprovecho para darte noticias mías; después escribiré más largo. Yo bien comprendo que hoy sólo me debo a mi familia y deseo encontrar los medios para aliviar su suerte.
>
> "La vida me es odiosa, y sin ustedes no sé el empleo que daría a semejante existencia".

Así, con ese clamor desesperado, como adelantándose a una triste despedida, queda cerrado el proceso del epistolario que desde el principio nos ha dado su aporte en forma tan extraordinaria para escribir esta biografía. Ahora debemos ocurrir hasta el fin al campo de la divulgación histórica, en las fuentes que nos es dado consultar.

Damos por sabido que la revolución federal no había concluido por el triunfo de las armas en ningún campo de batalla, sino por medios de contratos y acuerdos firmados entre el General Páez y el General Falcón. De ahí que tres años después de estos convenios aún había guerra en el país entre federales y conservadores.

Es necesario dejar establecida claramente esta situación para explicarnos la lucha que se sostenía en el Estado Zulia, gobernado por el General Jorge Sutherland, con apoyo decidido del General Falcón, por lo cual pudo tiranizar y explotar a su antojo dicho Estado de 1863 a 1868, precisamente durante los cinco años en que el General Falcón fuera el árbitro de los destinos de Venezuela.

De aquí es fácil deducir que no sólo el General Venancio Pulgar y sus amigos odiaran a Sutherland y trataran de derrocarlo, sino que otro círculo de bien calificados conservadores revolucionara contra dicho mandatario. En este grupo figuraba, en primer término, el General Rafael Capó a quien acompañaban, entre otros, los señores Eduardo Pérez, Jaime Harris y José Aniceto Serra-

Jorge Sutherland, 1825-1909

no. Fue entonces, en diciembre de 1866, cuando se trasladó a Cúcuta el General Capó con el propósito de preparar una expedición en forma sobre Maracaibo.

1866: EL GENERAL CAPÓ Y LA FALLIDA INVASIÓN A MARACAIBO

Como son en extremo parciales las fuentes históricas que hemos consultado sobre estas actividades, sólo hemos podido aprovechar parte de las referencias de Level de Goda en su obra citada. [15]

En dichas referencias aparece que el General Capó se puso de acuerdo con Eduardo Pérez para resolver la expedición sobre Maracaibo, por la vía del Lago y al efecto se trasladaron al Río de Los Cachos; y luego, en la boca del Río Escalante reunieron doscientos sesenta hombres muy mal armados, pues apenas tenían un poco más de cien fusiles, cien escopetas y algunos machetes. Estas cifras no pueden ser exactas, pues con tan pocos elementos sería una temeridad intentar la toma de una ciudad como Maracaibo.

Sin embargo, dice la fuente citada que se embarcaron en distintas piraguas para navegar el Lago e ir sobre dicha ciudad, aprovechándose de la circunstancia de hallarse el General Sutherland en un punto distante, llamado "La Cañada", con la mayor parte de sus tropas.

Dice la información consultada que Eduardo Pérez había llegado a las costas de Maracaibo sin saber del buque

---

[15]. Véanse las páginas 660 y siguientes de dicha obra.

en que iba el General Capó, y que no queriendo esperar por su difícil situación y para no perder un tiempo precioso, marchó con sus fuerzas y comenzó el ataque de la ciudad, defendida por 150 hombres al mando del General José F. Fuenmayor, parapeteado en uno que otro edificio y en la Iglesia.

Esto dice claramente que Pérez se desentendió completamente de la combinación de fuerzas que debió tener con el General Capó y obró por su propia cuenta.

Ahora sigue la descripción del combate. Se luchaba con decisión y valor en las calles; pero fue en el hospital militar en donde estuvo más recia la pelea. Allí murió, en las filas del gobierno, el General Francisco Conde, y fue tomado el hospital por el general Pérez y sus escasas fuerzas, pues el General Capó tenía consigo poco más de cien hombres. Luego llegó este Jefe cerca del lugar donde se combatía, le mandó un pequeño auxilio a Pérez y éste atacó al cuartel principal; cuando ya no podían resistir los del cuartel y se preparaban para entregarse, Pérez y sus compañeros supieron que se aproximaba a la ciudad el General Sutherland con numerosas fuerzas y no les quedó más camino que el de la retirada para incorporarse a Capó y buscar así la salvación. Se efectuó la retirada con la pérdida de algunas guerrillas.

EL FUSILAMIENTO DEL GENERAL CAPÓ POR ÓRDENES DEL GENERAL SUTHERLAND

En esta forma quedó definitivamente perdida esta expedición, y reunidos los jefes emprendieron la marcha hacia Perijá con los restos de tropas que les quedaban; más, tiroteados por la retaguardia, empezaron a dispersarse; por fin, Capó y Pérez ordenaron la completa disolución para quedar ellos solos y así tratar de salvarse con dos baqueanos y un Coronel de apellido Montañez.

Guiaron entonces hacia un hato llamado "Caujarito" y allí fueron sorprendidos por fuerzas del general Sutherland. El General Capó se entregó a la primera guerrilla, a condición de que lo llevasen cerca de Sutherland de quien había sido antes buen amigo y compañero de armas durante la guerra federal; pero lo condujeron y lo entregaron al General Paz, que no podía dejar seguir a Capó con los que lo capturaron porque "tenía que cumplir órdenes superiores", y lo retuvo consigo.

Dos o tres horas después, salía Capó del campamento del General Paz con una escolta y le dijeron que iban para Maracaibo. Capó se persuadió de que no marchaban hacia aquella ciudad y así se lo manifestó a sus conductores, preguntándoles si lo iban a fusilar; éstos le contestaron que así era; y entonces ese valeroso Jefe les dijo:

"pues despachemos pronto, aquí mismo, y no me tiren a la cara".

Jorge Sutherland

Dicho esto, se llevó las manos a los ojos, esperó le hicieran fuego y cayó sin vida.

Se transcriben a continuación las interesantes notas con que ilustró Don Arístides Urdaneta su trabajo titulado Alto-relieve biográfico del General Rafael Capó, escrito 80 años después de muerto éste, y que constituye un valioso aporte a la verdad histórica.

Dicen así esas notas:

1) "Refería el viejo dueño de "Cujicito": El General Capó y el General Eduardo Pérez (padre del Dr. Néstor Luis Pérez) desayunaban cuando llegué a todo correr para anunciarle que por el abra de la majada del Hato venía entrando un piquete de tropas. Prestamente se pusieron de pie y al corroborar el aviso. el General Pérez dijo a Capó: Compañero, vamos a ganarles tiempo. Huyamos, porque si nos coge ese piquete de Sutherland no llegamos a Maracaibo; a lo cual Capó, tomando su rifle, le replicó: esperémoslos para saber qué intenciones traen. Viendo el General Pérez que le era imposible vencer la terquedad de Capó, salió a escape hacia el jagüey del Hato, donde mis hijas se bañaban, y entre las cuales se metió. / Las chicas comprendieron al instante la situación, se pusieron a chapotear y a gritar como si estuvieran tomando un baño, muy alegres. Algunos soldados pretendieron ir a registrar el jagüei, pero la señora Espina, con noble entereza, les gritó: ¿A dónde van? Para allá no me pasen, porque allá se están bañando mis hijas, y el gesto enérgico de la dama salvó la vida del General Pérez. La de Capó ya sabemos cómo fue ultimada".

2) "Sutherland dio a Orosimbo Paz la orden de fusilar a Capó donde lo capturara en presencia de su cuñado el Capitán de Navío Don Antonio París, y este, mi padre político, así me hizo el recuento más de una vez, cuando

nuestra conversación hogareña sobre cosas pasadas del Zulia recaía sobre este suceso".

3) "Doña Trina Espina de Urdaneta, una de las chicas que contribuyó en el jagüei de "Cujicito" a salvar al General Pérez, ya viejecita, contaba:

> —Lo dejaron mal enterrado, pero papá con los peones del Hato le dio mejor sepultura. Marcó el sitio con una cruz y los domingos íbamos a llevarle flores. /
>
> Tiempo después, el Dr. Fulgencio María Carías, su yerno, fue a "Cujicito", rescató sus restos y los enterró en el jardincito Sur de la Iglesia Catedral de Maracaibo, levantándole un simbólico túmulo. /

Pensé haber publicado, ilustrando este trabajo, la gráfica de ese túmulo y escribí a un amigo para que tomara una fotografía al efecto, y he aquí lo que me contestó:

> "Con un fotógrafo me fui una tarde a la Catedral para que me tomara la fotografía del mausoleo del General Rafael Capó, pero desgraciadamente nos encontramos con que todos esos mausoleos fueron destruidos y apenas queda marcado el sitio donde estaban. Muchas veces vi ese túmulo: era una columna estriada, color pizarra, truncada, en cuya base está adherida la parte truncada, encerrada la columna en un barandal de madera. Ya eso no existe, se lo llevó el tiempo "como se lleva todo lo viejo", porque ahora, lo viejo carece de valor. En tu escrito te queda el recurso de decir que existió en el patio sur de la Catedral ese mausoleo". / Mi amigo no se explica

la eliminación de este túmulo, yo sí le hallo el cotejo astral: su fatum adverso que no le abandona aún después de 80 años de abaleado".

El coronel Orosimbo Paz, quien fuera ordenado por Sutherland fusilar al general Rafael capó el día de Navidad de 1866; comentaba años después, aún con asombro, que "Capó se había cuadrado firme, sin permitir que lo vendaran, que él mismo le mandó que hiciera fuego y que jamás había visto hombre más arrogante y sereno ante la muerte."

(De Arístides Urdaneta,

4) "Corrobora esta versión presencial lo que oí le refería a mi padre José de Jesús Paz, llamado por alias "El Judío de la Maceta", familiar cercano del coronel Orosimbo Paz, que éste decía, aun con asombro, que Capó se había cuadrado firme, sin permitir que lo vendaran, que él mismo le mandó que hiciera fuego y que jamás había visto hombre más arrogante y sereno ante la muerte".

5) "Fusiló, sí, asesinos, incendiarios, ladrones y desertores dentro de la Ley Marcial, nunca a un vencido. Reto a que se me diga el nombre de un federal —militar o político— vencido y hecho prisionero a quien él pasó por las armas".

No fue sólo Capó el asesinado en esa ocasión por orden de Sutherland y de sus tenientes; otros corrieron la misma suerte. El General E. Pérez, acompañado del

Coronel Montañez, había logrado ocultarse y milagrosamente no cayó en manos de Sutherland, salvando así su vida. Pudo salirse fuera del Estado Zulia.

El General Rafael Capó, que tanto luchó y se distinguió siempre, sirviendo a los gobiernos constitucionales de 1858 a 1863, fue una gran figura militar, un jefe de instrucción, muy capaz y valeroso, "superior con mucho a sus compañeros de armas".

Al finalizar estas páginas, que nos ha dictado un espíritu de justicia, damos cabida a la meseniana que trazó la pluma del brillante escritor José Aniceto Serrano y que es en realidad y certeza un magnífico panegírico de aquel ilustre varón de la nacionalidad.

Caracas, 24 de octubre de 1972.

Rafael Carías Capó

ANEXOS

ANEXO 1

A LA MEMORIA DEL GENERAL RAFAEL CAPÓ ASESINADO POR EL TIRANO DEL ZULIA JORGE SUTHERLAND,

POR JOSÉ ANICETO SERRANO

26 de enero de 1867

¡Recuerdos gloriosos de la patria! –restos venerados de nuestros preclaros varones - ! Mártires por la libertad !

Enjugad vuestro llanto, que no faltaran nuevos hijos del pueblo, valientes y esforzados ciudadanos, que luchen con la tiranía y debelen los traidores.

Familia inconsolable ! -Buena esposa, a quien las lágrimas del dolor ahogan ! - Huérfanos que echáis de menos, la virtud y las caricias paternales, mirad hacia el Porvenir ! -Allí está escrito con caracteres indelebles: *"¡¡Soldado invencible!!"* "¡Patriota inteligente y leal! "!Hijo glorioso de la República!" "! Respetado y honrado padre de familia! ¡Virtuoso mártir!!" tu nombre nos pertenece; tus hechos adornaran nuestra historia; tus hijos serán ornamento de nuestra sociedad; tu muerte glorificara una vez más el Panteón consagrado a las víctimas por la Libertad !

Ved aún más allá la mano de la reprobación publica, marcando con el dedo del crimen, al monstruoso Dragón que cual "azote de Dios" sobrenada en la sangre de los ilustres hijos, de la heroica Maracaibo! contemplad a su lado el vil instrumento, aborto de los presidios, llevando la *Paz en el nombre* y en el corazón el infierno de los delitos contra la humanidad, de los asesinatos contra seres inocentes e ilustres. – A este…a este infeliz pertenece el oprobio de haber despojado el árbol de la Libertad de su más óptimo fruto; a la patria traicionada por el mismo, de su hijo más fiel y decidido; a la Nación tiranizada, su más hábil y consagrado libertador; a nuestros anales militares, su más entendido capitán; a las ciencias exactas, una de sus ilustraciones; a una esposa, el más virtuoso marido; a hijos tiernos y meritorios un amoroso padre, y al Pueblo….su más acrisolada esperanza!

Hombre de orden, de moral y disciplina, capitán experto y entendido, el Gral. Rafael Capó no podía salvar la vida al caer en manos de los corrompidos Traidores que han Jurado exterminar todo elemento de justicia que propenda a rescatar los fueros, derechos y garantías de la sociedad. ¡Hombres honrados y leales de Venezuela; he ahí vuestra sentencia registrada ya en el gran volumen de los delitos que nos ha traído la Federación.!*

Encadenada y oprimida se vio la patria – cuando el brillo de la espada de capó, siempre vencedora, dejo de lucir sus resplandores en los campos de batalla.

Cuando la intriga y las traiciones ocuparon el Solio de la ley, su nombre dejo de figurar en las listas de los heroicos combatientes por el orden y los principios. Las concusiones y el crimen levantaron de nuevo su abatida cerviz, y en muy pocos días el venal tratado de Coche, entrego amarrados cual humildes corderos, los altivos y valerosos campeones contra quienes se habían estrellado todos los esfuerzos de las huestes enemigas.

A la sombra de aquel acto insólito e inmoral, lucio sus estrellas el pabellón siempre humillado de los Federalistas, y ni por un instante el valiente e ilustrado Gral. Rafael Capó le hizo sumisión ni cortesía: que tales hechos son reservas de

---

* De doscientos pasan los asesinatos que han tenido lugar en el Estado Zulia, con todo género de ferocidades.

impostores y cobardes, de imbéciles e ignorantes que no pueden medrar sino a la sombra de las traiciones y de la corrupción….

He allí sus asesinos.

Esos apóstatas y verdugos que han vendido su dignidad por oro, su lealtad en cambio de goces y favores; impíos que no vacilan en llamar traidor al soldado más ingenuo y más leal que ha tenido la Republica; esos instrumentos feroces del servilismo, esos esclavos subyugados que quisieran vernos a todos arrastrando las mismas cadenas que ellos llevan ignominiosamente al cuello, son los venales escritores, que ensalzan a todos los déspotas, lucran y negocian con todos los Gobiernos, y se denominan ellos mismos elementos necesarios de la Paz, como si la Ilíada que puede formarse con las incomparables hazañas del pacificador de la Costa, de Oriente, y Barlovento, pudieran confundirse con esos himnos de fementidas alabanzas que entonan los oprimidos al opresor, por sumisión, espanto o corrupción. Ni vosotros, imbéciles vasallos, no nosotros ciudadanos avasallados tenemos poder bastante, ni autoridad suficiente para colocar en su verdadero puesto la vida ilustre y preclara de venezolanos, que como el Gral. Capó, pertenecen a la Historia.

Hijo invicto de una matrona ilustre en nuestra Independencia, tuvo por cuna el patriota Gral. Capó, la casa fuerte de Barcelona; fueron sus pañales los vendajes que restañaban las heridas de los potentes rescatadores de nuestros derechos, que sobrevivieron a aquella jornada de sangre, le sirvieron de hayas las viudas de vuestros guerreros, para que enalteciera su nombre como héroe, y muriera cual sus esposos como mártir. Aprendió a amar a Dios y a la patria en los templos y altares levantados por la gloria de los héroes de nuestra emancipación; tuvo por escuela aquel virtuoso desinterés, aquella abnegación sin límites, y por libros o textos, las virtudes que ilustraron los días felices de nuestras conquistas en la Libertad.

De las aulas regentadas por nuestros egregios Avilas, Vargas y Espinosas, salió aun niño ciñendo una espada redentora en defensa de la sociedad amenazada por la propaganda de la barbarie, y en Payara lucio por primera vez como astro refulgente aquel acero, que más tarde había de lucir en los campos del honor y la lealtad, en favor de los derechos del hombre, sin que el odio de enemigos encarnizados, ni la envidia que causaran sus hazañas, bastaran a empañar su brillo, ni la honra del héroe, pues a las acusaciones fementidas de peculados y crueldades sanguinarias, hicieron frente la verdad, las fórmulas y la justicia, que han venido a confirmar las concusiones, la avaricia, la crueldad y el sanguinario furor de sus calumniadores. – Una miseria que abisma, es el mejor testimonio que puede ofrecer la familia de la víctima.

¿Por qué entre las miserias y quebrantos en que habéis sumido a nuestra madre común, queréis que figure también, el sacrificio de sus hijos leales, de sus defensores ilustres, de sus ilustraciones científicas?

¿Por qué tras la traición impía de entregarla maniatada al furor aurífero de sus ingratos hijos, ensangrentáis vuestras manos en los que aspiran leales y amorosos a devolverle su libertad y sus glorias? ¿Por qué en la mañana misma de la traición, celebráis el cruel asesinato del héroe que impartió con vosotros los peligros, recogió inmarcesibles laurales para su madre patria y se mantuvo fiel a los principios de orden, de moral y de justicia?

Porque su genio y su militar habilidad os inspiraban terror, y amenazaban quebrantar vuestra usurpada y tiránica autoridad; porque anidada siempre la envidia en el corazón del Déspota, no puede dejar escapar la ocasión de aniquilar la honra, el valor y la virtud; porque desapareciendo lo noble, lo heroico, lo grande y lo glorioso, las mediocridades, las vulgaridades y hasta el crimen pueden levantar la cabeza;

pero....

¡Como os abandona la fortuna hasta en las oportunidades, nuevos Judas de la Republica! Pues ya no hay quien no esté bajo las impresiones de un tristísimo desengaño, ni quien no vea hundirse en esa tumba en que precipitasteis a un egregio hijo del valor, vuestras riquezas, vuestras usurpaciones y vuestros miserables triunfos.

Duelo habéis llevado a todos los corazones verdaderamente republicanos; sangre, oprobio y horror habéis llevado a vuestras generaciones; venganza, espanto y dilaceraciones habéis comunicado al espíritu regenerador. Lágrimas, angustia y desesperación habéis pedido a la patria, ofreciéndole como hostia ensangrentada, la victima ilustre, a quien ella había coronado con los laureles de la fidelidad y de la victoria. En la misma forma y acaso por las mismas influencias que en 1854 fuera vilmente asesinado el ilustre prócer de nuestra independencia, el inmaculado Gral. Juan Bta. Rodríguez, lo ha sido el 26 de diciembre de 1866, el terror de la Federación Gral. Rafael Capó.

¡Manes ilustres del preclaro mártir –

Descansad en paz: ¡que a gozo y bendición os han relegado el odio de un partido sanguinario y la guadaña exterminadora de un gobierno que lleva escrito en sus registros legales "no más pena de muerte" para matar más impunemente! Esa sed de sangre hermana, que se las hace beber hasta de los héroes, sin reparar en la hora, ni en la forma, eternizaran vuestra memoria, llevando a las generaciones futuras con vuestro martirio, el odio a la Tiranía. Si no presenciáis la aurora de la Libertad, habéis tenido la dicha de apresurar la marcha del día que nos traiga, sin devorar vuestro republicano corazón, las amarguras que lamenta nuestra patria.

Curaçao, enero 26 de 1867.

José Aniceto Serrano

A LA MEMORIA

del General RAFAEL CAPÓ,

asesinado por el Tirano del Zulia Jorje Sutherland.

(**) De doscientos pasan los asesinatos que han tenido lugar en el Estado Zulia, con todo jénero de ferocidades.

[illegible]

[illegible]

[illegible]

[illegible]

Curaçao Enero 26 de 1867.

J. A. B.

ANEXO 2

NOTICIAS SOBRE EL DESEMBARCO DE EDUARDO PÉRES Y RAFAEL CAPÓ EN MARACAIBO, CON DECLARACIONES DEL GOBERNADOR JORGE SUTHERLAND Y LA REACCIÓN OFICIAL DE LA PREFECTURA DE MARACAIBO.

Reportado en el Diario *El Federalista* el 19 de enero de 1867

NOTICIA: ESTADO ZULIA

Pretendemos formar sobre los últimos funestísimos sucesos de que ha sido teatro Maracaibo, un juicio competentemente madurado por el examen de los hechos ocurridos y por una recta apreciación de sus causas.

Ese conflicto del 25 es, por su origen, la manera como se ha cumplido y las consecuencias que ha aparejado, tan extremadamente grave, se roza tan íntimamente con la existencia de los últimos elementos morales que aún quedan en el país, que no es dable tratarlo bajo el calor de las primeras impresiones.

En Maracaibo se repiten actualmente las pavorosas escenas de las proscripciones romanas en tiempo de Sila y Mario: la habilidad del vencedor, adunándose con el interés de partido, acierta a disfrazar la copia del drama con tan engañosas envolturas, que solo la meditación y la integridad del juicio pueden escapar al extravío.

En el fondo no existe, - ya se principia a ver y se acabará por palpar - sino la obra funesta, anonadadora de una tiranía cuyo reinado terminará por hundir todo elemento social en el Zulia e inficionar al resto del país, hoy cubierto y providencialmente amparado por el buen instinto de gobiernos a quienes de todo puede acusarse, menos de que participan de esa embriaguez del terror.

Contentémonos por hoy con reproducir, entre los documentos y las versiones particulares de los sucesos de Maracaibo, lo que lo angustiado de la hora permite componer a los operarios de esta imprenta.

CARTA DEL 29 DE DICIEMBRE DE 1866

Con referencia a una carta de Maracaibo de 29 de diciembre, recibida por un respetable caballero, se nos ha dicho por persona que la ha leído:

Que hallándose fuera de la ciudad el Presidente con una parte de la tropa que la guarnecía, el día 25 a las siete de la mañana se tuvo noticia de que el coronel Eduardo Pérez desembarcaba a una legua de distancia con 200 hombres; que en efecto a las diez penetró a la ciudad, donde trabó porfiada riña con 300 hombres más o menos, acuartelados; que emprendió tomar un cuartel abriéndole troneras y derribando la puerta; no pudo lograr su intento, porque el fuego de cañón de los que estaban adentro no se lo consintió; que en la defensa del cuartel murió un tal Conde, General; que en las azoteas de la ciudad tampoco pudo resistir Pérez.

El general Capó venía con 200 hombres más, que recogió en Cúcuta, en Zulia y en Escalante, pero que no pudo llegar al sitio del combate porque los vientos fueron contrarios a las embarcaciones en que él venía; y que apenas le fue posible auxiliar a Pérez con 100 hombres que adelantó. A las 3 de la tarde le avistaron los buques del gobierno, y Pérez tocó retirada para unirse a Capó, que llegaba al frente; que allí permanecieron pocos momentos, y luego se dispersaron. Inmediatamente mandó el Presidente fuerza en su persecución, y sabíase ya en la ciudad que había muerto Capó y otros, para la fecha de la carta.

CIRCULAR DEL GENERAL JORGE SUTHERLAND INFORMANDO SOBRE LOS HECHOS, 26 DE DICIEMBRE DE 1866

ESTADO ZULIA.

Circular. - Estados Unidos de Venezuela. - Presidencia del Estado. - Maracaibo, diciembre 26 de 1866.

Ciudadano Presidente de ••••••

En la mañana de ayer los enemigos de le patria, que se amparan de la neutralidad de países vecinos extranjeros, para maquinar contra la tranquilidad e independencia de los Estados de Venezuela, preparándose para invadir repentinamente, aprovecharon el primer incidente favorable para la sorpresa, desembarcando en la costa del Oeste cerca de esta ciudad los traidores Rafael Capó y Eduardo Pérez, procedentes de la Nueva Granada con cuatrocientos hombres de pelea.

Creyendo que la plaza estaba indefensa, por mi ausencia momentánea, pues me hallaba en vista en la parroquia de la Cañada, intentaron tomarla por asalto; más la guarnición, dada la alarma, se preparó en los cuarteles y en diferentes puntos, para resistir y perecer antes que permitir que semejantes enemigos hollasen los puestos en que los defensores del Zulia sostienen el honor de la nación.

Trabada la pelea y convertida le ciudad en campo de batalla, nuestros bravos sostuvieron un fuego vivo durante siete horas contra los invasores que en su mayor parte eran granadinos: los disparos certeros de nuestros soldados hicieron tal estrago al enemigo, que no obstante su porfía, se declaró en derrota antes de las cinco de la tarde, y emprendió su retirada con bastante precipitación por el camino de Perijá, dejando cubierta de cadáveres y heridos la calle de su tránsito y los puestos en que más empeñaron el combate.

Luego que en la Cañada tuve noticia del inesperado desembarco, me puse en marcha para esta capital, donde llegué en medio de las aclamaciones del pueblo entusiasmado y de la guarnición victoriosa; y después que me desembaracé de las primeras ocupaciones del momento, ordené la persecución activa del enemigo, destacando el efecto sobre él una columna el mando del general José Asunción Paz, que hasta la hora en que oficio a Ud., que son les tres de le tarde, ha alcanzado a muchos de los fugitivos, los ha dispersado y hecho prisioneros; muriendo en la persecución algunos de ellos, entre los que se cuenta su jefe principal el mencionado General Capó.

En la jornada de ayer completada con los resultados de hoy, queda probado una vez más que la conquista del Zulia es imposible aunque para ello dispongan los pretendientes de recursos extranjeros y del concurso de hombres que venden su sangre por el oro; pues antes que logren el objeto de su ambición, perecen como traidores relapsos y contumaces bajo el poder de un pueblo valeroso y patriota, que ama y sostiene las instituciones que se ha dado, que apoya y obedece al gobierno de su elección y se arma para castigar los aventureros que atentan contra la tranquilidad del país.

Para lo sucesivo no queda más esperanza a los ambiciosos y trastornadores de profesión: el Zulia es fuerte y su poder no se quebrantará jamás por las expediciones que en el extranjero se organicen con el propósito de cambiar el carácter político del Estado, ni el personal de una administración constituida por el voto de los pueblos.

Todo lo que digo a Ud. para su conocimiento y fines consiguientes, debiéndose dar por concluidos de todo punto y con la mayor rapidez, los efectos de la traición de Capó y Pérez, pues este y los restos dispersos de su gente no tardará en caer en poder de las armas victoriosas del gobierno.

Dios, Federación y Falcón.

Jorge Sutherland.

DECLARACIÓN DEL GENERAL JORGE SUTHERLAND, 26 DE DICIEMBRE DE 1866

ORDEN GENERAL PARA HOY.
JORGE SUTHERLAND ·

General en jefe de los ejércitos de la Unión Venezolana y comandante

General del distrito Zulia.

¡Compañeros de armas!

Una vez más habéis merecido el reconocimiento de la patria con la heroica defensa de nuestra hermosa ciudad y la ruina de nuestros enemigos.

Cuando me hallaba a poca distancia de vosotros, recibí la noticia de que el fuego de más de cuatrocientos invasores os disputaba la posesión de nuestros pabellones de nuestros hogares.

Tal era mi confianza en vosotros y en el pundonoroso general José Félix Fuenmayor, a quién confié el mando de la plaza, como comandante militar, que solo me inquietó la idea de no llegar a tiempo a participar de los laureles que alcanzó vuestro valor.

En efecto, el fuego de siete horas y los ataques repetidos en el día de ayer, probó a nuestros enemigos la superioridad de vuestro esfuerzo. Nosotros defendemos nuestras leyes y el honor de las familias, y ya lo visteis, nuestros bravos soldados comprendiéndolo cada uno, hizo por su parte una heroica resistencia.

Un número considerable de muertos y heridos entre jefes, oficiales y tropa: la derrota general del enemigo y mi llegada oportuna para disponer la persecución que confié al valor y actividad del general José Asunción Paz, de donde resultó la muerte de Rafael Capó, y una suerte igual o la prisión para Eduardo Pérez y los demás dispersos, tales serán los efectos de la honrosa jornada que habéis rendido.

La cesación del fuego a mi llegada a las cuatro de la tarde de ayer, y las últimas operaciones que mandé practicar, han complementado este espléndido triunfo, cuyo resultado será motivo bastante para el contento nacional.

Como si fuera necesario que para conseguir un gran bien el corazón se pusiese a prueba por el sufrimiento de un intenso dolor, tenemos que lamentar la pérdida irreparable del valiente general Francisco Conde que murió en su puesto, digno de la reputación que había alcanzado. Este general en quien la patria pierde un bravo defensor, yo un amigo ••••• era leal, honrado y obediente: ninguno ocurrió antes que él en la hora del peligro: nadie le aventajó nunca en des interés y patriotismo. Su familia por cuya suerte velará el gobierno, merece bien sus cuidados, y yo ruego a todos mis compañeros que consagremos una permanente consideración a su viuda y a sus hijos, como el homenaje más cumplido a su memoria.

¡Militares!

–La sangre derramada no manchará nuestras filas: la responsabilidad de esa desgracia pesará siempre sobre nuestros enemigos. Es abono de nuestra honra, tenemos el testimonio de nuestra conciencia: el voto de la República y el juicio de la posteridad.

- La clemencia está agotada.

Compañeros y amigos.

-Repongamos los cartuchos que hemos consumido y velemos siempre por la suerte de este país encantado, objeto de la codicia de todos los ambiciosos de la República. Vuestro jefe morirá defendiendo el pabellón estrellado de la federación, como el único sistema que conviene a nuestro suelo, siempre con la vista fija en la luz brillante de Venezuela: en el Mariscal Juan C. Falcón.

Cuartel general en Maracaibo a 26 de diciembre de 1866. Año 8°.

(Firmado) Jorge Sutherland.

DISPOSICIONES DE ORDEN PÚBLICO DECRETADAS POR EL PREFECTO DE MARACAIBO, 27 DE DICIEMBRE DE 1866

ORDEN PUBLICO

Prefectura Departamental.

Maracaibo, diciembre 27 de 1866.

Resuelto:

1° Atendiendo que después del triunfo obtenido el día 25 de los corrientes por los defensores de les leyes sobre los enemigos

vandálicos que criminalmente alteraron la paz y el orden de esta población; no faltan aún rebeldes que haciendo alarde de la clemencia con que el gobierno del Estado les ha tratado en otras ocasiones, propalan noticias falsas contra las autoridades legítimas y sus dignos defensores;

2° Que debe evitarse la fuga de algunos enemigos de los que fueron derrotados y que se hallan ocultos en esta ciudad, para precaver su salida e impedir los males que puedan causar en tránsito; y

3° Que, para cortar estos abusos producidos en su generalidad por personas sin ocupación ni oficio útil, se hace indispensable dictar medidas que lo contengan,

Se dispone:

Art. 1°. Ninguna embarcación, sea cual fuere su tamaño, podrá salir de este puerto sin permiso da esta prefectura, debiendo precisamente fondear frente al muelle antes de su salida para ser visitada por la policía.

Art. 2°. Ninguna persona podrá salir de esta ciudad para cualquier punto del Estado o fuera de él, sin el competente pasaporte.

Art. 3°. Los extranjeros o venezolanos están en el deber de presentar a la autoridad los individuos que se hayan asilado en sus casas, y que han tomado parte activa o pasiva en el ataque contra esta plaza.

Art. 4°. Los individuos que tengan elementos de guerra de los que traigan los enemigos, deberán presentarlos a esta prefectura para ser destinados al parque nacional.

Art. 5° Todo desafecto al Gobierno nacional o del Estado sin ocupación conocida, será tomado por la policía para ser destinado con utilidad por la autoridad competente.

Art. 6°. Cualquiera persona que profiera conceptos o palabras contra la actual situación, las autoridades y defensores del gobierno, o que esparzan noticias falsas o alarmantes, serán aprehendidos y juzgados como perjudiciales al orden público.

Art.7°. Los que infringieron el artículo 1° y 2° de este decreto, sufrirán la multa de cien pesos o 30 días de cárcel, y los comprendidos en los artículos subsiguientes, se reputarán y juzgarán como conspiradores, aplicándosele la pena condigna.

Dado en el despacho de la prefectura.

Santos González.

El secretario. - Francisco A. Sanz.

ANEXO 3

RELATO: APRECIACIONES SOBRE LA EXPEDICIÓN CONTRA EL GENERAL SUTHERLAND EN MARACAIBO, POR EL GENERAL RAFAEL CAPÓ Y CNEL. EDUARDO PÉREZ, EL 25 DE DICIEMBRE DE 1.866*

La situación política del Estado Zulia era en esa época azarosa para la ciudadanía. La sucesión por demás frecuente de gobiernos de hecho, tenía que ser el imperio de las leyes el capricho de los caudillos del momento. En el cúmulo de rivalidades personales logró al fin sobreponerse la autoridad discrecional del general Jorge Sutherland, quien presidía un gobierno excesivamente fuerte, con el cual no podía transigir el pueblo zuliano, que tanto se distingue por su amor a las libertades públicas.

---

* Tomado del esbozo biográfico del General Eduardo Pérez, publicado en su *Álbum Fúnebre* en Maracaibo, mes de mayo de 1.895

Se estableció desde luego una lucha terrible entre el pueblo que hacía por sacudir el yugo a que se le condenaba, y el enérgico mandatario que imponía a las protestas de las masas pobladoras, el rigor de su autoridad apoyado en la fuerza de las bayonetas.

El carácter belicoso del joven PEREZ no podía conformarse con la inacción ante la dura prueba que sufría su suelo natal, y entró a figurar entre los secretos conspiradores perpetuos de aquella época.

A raíz de un fracaso nacía otro proyecto contra el orden de cosas imperantes en el Estado, y en todos tomaba parte con decidido entusiasmo el aventajado, aunque joven militar.

Especialmente tomó a gran empeño la realización del golpe de mano tan resueltamente preparado para el 18 de noviembre de 1,864, golpe que fracasó porque un ángel se interpuso entre el poder opresor y el pueblo oprimido.

El General Sutherland debía asistir a la solemne fiesta de la Virgen de Chiquinquirá y llevaría su guardia de honor bien armada, la cual, como era de costumbre, formaría pabellones con sus armas en la plaza, mientras el Magistrado asistía a la función religiosa acompañado del tren de empleados.

Ese era el momento oportuno elegido por los conjurados. En cantidad numerosa concurrían estos a la mencionada plaza, y mientras unos debían caer sobre las armas, a una señal convenida, otros simultáneamente harían preso al Gobierno dentro del Templo.

Más he aquí que inesperadamente en tierno hijo del Presidente Sutherland enferma de gravedad mortal, y el Magistrado deja de asistir a la fiesta que debía convertirse de súbito en drama sangriento, pues muy difícilmente habría podido realizarse tan atrevido plan sin resistencia alguna por parte de los atacados.

El importante secreto guardado hasta el último momento con fidelidad tan poco común, dado el considerable número de ciudadanos que lo poseían, no resistió mucho tiempo después del fracaso, y una infame delación puso al corriente a Sutherland del grave peligro de que había escapado, y terrible se volvió contra los principales comprometidos descubiertos, varios de los cuales pagaron con la vida su premeditado arrojo.

Entre los escapados de la afilada cuchilla del implacable Magistrado, hubo de contarse PEREZ, quien se refugió en el vecino Estado, cuna del Magnánimo Falcón. –

Este propuso en 1.865 al proscrito del Zulia que aceptase servicio a su lado y desistiese de toda hostilidad contra el consentido mandatario del Zulia; más PEREZ, consecuente con su carácter enérgico y franco manifestó al Mariscal que no podía, como zuliano, desistir del firme propósito de contribuir en cuanto pudiera a fin de librar al Zulia del poder regional que le ataba con férrea mano, y antes bien se constituyó, en ese mismo año, acusador de Sutherland ante el Congreso Nacional.

Convencido al fin de la inutilidad de sus esfuerzos, mientras permaneciera en el país, resolvió empuñar el bordón del desterrado, y de incógnito viajó desde la Vela de Coro hasta San José de Cúcuta.

Una vez en territorio colombiano, finco todo su empeño en proporcionarse medios para invadir el Zulia y derrocar el sostenido poder de Sutherland. Dominado por esta idea no vaciló en tomar parte en las contiendas del Táchira y dos veces en 1.866 invadió el fronterizo estado, de acuerdo con los descontentos de aquella sección de la Republica, quienes le ofrecieron suficientes recursos para invadir el Zulia, si derrocaba la autoridad del General Zavarse y les entregaba el Estado.

Pero en una y otra ocasión le abandonó la fortuna, y varió entonces de rumbo en obsequio de su firme propósito. -

Fue entonces cuando apareció en Cúcuta el general Rafael Capó, comisionado para invadir por aquellos lados a Venezuela.

No tardaron en ponerse de acuerdo los dos invasores, quienes formaron causa común, reconocido el afecto Capó como primer Jefe y Perez como segundo.

¿Que aconteció de la liga de los dos Jefes?

Ya hemos tenido ocasión de narrarlo en una carta que escribimos en contestación a otra que PEREZ nos envió, invocando nuestro testimonio para protestar contra un inmerecido cargo que se le hizo poco antes de que la muerte le sorprendiera. -

Suspendemos, pues, hoy aquí nuestra pluma, para dar cabida a la sencilla exposición que entonces hicimos en obsequio a la verdad y como un acto de merecida justicia contra imputaciones evidentemente falsas

Dice así nuestra carta:

"Caracas: 16 de mayo de 1.895

Señor general Eduardo Pérez.

Maracaibo

Mi estimado amigo:

Doy a usted las gracias por el envío de los tres números de El Avisador, donde ha publicado la

"Historia de la expedición contra el general Sutherland en Maracaibo, dirigida por el general Rafael Capó y el coronel EDUARDO PEREZ, el 28 de diciembre de 1.866"

Paso ahora a satisfacer el deseo que me manifiesta en su atenta del 4 del presente, de que yo, como compañero de armas en aquella jornada, ratifique la verdad histórica de su narración. -

Como perdí en el terremoto de Cúcuta los apuntamientos que había hecho sobre esa expedición, confieso que mis referencias a ella no tienen otra base que los recuerdos.

No me constan los detalles que usted da en cuanto a los preparativos de su próxima invasión al Zulia, para fines del año a que alude; pero si debo afirmar, en obsequio de la verdad, que en esa época era usted de los más llamados a dirigir la expedición con lo cual soñábamos todos los que en Cúcuta nos empeñábamos en contribuir a derribar el poder de Sutherland, como que así nos habríamos la puerta de la tierra natal, de donde habíamos sido arrojados sin más causa que la de no transigir con la tiranía que imperaba en aquella localidad, sin embargo de estar la República regida por un Gobierno liberal.

No tengo porque dudar que usted tuviese ya listos los recursos de guerra que enumera, pues todos le veíamos ocupado en el asunto con una constancia y un entusiasmo que les enaltecían a nuestros ojos. De tal suerte que, sin que yo pudiese afirmar nada sobre la cantidad de recursos que hubiese usted logrado acopiar, ni sobre el número y estado de organización de los compañeros con que contase para el momento de ponerse en campaña, contaba sí, como evidente que ni de una ni de otra cosa estaría usted desprovisto llegado el momento anhelado de invadir.

Cónstame, así mismo, que el general Capó, a su llegada a Cúcuta en esa época, no contaba con recursos de ninguna especie; y hace honor a usted como militar sin ambiciones que pudieran estorbar la buena marcha de una causa patriótica, el desprendimiento con que puso a disposición del mencionado Jefe no solo los recursos con que usted contase, sino los propios servicios, quedando desde luego a sus órdenes.

Prueba evidente de esta decidida cooperación de usted, es la circunstancia de haber ocupado el puesto de segundo Jefe de la expedición a pesar de las intriguillas que se despertaron en esos días, por rivalidades que no escasean en tales casos, muchas por nobleza de aspiraciones, pero rara vez ajustadas a los mandamientos del patriotismo.

En Cúcuta se tenía como seguro en esos días que el general Capó preparaba una pronta expedición; pero generalmente se creía que la invasión debía verificarse por el Táchira. A la vez se nos afirmaba que, alcanzado el éxito de esta empresa, se organizaría inmediatamente la invasión al Zulia.

De esta suerte, el proyecto contaba con los esfuerzos de los zulianos y tachirenses, asilados y ansiosos de tornar a sus hogares.

Así las cosas, se acercó a mí, a mediados de diciembre, el señor Pedro José Hernández – con quien no me unían para entonces nexos de familia – y me dijo más o menos lo siguiente:

El General Capó necesita una persona discreta, muy discreta, capaz de desempeñar una

comisión importante, y me ha pedido que – se la indique; aunque he pensado en usted, por creer que llena las condiciones, me he abstenido de indicarlo sin consultarle antes. Por lo demás confío en que, en caso de no aceptar, usted olvidará por completo esta consulta.

¿A dónde es la comisión? le pregunté.

No sé ni a dónde ni cuál sea. El general Capó es en esto un hombre especial. Jamás satisface preguntas de este género. De él se sabe lo que espontáneamente dice, pero nunca lo que se le interroga.

Confieso que mi pregunta fue por curiosidad, propia de un joven, nada más; pues desde que oí la proposición pensé aceptar sin vacilaciones de ningún género. Acepté en efecto. –

Pocas horas después recibí la orden de hacer ostensible un proyecto de viaje para Maracaibo, en diligencia particular, que ofreciese mis servicios al comercio en este respecto, que dijera que el viaje tendría lugar dentro de dos o tres días, y que yo estuviese listo para viajar de un momento a otro, al recibir la orden correspondiente.

Cumplí al pie de la letra las instrucciones recibidas y desde esa misma noche estaba como si dijésemos con un pie en el estribo. -

Uno o dos días más tarde me participó el mismo señor Hernández que debía anunciar mi viaje para esa tarde.

Así lo hice y aguardé nuevas órdenes.

Se aproximaba la noche cuando el mismo Hernández me comunicó la hora en que yo debía salir de casa, ya en viaje, sin acompañante ninguno, y con indicación del rumbo que debía seguir a la salida de la ciudad. Sonó la hora y salí sumido en honda meditación. Me imaginaba ser un personaje de novela. En viaje, sobre una mula, con un carriel contentivo de varias cartas, mi cobija, mi revolver y poco dinero; sin saber para dónde ni a que viajaba.

El secreto está guardado religiosamente. El único que barruntó algo a última hora fue mi hermano Gerardo, pues como se empeñaba en acompañarme hasta Quebrada Seca, y eso no debía ser, según las instrucciones que cumplía, fue preciso decirle algo, por lo que hubo de comprender que mi viaje tenía relación con el movimiento revolucionario, pero quedó muy distante de sospechar que fuera exclusivamente en tales andanzas.

Salí al fin de la cuidad y a poco andar me salió de un lado del camino un hombre a pie, completamente solo: era el general Capó.

Me detuve y el llego hasta apoyar una mano en el cuello de la mula: sin saludarme fue directamente al asunto más o menos en estos términos:

- Bien, pues, usted debe hacer el viaje en la noche, de modo que el amanecer llegue al Puerto. Luego que llegue allí, ya deja de ser un viajero en propias diligencias; y es un comisionado del comercio, que va deprisa, en asunto importante. Esta carta (me la dio cerrada) de recomendación que es para la señora Chinca Granados, le servirá de medio para seguir viaje, pues la señora le facilitará lo que necesite. Como su diligencia es urgente, viajará en canoa con suficientes canaleteros. De San José de las Palmas para adelante, procurará trasladarse a alguna piragua de las muchas que andan por el río comerciando. No se pare usted en precio para negociar el viaje, siendo condición que la piragua siga a sus órdenes. Como usted no tiene seguridad se sigue hasta Maracaibo, o se si devuelve de Encontrados, porque así le convenga al éxito de la diligencia comercial que lleva, no devolverá la canoa, sino que la llevará hasta Encontrados, por si tuviere que regresar en ella. Por eso su negocio con la piragua tendrá dos precios: uno, si la deja en Encontrados, otro si ha de llevarlo a Maracaibo. Al llegar a Encontrados resuelve usted detenerse allí el resto del día, a ver si llegan embarcaciones que puedan traer de Maracaibo algo que le interesa, para resolver si sigue o se devuelve; para el efecto detiene a su orden tanto la piragua como la canoa - todas estas eventualidades entran en las condiciones del trato con ambas embarcaciones. Como las piraguas no llegan, y si llegan no traen lo que usted espera con interés, resuelve aguardar todavía la noche y fijar el viaje para seguir al día siguiente en la mañana temprano, si hasta entonces nada ha recibido. Antes de la hora de partir tendrá usted nuevas órdenes; y alargándome la mano me dijo: feliz viaje – y me dejo libre el paso.

A medida que el general me daba sus instrucciones, de las cuales no perdí ni una sílaba, crecía mi estupefacción. Si hubiera sido de día habría él podido leer en mi semblante las diversas impresiones que experimentaba. -

Como a pesar de haberme despedido de él, yo continué inmóvil, me dijo:

- ¡Está usted bien enterado de cuanto le he dicho?

- Si, le contesté; pero…

- Nada me interrumpió. Repitió concisamente sus instrucciones, y terminó con acento de quien no admite réplica: cumplir todo al pie de la letra hasta nuevas órdenes. ¡Adiós! Me dio la espalda y se devolvió.

Continúe con dirección al Puerto de los Cachos, pues para entonces no había tráfico por Sanbuena.

Le agradecí después al general Capó que no me hubiese dejado hablar. Confieso que iba a decirle unas cuantas majaderías, las cuales tal vez me habrían hecho pasar por la pena de que no me creyese el hombre de aquella comisión, pues de seguro no correspondían a las recomendaciones que de mí se le habían hecho. En mi inexperiencia no me explicaba cómo podría negociar embarcaciones sin tener dinero para ello. Por otra parte, cuando pensaba que podía hacérseme rodar a mí solo hasta Maracaibo, donde caería, indefenso en manos de Sutherland, sentía algo, que si no era miedo se le parecía mucho.

- Mas, una vez comprometido, proseguí mi camino resueltamente.

Entre 8 y 9 de la mañana siguiente viajaba yo río abajo en una canoa con 3 o 4 canaleteros. Verifiqué el cambio de la embarcación contratada por la de mayor porte en la forma dicha. En fin, llegué felizmente a Encontrados donde debía dar fin a las instrucciones recibidas, y en la noche de aquel día fijé, como estaba convenido, para la mañana siguiente, la continuación de mi viaje a Maracaibo. Alguien me facilitó un mosquitero y entré en él, no a dormir, sino a reflexionar sobre mi incierta situación. A cuantos me preguntaban y no eran pocos, por el estado de la revolución Capó, les decía lo que era natural: que de un momento a otro invadiría el Táchira, según se decía en Cúcuta. ¿En que andaba yo en realidad? No lo sabía, y el tiempo se me pasaba en conjeturas. Sobre todo, me preocupaba lo que debía hacer al siguiente día, si por la noche no me llegaban las nuevas instrucciones.

Al fin, muy avanzada la noche, oí desde mi cama una voz que me llamó desde el río. Recibí la orden de aguardar allí al general, quien venía atrás.

A poco principiaron a llegar embarcaciones con gente, y en una de ellas el general Capó, quien me mandó alistar para seguir hacia la boca del río en desempeño de otra comisión.

Fue allí en Encontrados donde supe que usted se había separado del general Capó, en Valderramas, para expedicionar con parte de la fuerza sobre Santa Cruz de Zulia, y reunirse luego en el lago para continuar juntos a Maracaibo.

No recuerdo si fue antes o después del amanecer cuando seguí, por orden del general Capó, viajando en canoa para la boca del río con instrucciones de detener toda embarcación que fuese para abajo y desentenderme de las que viajaban río arriba.

Así lo efectué y permanecí oculto en los carrizales de la boca del río hasta la llegada de la fuerza invasora por aquella vía.

Allí recibí nuevas órdenes dadas personalmente por el general Capó, según las cuales debía continuar aun en mi esquife, salir al lago, atravesar la parte que divide las bocas del Catatumbo y el Zulia, apresar las embarcaciones que hubiese en el trayecto, de modo que cuando las que contenían la expedición saliesen del río, no hubiera por allí quien pudiera llevar el parte a Maracaibo.

Cuando salió mi pequeña nave a las aguas del lago, principiaba a nacer el día 22. Nunca aurora más dulcemente sonreída a mis ojos que la de aquel día, para mi memorable. Cuantas ilusiones en mi mente ¡Cuántas esperanzas de libertad acariciando mi joven corazón!...

Cuando el sol se alzó lo suficiente para bañar la luz la superficie del inmenso cristal, noté que a lo lejos me seguía otro esquife.

Seguramente el general Capó hubo de reflexionar que era fácil que uno solo, por más que fuera manejado con actividad, no bastaría al eficaz desempeño de la comisión, si se presentaban dos o más embarcaciones a un tiempo.

No recuerdo si poco después salieron otros esquifes; tengo idea que hubo o más por lo menos.

Esta operación fue ejecutada satisfactoriamente, de modo que el traslado de la fuerza se verificó de uno a otro de los puntos mencionados, sin temor de que nadie escapase a denunciar la invasión.

Dentro del río Escalante aguardó el general Capó a usted, a quien recibió con beneplácito, no solo por el feliz éxito de la parte que había tomado a su cargo hasta allí, sino porque la llegada de usted puso término a un serio temor que le inquietaba: él le aguardaba desde unas cuantas horas antes, y la tardanza le hacía sospechar que pudiese usted haber tropezado con inconvenientes que echaran por tierra el plan combinado, que hasta aquellos momentos venía realizándose con felicidad completa.

La salida de las embarcaciones al lago de Maracaibo se verificó conforme a la narración que hace usted, si bien no pude apreciar ciertos detalles, porque yo estaba en continuo movimiento, pues dispuso el general Capó que continuase en el esquife, y seguí cumpliendo y trasmitiendo órdenes, ya dentro del río, ya explorando las inmediaciones de la ría en el lago; faena que duró hasta la hora de salir la expedición, cuando abandoné el esquife, y paée a una piragua que fuese puesta bajo mi mando con una pequeña fuerza, entre la cual figuraban los hacheros.

Recuerdo sí, perfectamente, a reunión de la Junta a que usted se refiere, con el propósito de ver el medio de evitar el inconveniente que pudiera traer la dispersión de las embarcaciones en la navegación del lago. Allí estuve varias veces, para dar cuenta de órdenes cumplidas y recibir otras.

Hay en esto un detalle del cual prescinde usted y que juzgo de mucha importancia para usted, en la aclaración de error en que muchos incurrieron, cuando ante el resultado de la expedición le atribuyeron culpa como insubordinado.

Cuando Ríos opinó porque se fijase como punto de reunión la punta de Camacho, quiso el general Capó oír la opinión de otros inteligentes sobre la duración del viaje, y reunió al efecto varios patrones, a quienes interrogó sobre el particular con la claridad que era característica de aquel Jefe en tales casos.

Todos los patrones consultados corroboraron la opinión de Ríos, en el sentido de que podían fijarse las siete de la noche del siguiente día 24 para la reunión en el lugar indicado. De modo que fue preciso advertir a Jefe de cada embarcación, de acuerdo con la opinión de los patrones, que oportunamente acortasen vela para no llegar antes de las siete al punto señalado. -

Tal fue la convicción que abrigó sobre esto el general Capó, que, al acto de despedirse de él, después de poner en mis manos una carabina de precisión que quiso regalarme, me estrechó la mano diciendo:

-Hasta mañana a las 7, ¡en punta de Camacho!

No debe extrañar que no oyese yo las palabras que el general Capó dijo a usted al acto de despedirse, pues para entonces ya estaba yo en las aguas del lago: tal vez haga usted memoria de que fui de los primeros en salir del río, ya en viaje, y lo dejé a usted en el río dando órdenes para la salida de los demás. –

Pero nada tienen a mi ver de dudosas esas frases: era aquello un voto de confianza, más que posible, natural. Quizá si hasta era innecesario expresarlo.

¿No era usted el segundo Jefe de aquella expedición? Indudablemente que sí.

¿Y no era, por consiguiente, el llamado a sustituir al primero, siempre que, por cualquier eventualidad, de esas tan comunes en campaña, faltara la presencia de aquel en circunstancias apremiantes?

Más adelante veremos, que aun sin haber habido aquella autorización, usted estaba obligado a proceder de acuerdo con las circunstancias y con prescindencia del primer Jefe.

Todo conspiró, como usted lo narra fielmente, contra el final del plan combinado.

Perdido éste completamente por la imposibilidad de la llegada a Camacho, favorecidos por las sombras de la noche, convencidos de que el general Capó distaría mucho de aquel punto, pues es un hecho que el día 24 no llegamos a avistar la piragua que le conducía, era indispensable una determinación extraordinaria, de acuerdo con la imprevista situación que se presentaba.

Todo podía acontecer, menos que quedásemos allí, inactivos; en embarcaciones inadecuadas para una acción naval; con gente colecticia, en número reducido, dada la fuerza que de un momento a otro podía caer sobre nosotros; con armas de distintos calibres, buena parte de ellas simples tercerolas…

Volver atrás a buscar al general Capó habría sido, como usted dice con acierto, un absurdo. A nadie que medite un tanto sobre aquella situación podría ocurrírsele que podía pensarse en el retroceso.

Hay más: tal vez pasó por la mente de usted lo mismo que imaginé muy posible en aquellos críticos momentos.

¿Habría obtenido el general Capó en el tránsito la seguridad de que el general Sutherland estaba de paseo en la Cañada, y resuelto variar de rumbo él y las embarcaciones a que le fue posible comunicar la orden, para verificar la sorpresa en aquel punto, toda vez que el bullicio de las fiestas pascuales era propicio a tal intento?...Esto sería una muestra de audacia militar, pero no un imposible, más cuando estaban recientes las hazañas tan admirables y admiradas del general Venancio Pulgar, cuyo recuerdo comunicaba aliento para empresas de tal arrojo.

En tal caso, el general Capó, debía contar con que usted, al notar su falta a la cita, no se cruzaría de brazos, fondeado en la costa oriental, aguardando a que él apareciese.

De la pericia de usted debía esperar que obrase sobre la plaza.

Tengo, pues, la convicción de que cualquiera que fuese la razón de la tardanza del general Capó, obró usted muy cuerdamente ordenando que pasásemos a la costa occidental y que se verificase sin tardanza el desembarque de la fuerza. Lo contrario habría sido mostrarse inepto en el cumplimiento de sus deberes, como segundo Jefe de aquella expedición.

Me consta que tanto esa determinación como la de haber atacado la plaza sin aguardar a Capó, fueron motivo para que algunos le censuraran su conducta, y temerariamente le motejasen de ambicioso, por suponer que la mente de usted fue tomar para sí las glorias del triunfo si se obtenía.

Siempre le he defendido de tan temerario cargo, pues en mi concepto, si alguno merece usted, es el haber perdido tiempo en el asalto a la plaza, precisamente porque le repugnaba proceder sin la anuencia del primer Jefe. Con sorpresa veo que no menciona usted la resistencia que opuso en los primeros momentos, sobre ataque a la plaza, cuando le aconsejamos que avanzase sin demora.

Aguardemos un momento más, decía, a ver si aparece el general Capó. Quizá, violentado por la imposibilidad de llegar a tiempo, se ha ya desembarcado por esta misma costa y ya esté muy cerca.

Hubo de convencerse al fin, usted, de que era imposible aguardar allí por más tiempo, y con el beneplácito general ordenó la marcha sobre la cuidad.

Todavía en el Puente detuvo la marcha un rato, siempre abrigando la esperanza de que el general Capó llegase de un instante a otro, o de recibir algún expreso suyo.

Pero aguardó usted en vano: preciso fue continuar de allí sin la menor noticia del deseado Jefe.

Todavía en el centro de la cuidad, ya rompiéndose los fuegos contra las fuerzas de la plaza, en las alturas donde se habían situado con no pocas ventajas, ordenó usted detener la marcha (calle Vargas) y envió un expreso que fuese por vía de Los Haticos a ver si aparecían siquiera noticias del paradero del general Capó.

También fue inútil esta espera, y decididamente se trabó el combate sin la presencia del Jefe tan vanamente esperado por usted.

Grande, arrobador, fue el arrojo con que avanzó aquella fuerza. Echeverría se portó admirable!

Entre tanto valiente, nadie podía mostrase cobarde; el valor se comunica en estos casos.

Sólo puedo dar fe de lo ocurrido hasta el asalto al Hospital Militar, pues como había sido herido dos cuadras antes, herida que, aunque no era de carácter grave ofrecía el inconveniente de la gran hemorragia, pues estaba interesada una arteria; hemorragia que tal vez aumentó con el movimiento que sufría en el buen rato que anduve al anca del caballo de usted…llegó un momento en que me fue imposible estar de pie. Fue allí cuando al verme usted vacilar y quedarme apoyado a la puerta del Hospital, ya tomado por nuestra fuerza, me hizo el obsequio de llevarme en su caballo, para entonces herido, y dejarme en una casa vecina donde habíamos dejado poco antes, herido también, al valeroso Orosimbo García. –

Allí aguardaba con ansiedad el resultado de aquella jornada, hasta que al fin apareció el coronel Echeverría, quien nos notificó la aparición de Sutherland y la forzosa retirada de nuestra gente.

Ni con el fracaso desmayó el valor de Echeverría en aquel día memorable. Llego a la casa donde nos asilamos García y yo con el propósito de trasladarnos de allí a otros puntos, donde pudiéramos estar más a cubierto de los peligros que íbamos a correr.

Intentó sacarnos, pero fue imposible; no podíamos seguirle con la precipitación necesaria;

había sido entregarnos los tres al enemigo que ya destacaba guerrillas sobre los que se retiraban.

Nos instaló de nuevo en el punto de donde nos había sacado, y se despidió de nosotros para escapar de la persecución.

Luego fuimos tomados prisioneros y conducidos trágicamente al Hospital Militar.

Lo que vino después no interesa al objeto de esta carta, es narración que acaso un día me resuelva a hacer.

Ojalá, amigo mío, esta carta contribuya, como lo deseo, al tributo de la justicia que usted merece, al tratarse de aquella jornada militar.

Su afectísimo amigo,

José M: Rivas.

ANEXO 4

ANECDOTARIO VERNACULO DEL BACHILER MUNGUIA SOBRE EL GENERAL RAFAEL CAPÓ Y RESPUESTA DE RAFAEL CARÍAS CAPÓ

1. UN GOLFO INTERESANTE

Por EL BACHILLER MUNGUIA (Juan José Churión)

(Especial para el *Nuevo Diario*)

Caracas, 21 de julio de 1.933

El juego es una religión; las más grande y sagrada religión entre jugadores de estirpe; la más formal, porque ninguno de sus adeptos es capaz de faltar a sus ritos sacrosantos. El jugador puede no corresponder a sus compromisos honorables, pero no sus deudas de juego.

El general Capó fue ampliamente conocido como "cortador", sin ser sastre, entre la antigua "godarria"; partido al que estuvo lealmente adscrito con la buena fe del convencido.

No le gustaba "cargar preso amarrado", pero si le gustaba el golfo, el cual se "engolfaba" religiosamente. Estando en diciembre de 1862 de Jefe de Operaciones sobre la Costa de Puerto Cabello y Jefe del Castillo de San Felipe, en aquellos días lúgubres de la guerra larga, se trató de fusilar a un pobre señor de apellido Pérez, de los que habían caído prisioneros en "Moroncito" con el general Guevara, en enero del 61.

Capó estaba inflexible, habiéndole negado a todos los del puerto la condonación de la pena al infeliz reo. La tarde en que el desgraciado Pérez entró en la capilla para ser fusilado a la mañana siguiente, jugaba Capó una partida de golfa con dos oficiales y con don Rafael Arvelo en el glacis del castillo. En una de las manos comprometidas, los dos oficiales se habían botado a la baraja por escasez de punto, y Capó y Arvelo estaban por restarse, por tenerlos muy subidos. Capó daba la baraja y Arvelo "pasó agachado"; brujuleó sus cartas Capó y dijo:

¡Resto!

Arvelo que lo esperaba "detrás de los palos", replicó:

Mi resto y la vida de Pérez. Y empujó hacia el centro del tapete todo el puñado de oro y plata que tenía por delante.

Capó, extrañado, replicó:

¿Cómo es eso? ¿Qué quiere decir eso de "resto y la vida de Pérez?"

Yo no sé, Comandante; estamos jugando y el juego es lo único serio en la vida: aquí no se puede volver uno atrás. Usted me ha restado, y yo a mi vez lo acepto y lo resteo poniendo por sobre de la apuesta la vida de Pérez; si no va, pierde.

Capó comprendió la filantropía treta de Arvelo; pero como en el relance había reunido las cuarenta, dijo;

¡Voy! _ extendiendo sus cuarenta en copa sobre la mesa.

No sirven, replicó Arvelo, las tengo en espadas y soy mano.

Capó tiró las cartas; indultó a Pérez de la última pena; pero desde ese momento dejó de jugar golfo y dejó de ser amigo de don Rafael Arvelo.

EL Bachiller Munguia.

(Juan José Churión)
Caracas, 21 de julio de 1.933

2. RESPUESTA DE RAFAEL CARÍAS CAPÓ AL ANECDOTARIO VERNACULO DEL BACHILLER MUNGUIA

Cosas de la godarria intransigente y del amarillismo impenitente. —El heroísmo de los abuelos y el conflicto de los nietos. —El golfo de don Rafael Arvelo y la fama del Comandante Capó

Carta de Rafael Carías

Caracas, 23 de julio de 1.933.

En círculos literarios, en los clubs, en las redacciones y en toda tertulia caraqueña, son tema de obligado comentario las amenas charlas anecdóticas de Bachiller Munguía, atildado, aplaudido y jacarandoso escritor. Admirador y amigo del perilustre Bachiller, creo como él, que ningún hombre culto debe enojarse por que le mienten los de su familia y con menor razón cuando se trata de hombres públicos, que por eso mismo tienen que pasar por la lupa de los escribidores de la historia. Pero de esto no se sigue que haya derecho a ridiculizar la memoria de los antepasados.

A medida que transcurre el tiempo y van hundiéndose en la nada hasta los hijos de aquellos hombres extraordinarios que tomaron parte principal en la contienda de los dos partidos históricos de Venezuela, vemos como se desvanecen los ídolos que forjó el fanatismo y también cómo se disipan las sombras con que la pasión encendida trató de cubrir más de una frente esclarecida.

Algún día una pluma honrada escribió la verdadera historia de ese terrible ciclo de la guerra larga, en que, como en la Edad Media, el dedo de Dios parecía señalar un punto en que la maldad de los hombres llegaba a los últimos extremos. Entonces se dirán lindezas que dejarán muy lejos la partida del golfo jugada en el Castillo de San Felipe, frente al patíbulo de un desventurado federal llamado Pérez. Pero entre tanto es oportuno advertir que la especie es falsa y ha prevalecido sobre la verdad la feliz inventiva del agudo compatriota D: Rafael Arvelo, hombre satírico de salidas fáciles.

No es que yo crea y proclame que el insigne Comandante Capó, mi abuelo materno, fuera un santo varón, ni que hiciera la guerra con sonrisitas y jojanas, pues todos sabemos, unos más y otros menos, que la Guerra Federal fue una cosa seria, larga y ancha, y que los luchadores de entonces tenían una envergadura digna de mejor causa.

Al Comandante Capó le ha tocado ahora desfilar por la pantalla del “Anecdotario Vernáculo”, donde el Bachiller Munguía, baraja con hábil son farandulero, cuando no con sonriente y despreocupado donaire, hombres y sucesos, frases célebres y chistes grotescos, a veces salpicados de buena ironía, otras como platos recalentados con mucho ají y sabor ahumado.

No es que duela que se juzgue a un guerrero ni que se le pase por el cedazo de la crítica histórica, pero si hay derecho a reclamar algún miramiento por su nombre y, sobre todo, que se ponga la verdad en su sitio. En el caso del Comandante Capó, yo mismo confieso que a través de la historia y aún de la tradición familiar, recogida de boca a boca, no puedo considerarlo sino como un personaje de leyenda, como el tipo de D: Juan Manuel Montenegro, el héroe de Valle Inclán, en "Romance de Lobos". Las cosas que se cuentan de él hacen aflojar las clavijas al más grave sesudo historiógrafo. Pero, por otra parte, y es la más interesante, aunque como buen hijodalgo, le gustaban las fembras placenteras, el tabaco y la baraja, no supo elegir la carta política buena. Se paró en la vacía, por eso perdió. Ganaron los de la cargada, correspondiéndoles lo mejor, incluso el Panteón Nacional. Después de todo no hizo sino seguir las huellas de su padre don Francisco Capó, que también se paró en la vacía e igualmente perdió, peleando con las armas del Rey, bajo el comando de don Pablo Morillo, el Pacificador. Ese fue el error de ambos guerreros, uno realista, otro centralista: perdieron el Panteón reservado a los Próceres.

Ahora bien, del anecdotario familiar, recojo estos botones de muestra, que sirven mejor para fijar la psicología y el carácter de aquel militar invencible, que había sido discípulo de Cajigal, frecuentaba los salones aristocráticos de Caracas, tenía un porte arrogante y distinguido y era íntimo amigo del integérrimo D: Manuel Felipe de Tovar.

Cuando tomó a Barcelona a sangre y fuego (¿cómo, de que otro modo la podía tomar?) se hizo afeitar por un barbero del pueblo presentándose con otro nombre; y al preguntarle al humilde fígaro qué decían los vecinos del Comandante Capó, aquel le susurró al oído: "Que dicen? Que es peor que Boves". Terminado el servicio, pagó y se despidió diciéndole:

Yo soy el Comandante Capó.

El infeliz se arrodilló a sus pies, le pidió perdón y llorando dijo: Yo soy conservador, Comandante, eso que le dije son invenciones de los malvados federales. Usted los conoce. Yo soy conservador.

A poco el Comandante Capó llagaba a la sala de Bandera, a donde debía recibir los prisioneros de guerra que serían juzgados en juicio sumarísimo, según la Ley. Y como estaba de mal humor por el detalle del barbero, ordenó secamente a los Oficiales:

Pasen los prisioneros, uno por uno.

Sucio, lívido, desfallecido de temor apareció el primero, todo trémulo. El Comandante, al verlo en ese estado que parecía un moribundo, le interroga:

Y usted, ¿cómo se llamaba?

El prisionero, al oír la pregunta, rompió a llorar y formó un pozo en el sitio en que estaba. Ante tanta vergüenza el Comandante mandó que le quitaran de su presencia a aquel infeliz y añadió:

No traigan más. Estos bandidos saben matar, pero no saben morir.

Un rasgo de su carácter y se su fidelidad a los principios, a la justicia y a la Constitución que defendía, se revela en carta dirigida desde Barlovento a su hija Teresita, quien le suplicaba, llorosa, que le dijera como era esa horrible guerra en que él estaba y que mantenía aterrados a los caraqueños.

No hagas caso – decía – de lo que hablen en Caracas. Allá no tienen idea de lo que pasa en estas desgraciadas regiones.

¿Quieres tú saber algo de la guerra? Pues bien, por aquí la guerra no la forman sino hordas de negros alzados, que tienen por consigna el robo, el asesinato y el incendio.

El único remedio es irlos fusilando poco a poco, y así nos vamos entendiendo.

Esto si es gordo, Bachiller y gordísimo. Pero cuando al fin cayó (debía caer) en mano de sus enemigos, esa vez los sicarios de Jorge Sutherland, en Maracaibo, se negó a comparecer, vencido, ante su adversario. Aquel guerrero, que nunca conoció la derrota, rindió por primera vez sus armas, y dijo a los vencedores:

¡Fusílenme aquí mismo, de una vez! Ustedes están acostumbrados a obedecer y yo siempre a mandar. Vamos, pronto ¡Fuego!

Así fue la última página de aquella vida heroica, que desde temprana edad se nos enseñó a respetar y a admirar.

Rafael Carias.
Caracas, 23 de julio de 1.933

3. ACERCA DE LA ANÉCDOTA DEL GRAL. RAFAEL CAPÓ.

Carta del Bachiller Munguía (Juan José Churión) a Rafael Carías

(Especial para EL NUEVO DIARIO)

Caracas, julio 24 de 1933

Señor Rafael Carias.

Presente.

Mi querido amigo:

No te respondí ayer, sobre la marcha, a tu magnifico artículo aparecido en "*El Universal*" de antier, porque era día de homenaje papelero al Libertador; pero lo hago hoy con mucho gusto, pues cuando glosé o puse mi pobre música de fotuto criollo o de guarura indígena, a la anécdota que conté de tu ilustre abuelo materno, estaba pensando, precisamente en ti y en nuestra buena amistad, y no me equivoqué. Nos has dado a todos una soberbia lección de cultura, de amable comprensibilidad, de exquisita perspicacia y ecuánime inteligencia.

¡Vaya que no saliste con lo de grotescas payasadas y chistes de almanaque! ¡Qué talento tienes, chico! Haces gala de una desaprensión admirable, a pesar del orgullo natural y justo con que hablas del arrogante abuelo; dices la verdad sin atenuaciones. ¡Qué hombre tan cortador fue Capó! Militar de rígidos principios de morboso partidarismo, como los de todos aquellos hombres, fue malo, en el sentido de inflexible, de cruel con el enemigo, porque como dijo el Otro, otro que fue como él, y por eso triunfó y libertó a un mundo, Aquél cuyo sesquicentenario natalicio celebramos hoy: "La guerra no se hace por amor de Dios" ...

Por lo cual nosotros, curándonos en salud, debemos hacer o seguir haciendo lo que actualmente hacemos: paz, siempre paz; unión y concordia entre todos los que cobija el cielo de nuestra patria; pues ya se ha bifurcado o multifurcado en las ramificaciones de nuestro sistema arterial, esa vieja sangre de godos y liberales, a los que no tenemos hoy, (yo al menos) sino como objeto de inocentes vayas, más nada. Hoy laboramos por la paz, porque ésta si se hace por amor de Dios, de los hombres y engrandecimiento del país que nos dio la vida. La actualidad es garante y rehén de la insania de nuestros abuelos o padres. Hoy vamos bien.

Apruebas en un todo ésta mi oscura y desagradable labor anecdótica, de la que, como he dicho, sirve para avivar el amor a nuestra historia; pero hay en tu fino artículo uno o dos puntos que me parecerían contestables si no viera que no son impugnaciones directas a mi labor, sino consideraciones de exégesis anecdótica. Uno de esos puntos es cuando dices: "Pero de esto no se sigue que haya derecho a ridiculizar la memoria de los antepasados". Juzgo que eso es un vilano al aire, una verdad de clavo pasado, que no me atañe, pues la anécdota del golfo jugado en el glacis del Castillo de San Felipe entre Capó y Arvelo, es cosa de hombres, de hombres machos; no tiene - nada de ridículo.

Igual dubitación tuve con otro parrafillo en donde dices: "No es que duela que se juzgue a un guerrero ni aun se le pase por el cedazo de la crítica histórica, pero si hay derecho a reclamar algún miramiento por su nombre y sobre todo que se ponga la verdad en su sitio". También me parece otro vilano al aire, pues la anécdota (acabo de decirlo en un artículo de crítica) puede envolver algo o mucho de error, pues es cosa que regularmente no se escribe, sino que pasa de boca en boca, y en esta tradición oral se deforma, sufre modificaciones.

Me place mucho que la contada por mi referente al golfo jugado entre tu abuelo materno y el escritor Arvelo, aunque la tildes de falsa, no digas que es de mi flaca invención y la achacas a la aguda inventiva de don Rafael Arvelo. A mí me la contó, entre otros, el Cieguito de los Viernes, un solemne vagabundo que ve muy lejos al través de sus gafas ahumadas, y que se hace el ciego de mentirijillas, por los guasos que le vayan echando, en el chapeo, las almas filantrópicas.

Falsa o no la anécdota, es mucho más amable, más caritativa, que la que tú mismo, con verdadera hombría, que te alabo, cuentas de tu abuelo, y que por mi parte no me habría atrevido a narrar. Tú mismo me lo dices: "Esto si es gordo, Bachiller, y gordísimo. "¡Claro! eso de ir fusilando prisioneros poco a poco, para ir entendiéndose… ¡eso es gordo! ¡es macabro! Te felicito por franqueza y valentía en decir la verdad escueta, sin tonterías ni ringorrangos de mujerzuelas neurasténicas, cursis, de las que se asustan por lo malo que hayan hecho los antepasados. Se ve que la sangre del viejo león Capó, corre por tus venas…

Pero en mi anécdota, la por mi contada, me parece más cierta o tan cierta como la que tú cuentas del barbero de Barcelona; pues tampoco hay sobre ésta ningún dato cierto sino tradicional; y así, si tu niegas la mía, yo niego la tuya, y quedamos en paz y jugando… ¡Que decida el general Rafael Capó!, el cual es otro a quien he tributado el servicio de refrescarlo en la memoria imparcial, sin acerbias, de los contemporáneos que lo ignoran.

Con el afecto de siempre, tuyo,

El bachiller Munguía.

P:D_ A propósito del general Rafael Capó, me preguntó uno, en carta, que por qué lo llamaba comandante, a secas, cuando fue general, y con títulos muy merecidos. Aprovecho para responder y dar la lección: Para la fecha de la anécdota o sea el año de 1860, estaba de Jefe de Operaciones en Puerto Cabello, y no era más que comandante. Su título de general fue dado por Páez en diciembre del año siguiente; otro año después caía fusilado por las tropas de Sutherland sin formula de juicio. Capó siquiera, cuando fusilaba a alguno, como Boves, le hacía rezar un "creo". O le formaba juicio, como al de Puerto Cabello, o le preguntaba aquello de: "¿Cómo se llamaba usted?" … porque ya estaba mandándole un parte a San Pedro con él… Era el general Capó hombre de prestancia varonil, gallardo porte y valeroso en demasía. Murió con el bizarro valor contado por su nieto. Habría sido un digno paladín de la Independencia, desgraciadamente ya había pasado ese tiempo heroico, y por eso sólo fue un guerrillero de oscura matachina civil o incivil, porque la guerra de los cinco años fue algo demasiado incivil. - Vale.

ANEXO 5

ALTO-RELIEVE BIOGRÁFICO DEL GENERAL RAFAEL CAPÓ *

1933

Por Arístides Urdaneta

El autor de este trabajo, Sr. Arístides Urdaneta, es considerado de "Una Zulianidad Ejemplar" en una entrevista por Fernando Carrasquel publicada en la *Revista Tópicos Shell* 1947, donde se indica que lo escribió

> "para rehabilitar la figura histórica del General Capó, gracias en gran parte a un centenar de cartas que le proporcionó un nieto de Capó [Rafael Carías Capó], cuando a medida que fue leyendo las cartas para su hija Teresita y su esposa Dolores Sanz Urdaneta, advirtió las diferentes facetas y su personalidad como militar, como universitario, y su rectitud como padre de familia y señor del hogar. Debido a que algunos historiadores venezolanos lo han pintado como un tipo

* El escrito, mecanografiado por el autor, estaba en los archivos de Rafael Carías Capó, con correcciones de imprenta efectuadas por él.

> lombrosiano. Como Level de Goda, que lo acusa de crímenes que no cometió, como el que en setiembre del 61 cuando en el Cementerio de los Hijos de Dios habría sorprendió a unos conspiradores y los fusiló allí mismo. Una calumnia infame, porque en tal fecha Capó dirigía la campaña de la costa de Puerto Cabello culminando esta con la derrota del General Guavara, a quien no fusiló, como muchos esperan, pues lo mandó preso a la cárcel de Valencia donde le fue seguido juicio."

Desde l.830, historia arriba, la vida política venezolana ha sido vuelco sucesivo a cada una de nuestras contiendas armadas, a las cuales dio banderas, no el ideal de patria, sino la ambición de los Caudillos: unos, con sus respectivas camarillas por perpetuarse en el mando y otros, igualmente aspirando a la prebenda para sí.

En tal estira y encoje de pasiones, los hombres en juego, venidos los más de los campamentos de la Emancipación, creían tener derecho adquirido a gozar la altura, por los méritos guerreros de que se hicieron acreedores a las inmediatas órdenes del Libertador. De aquel desborde de rivalidades fue inicial el desafuero trasgresor de la Ley y el estacionamiento de todas las fuerzas vitales de la Nación. Fue una ceguera que marginó los mil traspieces motivadores de una ruina ilógica, cuya consecuencia pune el presente con una paradoja de prosperidad.

Alrededor de los Caudillos surgió una inmediata constelación de Oficiales que, por sí, hicieron factibles, con su valentía y sus empeños guerreros, la fama y la jefatura omnímodas, tanto de Páez como la de Monagas, precursores ambos Caudillos de la epilepsia contagiosa de nuestras guerras civiles.

Páez surge con la República y centraliza su hegemonía hasta el 46. Desde ahí al 58, cuando los descuajó el complot de marzo, ejercieron su nepotismo los Monagas. Luego, tras el trampolín de los gobiernos relámpagos de Julián Castro, Gual y Manuel Felipe de Tovar, vuelve Páez con la Dictadura, a la cual le llevaron según propia declaración: "grandes intereses y grandes exigencias"

En ese lapso de siete lustros los máximos polos del caudillaje fueron sostenidos por esa distinguida oficialidad, hombres de fuerte relieve militar, cuyos rastros se advierten con claro prestigio en el sucederse de esa era convulsiva de nuestra historia contemporánea.

Hombres que no desmerecieron haber militado en la hora crucial de la Independencia, llevaron la prueba de su valor hasta lindes de temeridad. Guerrilleros que supieron de la carga atrevida y del ímpetu decisivo, a quienes no podemos reclamar la suma de errados servicios prestados a los varios espejismos de las revoluciones, porque ello fue modalidad de la época en que les tocó actuar, y por tanto se eximen en parte de la responsabilidad de tan inútil ideología bélica.

A puñadas se cuentan y por centenas sus altos Despachos militares, expedidos por el de turno en el poder, pago a gracia de la consecuencia de que ellos hicieron gala, defendida a honor y vida, para usufructo de quienes eran adeptos.

Entre los muchos se hizo plaza destacada Rafael Capó, a cuyo nombre le fue tejido el desdoro de motejos extraños a la verdad, y de la deformidad que lo detracta a la realidad del hombre visto desde los diferentes aspectos de su vida a estudiar, media una distancia moral que lo asperja de la diatriba con que le macularon sus enemigos, y es por tanto honrado lavar esa costra para que luzca su credencial de historia, tal como fue, no como lo estigmatizaron.

Cito apreciación de Level de Goda al respecto- *Historia Contemporánea,* Tomo I, página XI.

> "Cuando en Venezuela existían en todo su vigor los partidos liberales y oligarca o godo, entrambos desfiguraban y exageraban los hechos tomando cada uno para sí la mejor parte, esmerándose los dos en enlodar y exhibir a su contrario lo peor posible, y del mismo modo procedían respecto a los hombres. Después de que al transformarse dichos partidos, convirtiéndose en bandos y haciendo de ellos círculos personalistas, el servilismo y la degradación creciendo día a día, levantaron altares a los Caudillos que alcanzaban el poder, y para ello fue necesario convertir los sucesos en grandes y extraordinarios sucesos, forjar algunos, exagerar y hasta mentir frecuentemente..." y es natural que la mayor parte de lo escrito sin contradicción se haya creído y se le tenga por cierto, con mayor razón tanto más tarde, si con el tiempo no se aclaran los hechos y se refiere la verdad."

Es el caso a contemplar con respecto a la verdadera personalidad de Capó a quien el mismo Level de Goda, liberal, le cuelga graciosamente la sarta de seis fusilados en el propio Cementerio de los Ingleses de Caracas. - Página 324 de la obra citada:

> "Por ese mismo tiempo (septiembre de 1.860) tuvo el Gobierno una denuncia de que en la misma ciudad Capital se preparaban algunos federales para hacer un movimiento y que al efecto se reunían muchos en el Cementerio de los Ingleses, en la noche de cierto día. El Gobierno llamó al señor Vicente Ibarra y al Comandante Rafael Capó, y les dio la comisión de prenderlos; pero Ibarra no pudo asistir y fue solo con sus tropas Capó, quien llegó al Cementerio, lo rodeó

y aprehendió a los conspiradores, de los que fusiló en el acto seis: este hecho fue bien celebrado por el Gobierno". -

Cómo pudo ser autor de este fusilamiento el Comandante Capó, quien, según la cronología de los fragmentos de su correspondencia epistolar, insertos en este alto-relieve biográfico, el 16 de marzo de 1.860 estaba en Río Chico, en Puerto Cabello el 14 de julio allí mismo el 11 de septiembre y más tarde el 21 de noviembre. El año 60 llevaba a efecto la campaña de Barlovento, y luego, desde julio, la de la Costa de Puerto Cabello, que finalizó con la batalla de Moroncito en enero de 1.861.

Es por tanto falsa la inculpación. Capó, consecuente con su mística centralista quizá los habría fusilado, como a los negros que incendiaban, asesinaban y robaban por sistema, y que al cogerlos los fusilaban también por sistema, pero no era ubicuo para estar en el mismo mes de septiembre de facción en Caracas y dirigiendo personalmente la campaña de la Costa en el Litoral de Puerto Cabello.

El 26 de diciembre de 1.866 fue hecho prisionero en el Hato "Cujicito" y abaleado sin fórmula de juicio, en plena sabanas de Maracaibo el General Rafael Capó, por una guerrilla de las tropas de Sutherland que lo perseguía, comandada por Orosimbo Paz.

Tocó pagar a Capó con su vida, la insania fratricida que aguijaba el encono de los bandos partidistas en función revolucionaria. Igual pagó en Barbacoas el 10 de marzo de 1.862 Rafael G. Urdaneta, y a todo el ancho y largo de la patria, tantos que en derroche estéril de sus vidas y de sus heroísmos, dejaron en nuestra historia una remembranza dolorosa y en la conciencia nacional algo como una cisura trágica.

Para juzgar la ética de los personajes, factores de los sucesos derivados de su acción, precisa enmarcar su estudio en el ordinal aplazador: "que comparezcan las partes dentro de cien años", porque es indudable que priva en este enunciado la idea primordial de la serenidad amañada por el discurrir del tiempo.

Pasados casi cien años, hoy empezamos a fijar los puntos de referencia, para la comprensión exacta de la modalidad de los hechos y actos de que aparecen responsables aquellos hombres recios e inquietantes de nuestras guerras civiles.

Comparecen ante nosotros al presente para la sentencia en segunda instancia, clarificada esta de fobias políticas, y tomadas en cuenta las distintas causales atenuantes, como descargo a su responsabilidad histórica. Así la firmeza de sus convicciones ajenas a cobardía; y la exaltación partidaria incapaz de prevaricaciones; y las vehemencias del temperamento bélico; y el pundonor de cada uno cortado a la medida de su pensar, y dentro de ese clima, el menoscabo de sus vidas por la constante promiscuidad con la soldadesca en la amoralidad de los campamentos, las cuales se rifaban a cada día en el azar de la contienda a tiros. Todo ello girando circunscrito al desorbitamiento de las revoluciones intestinas, que llegaron a extremo de ser una característica nacional, por lo cual más de un acto impulsivo de esos hombres, hoy se hacen casi disculpables, fijados los motivos y causas a que obedecieron.

Al historiador actual le compadece más el cargo de la defensa del reo en proceso de revaluación, que el de fiscal acusador, porque es insensato suponer que esos reos a juzgar, los mas en su totalidad salidos del seno de familias honorables, y a la vez ellos fundadores de hogares de prestancia social, llegaron a convertirse en criminales natos, pervertidos por obra y gracia de atavismos inconfesados, y habla muy en contrario de este aserto, la honorabilidad de sus descendientes, venida a ellos por heredad directa de sus progenitores.

Sometida a examen la criminalidad del Chingo Olivo se aminora. Al medirla por el racero del acto inicial que la provocó; vengar la muerte de su hermano Rafael, casi un adolescente, empleado del Resguardo de Salinas en Quisandal, asesinado por la pandilla al mando de Antonio Ruiz. Cuando Adolfo Olivo se presentó en Valencia al Comandante de Armas, Gral. Pedro Estanislao Ramos le dijo: "Vengo a poner a la disposici6n de Ud. mis servicios, con el principal propósito de vengar la sangre de mi inocente hermano", y vaya que la cobró con exceso.

Pudieron tener una lógica equivocada al fijar lo que ellos creían su deber, y asimismo del puntillo que calzaba su pundonor militar, pero no les guiaba el sadismo innoble del asesinato avezado al crimen, ni azuzaban sus soldadescas al desmán, ni fueron herméticos a la piedad cristiana.

Casos aislados no forman la teoría. La montonera revolucionaria no era precisamente cátedra de virtudes, y, sin embargo, la mayoría de aquellos mílites no fue proclive al relajamiento consecuencial del medio ambiente. La pasión política exacerbada, insidiosamente forjó leyendas horripilantes alrededor de este o aquel personaje de uno y de otro bando, y de ahí tomó margen la fantasía popular para agrandar la realidad deformándola.

Cuadra aquí el comentario de Level de Goda, *Obra citada,* pág. XI.

> “En Venezuela se han desfigurado tanto los hechos, particularmente los militares, a causa de las adulaciones y del servilismo de muchos y de la generalidad de los hombres tenidos por altos personajes, que en realidad no se conocen como fueron o pasaron”.

Díganlo José María Rubín y Rafael Capó, oligarcas, a quienes la leyenda cobra los mil y un horrores. Al Comandante

Capó lo clasificaron los federales: "Segunda edición de Boves", quizá porque donde quiera que les presentó combate los vencía, y del otro lado, Level de Goda con todo y su filiación liberal, al comentar el fusilamiento del General Pedro Bustamante, ejecutado en Barinas por el Gral. Jesús María Hernández, su compañero de armas en el ejército federal, afirma:

> "si se hubieran ido a fusilar generales de la federación por sus hechos atentatorios ¡cuántos no habrían perecido!

La historia la han escrito los vencedores cogiéndose el mando real para ellos.

El sentido analítico del historiador, hoy, debe ser perpendicular y exacto como fiel de balanza granataria. Nada que oscile: ni la simpatía que fervoriza, ni el resquemor de agravio que subsista. Se halla situado muy lejos en el tiempo y en los ordinales del suceso, para la parcialización que apasione el dictamen. Nada a base abstracta. Del documento escrito abundará la prueba, serena y justa, que fije la realidad del caso que determine.

Feliz evento puso en mis manos un centenar entre cartas y documentos a cuya lectura fueron destacándose ante mi concepto de apreciación, la entereza anímica de guerrero y la rectitud hogareña, puntos afines en la vida del General Rafael Capó, Universitario discípulo de Cajigal. Militar de auténtico prestigio. Caballero a cartas cabales, y jefe de un hogar en cuyas ramificaciones aún perdura intacta la ejecutoria social de su fundador. De distinguida presencia, supo hacer derroche de elegancia y de cultura en los salones de alta sociedad caraqueña, allá en sus tiempos de buena fortuna.

De dichas cartas solo he copiado para dar a la publicidad, por bondad de su poseedor, las apreciaciones suyas que rozan con la política y los asuntos de su actuación como defensor del

Gobierno que le tenía a su servicio. Conceptos de donde afluyen dictados por su convicción y por su hombría, bien la determinante del motivo comentado, o el consejo cariñoso y prudente para la esposa y para sus hijos.

Conceptos que desvelan el exponente de sus méritos, así de ciudadano como de guerrero, y al trasluz, lo inconfundible de su carácter que tuvo temples de acero; la comisión de sus actos públicos respaldados por la amplitud de su propia responsabilidad, y así mismo su comprensión de lealtad para el compromiso contraído por el cual llegó a diferir su natural obligación de familia, cuando en carta para su hija Teresita el 2 de junio de 1.861, al referirse a la muerte de su hijo Rafael le dice:

> "...para colmo de infortunio no puedo volar al lado de mi pobre familia para consolarla y consolarme. No es el deber solo, es el honor el que me retiene aquí. Si yo saliera hoy de Caracas quedaría deshonrado para siempre. Desempeño la Comandancia de Armas de Caracas y dirijo las complicadas operaciones de Caracas y Aragua y yo no puedo separarme bruscamente de mi puesto..."

Como se autodefine la recia personalidad histórica de Rafael Capó al través de esas cartas suyas, urgidas de premuras en la noche azarosa del campamento, o en el rodar sin rumbo de los exilios. Los lugares desde donde fueron escritas y su cronología, indican la huella de su paso errante al andar y desandar caminos nacionales y extranjeros, en el peregrinar de su inquietud guerrera. Esa cronología la ha quitado de encima una ristra de seis fusilados que de una plumada le colgara Level de Goda.

Su destino apuntó a la carta errada. De haber militado en el Comando federal hoy descansaría bajo las arcadas del Panteón Nacional, y a la inversa: de no haberlo removido por mezquina rivalidad, el Secretario de la Dictadura Doctor Pedro

José Rojas, de la Jefatura Militar de las Provincias del Táchira, Mérida, Trujillo, Portuguesa y Barinas que simultáneamente ejercía, Capó habría vencido a Falcón, porque ya en Trujillo, iniciada su marcha a la cabeza de 6.000 soldados andinos ajenos al cansancio de cinco años en lucha, con recursos suficientes, y disciplinados por él para llevar a término la campaña sobre Los Llanos, esta la habría realizado con la actividad y decisión de él características, y martillado los flancos enemigos con todo el ímpetu de su capacidad estratégica, muy superior a la de los Jefes Federales que ya había vencido, otra en Barlovento, Carabobo, Puerto Cabello, Barcelona, Bolívar, Apure, Táchira y en cualquier sitio donde los batió. Así, es lógico afirmar que la victoria habría sido suya, tanto más si pensamos que según Level de Goda, Falcón era menos que una medianía militar.

La campaña de Los Llanos se delineaba como decisiva, y ya para acometerla se le reemplaza con el General José Celis, en cuyas manos se disgregaron los elementos, la disciplina y la estrategia de su estructuración, tan a conciencia planeada. Aquel desbarajuste decidió la guerra a favor de los federalistas, porque carente del Gobierno de un Jefe expedicionario de la talla de Rafael Capó, el triunfo fue captado por Falcón, y el Doctor Rojas purgó el desacierto cometido cuando signó el humillante Tratado de Coche.

El Doctor Rojas para quien la senilidad del general Páez era materia dúctil, escudaba con la autoridad del viejo Caudillo la dirección de los destinos del País a sus anchas y a sus caprichos, de ahí que en su mareo de altura no supo distinguir entre la hombría y condiciones del General Capó y el chisme de Antonio Gutiérrez; entre la hoja de servicio del uno y la soplonería del otro a quien Capó había exilado del Táchira por fomentador de divisiones parroquiales, y llegado a Caracas hizo creer al Doctor Rojas que los 6.000 o más soldados de que disponía y disciplinaba Capó, no eran para atender a la campaña de Los Llanos, sino para marchar sobre la Capital y adueñarse del mando de la República.

Prueba hasta la saciedad lo falso del informe de Gutiérrez, el que si hubiese sido aquella su intención, hace caso omiso del reemplazo, no entrega ni las fuerzas ni el mando militar al General Celis, lo devuelve a Caracas con sus cajas destempladas, o lo reduce a prisión y abre un tercer frente en lucha, y habrían sido entonces tres los bandos en pugna a desplazarse: el oligarca, el liberal y el de Capó en discordia, mas éste no era hombre de curvas: entregó el mando y entregoólas tropas como cumplía a lo bizarro de su dignidad.

Resentido y desagradado por la manera poco digna como habían estimado sus servicios de cinco años en defensa de las normas centralistas, abandonó el país y fue a exiliarse en New York, donde tiempo después, vencido el Gobierno dictatorial de Páez, éste le invitó a almorzar y fue satisfacción suya oírle decir al viejo León de Payara, ya melladas sus garras, que le pesaba haber permitido su reemplazo.

En meseniana escrita por José Aniceto Serrano a la muerte de Capó, dice:

> "Encadenada y oprimida se vio la patria cuando el brillo de la espada de Capó, siempre victoriosa, dejó de lucir sus resplandores en los campos de batalla. Cuando la intriga y las traiciones ocuparon el solio de la Ley, su nombre dejó de figurar en las listas de los heroicos combatientes por el orden y los principios. Las concusiones y el crimen levantaron de nuevo la abatida cerviz y en muy pocos días el venal Tratado de Coche, entregó amarrados como humildes corderos los altivos y valerosos campeones contra quienes se habían estrellado todos los esfuerzos de las huestes enemigas. A la sombra de aquel acto insólito e inmoral lució sus estrellas el pabellón siempre humillado de los federalistas, y ni

por un instante el valiente e ilustrado General Capó le hizo sumisión ni cortesía."

La exposición que hizo Capó al General Páez desde New York en diciembre de 1.862, con motivo de su destitución y del proceso a que se le quería someter por su extrañamiento de Venezuela, relieva el prestigio de sus servicios militares; define la responsabilidad de sus actuaciones; exhibe a verdad desnuda quienes eran los culpables a juicio, en vez de él; con alto respeto acusa al viejo Dictador de ingrato con la consagración que desde casi niño le ha rendido y pide se lleve a las actuaciones del juicio que se le pretende incoar, toda la correspondencia oficial y particular con él, con su Secretario y con otros miembros de su Gobierno: "porque en esa correspondencia, más que en otra parte es donde debe buscarse la verdad".

Esa exposición, breve y enérgica y concisa, es la sinopsis autobiográfica de la personalidad superior de Rafael Capó, cuyo valor lo determina Don Manuel Felipe de Tovar, cuando Encargado del Poder Ejecutivo como vice-Presidente de la República, le dice en carta de 18 de mayo de 1.861:

> "Mucho he deseado aprovechar en estos momentos sus servicios para ayudar a combatir esa oposición facciosa, pero no he hallado otro Jefe que me inspire tanta confianza como Ud. para terminar esa campaña de Barlovento iniciada con tan buenos auspicios por Ud. Y cuya gloria le pertenece toda entera. Yo espero que muy pronto nos anuncie Ud. que está concluida y que podemos destinarle a más importantes operaciones; así lo reclaman la necesidad de salvar esos ricos valles de la revolución y de preparar Jefes como Ud. para dar cima a otras quizá mayores empresas".
>
> "En medio del sentimiento que me ha causado la separación del Sr. General Cordero, que tan poderoso apoyo era para el Gobierno, me anima la

> consideración de que tenemos Jefes como Ud. valientes, leales, inteligentes y decididos a sostenes las instituciones patrias por las cuales ha combatido sin tregua ni descanso desde marzo del 58".

Alta la manera de cómo calificaba a Capó la palabra austera del que apodaron a su paso la Presidencia de la República:" El Integérrimo", y quien en aquellos momentos en que le escribía, afrontaba los excesos de la facción revolucionaria, que el 16 de mayo de 1.861, impedía considerar su Mensaje expositivo, saboteado en el propio recinto del Congreso Nacional.

La campaña de Barlovento a la que hace referencia Don Manuel Felipe de Tovar es la carta para su hija Teresita, de 24 de febrero de 1.860, en la cual le habla de esta facción de Barlovento…

> "donde estaba reduciendo a fuego y sangre la más infame de todas estas facciones: una de negros alzados que asesinan, roban e incendian por sistema, pero yo los fusilo también por sistema, y ya nos vamos entendiendo".

Este concepto desnuda a un carácter, no a un asesino. Pensaba que el cauterio a igual intensidad que la acción punible, sanearía la condición moral de quien provocaba la sanción, pero nunca por instinto criminoide. Era la modalidad de una guerra civil llevada a extremos del fusilamiento sin formula y el verter de sangre sin contemplación; la misma que le conminó a comunicar a los Jefes de Operaciones y Comandantes Militares la pauta de la Ley escrita, cuando ocupaba la Comandancia de Armas de Caracas:

> "Ya sabe Ud. que según las leyes militares el que en tiempo de guerra mantiene comunicación con el enemigo, de palabra o por escrito, será pasado por las armas; y sabe también que según la Ley patria se

> ejecutan las sentencias de los procesos en campaña, dándose cuenta después de ejecutadas"

No daba una orden dictada por temperamento inhumano, recordaba el cumplimiento de un articulado legal en caso consecuente.

Más de una ocasión en el curso de la guerra federalista, hubo el empeño, tanto de un bando como del otro, de llegar a un entendimiento humano, para acordar el modo de hacerla racional dentro de principios, no de odios. En mucho fue causa de la barbarie de que habla Capó a su hija, la interpretación errada que cierto sector en lucha le dio a la revolución, al pretender determinarla dentro de facturas raciales y no para propugnar la implantación del estatuto liberal.

De Level de Goda, *Obra citada*, pág. 334.

> "El General Cordero dispuso una campaña seria sobre las Costas de Puerto Cabello, y la encomendó en primer término al Comandante Rafael Capó, Jefe muy activo y entendido a quien habían de secundar en sus operaciones los Comandantes F. Moreno, Olivo y Torrellas, todos ellos muy buenos oficiales y con muy buenas tropas".

La proclama lanzada por Capó antes de provocar el azar de las batallas a sucederse, es de una factura *sui géneris*, porque está dirigida no a las tropas de su mando, sino a las del bando contrario. No es la altisonancia de su texto fanfarronada a infundir miedo. Podéis en ella analizar la envergadura de su índole militar al decir:

> "¿Queréis la Paz? Os la ofrezco sinceramente; y si con este ofrecimiento logro evitar que se derrame sangre venezolana, no cambiaré esta satisfacción por el brillo de los triunfos militares" ...De no aceptar tal proposición, agrega: "preparaos a la guerra y disponeos a sufrir las consecuencias".

Allí tenéis las verticales coincidentes con el plano moral de la mística de sus principios. Pone el albedrio de su contrario la condición a escoger: posponía el orgullo del triunfo su comprensión humana o en defecto, la sanción consecuencial de una guerra en cuyo torbellino trágico se había relajado la conciencia cristiana de los hombres de lucha. A esa misma proclama se refiere en carta que desde Puerto Cabello escribió a su esposa el 14 de julio de 1.860, anunciándole su envío.

Level de Goda, *Obra citada*, pág. 342.

> "El 12 de septiembre hubo un combate recio en Canoabo y sus alrededores, ya para salir a la Costa y los federales fueron vencidos sufriendo grandes pérdidas. El Comandante Capó, con mucha prudencia, continuó sus operaciones y poco a poco fue reduciendo al enemigo obligándolo a abandonar ciertos puntos fuertes. Los federales se concentraron en Moroncito, pequeño pueblo y fuerte posición que el Gobierno no había llegado a poseer en el curso de dos años, pero Capó lo ataca y lo toma el 16 de enero después de un duro combate en que hubo pérdidas de hombres de uno y otro bando, y quedó así vencida la gran dificultad de esa campaña. Los restos federales comienzan a huir, son perseguidos y el 22 del mismo mes de enero el Comandante Torrellas toma prisionero al viejo General Guevara. El Gobierno obtiene de ese modo un gran triunfo moral y material despejando aquella parte tan importante de la Provincia de Carabobo".

Nada dice González Guinán al narrar la toma de La Guaira en el año 59 por Rubín, que entre los heridos de las tropas centralistas uno fue el Comandante Capó, como podemos apreciarlo por sus noticias para su esposa en carta del 12 de septiembre de 1.859, escrita desde Caracas:

> "Cuatro palabras solo para quitarte el cuidado que tendrás al saber por los papeles públicos que fui herido en la toma de La Guaira. Es una cosa muy leve en una pierna, de que espero estar bien dentro de seis u ocho días,"

Y el 24 de septiembre de l859 vuelve a informarle:

> "Estoy mejor de mi herida, aunque todavía cojeo un poco. El Gobierno me ha nombrado Jefe de Operaciones del Litoral de Barcelona, y marcharé para allá dentro de tres o cuatro días".

Dice González Guinán que

> "después de los sucesos de Maiquetía y La Guaira, dirigió el Gobierno inmediatamente sus operaciones contra los revolucionarios del Tuy y Barlovento que en número de 800 a 1.000 hombres mal armados y peor municionados se habían reconcentrado en Curiepe y Río Chico. Las fuerzas del Gobierno mandadas por el Comandante Garrido que finalizó esa campaña con el triunfo de Curiepe con la cual los federalistas quedaron disueltos".

La carta para su hija Teresita desde Río Chico el 5 de enero de 1860 que dice: "nombrado por el Gobierno Jefe de Operaciones de estos hermosos valles que estaban perdidos, he estado constantemente en campaña batiendo estos bandidos", y la carta de Manuel Felipe de Tovar el 18 de mayo de 1.860, son suficiente testimonio a contradecir el párrafo de González Guinán que opaca la actuación de Capó en esta campaña de Barlovento.

Relata así González Guinán la muerte de Capó:

> "Capturado el General Capó en Cujicito lo envía el General Paz con una guerrilla hacia Maracaibo y en el trayecto fue fusilado, consumándose así un

crimen. Ni la Ley ni los principios liberales autorizaban ese delito. La fama de Capó era siniestra por su conducta durante la Guerra de la Federación, pero el mandamiento cristiano y el precepto civil constituían un amparo universal y por más que el General Sutherland tildaba de ingrato a Capó, su antiguo amigo, compadre protegido, ni hay razón ni protesta que obligue al hombre de bien a faltar a sus deberes y violar las leyes y a enlodar su propio nombre".

Rectifiquemos a González Guinán lo de "General Paz." Orosimbo Paz que así se llamaba el ultimador de la vida de Capó, era apenas un elemento de la jauría de Sutherland, apodado coronel, y tampoco hubo entrega a ninguna guerrilla. Llevaba un piquete de tropa a sus órdenes, y al enfrentarse a Capó, quien rifle en manos se aprestaba a defenderse a tiros.* Paz bajo engaño le hizo creer que tenía instrucciones de Sutherland para conducirlo a Maracaibo con toda consideración y cayó en el lazo entregándose. A pocas cuadras de Cujicito fue abaleado. Esa la tradición oral que escuchamos,

---

* Refería el viejo dueño de "Cujicito". El General Capó y el General Eduardo Pérez (padre del Dr. Néstor Luis Pérez) desayunaban cuando llegué a todo correr para anunciarle que por el abra de la majada del Hato venía entrando un piquete de tropas. Prestamente se pusieron de pie y al corroborar al aviso, el General Pérez dijo a Capó: compañero vamos a ganarles tiempo. Huyamos, porque si nos coge ese piquete de Sutherland no llegamos a Maracaibo, lo cual Capó, tomando su rifle le replicó: esperémoslos para saber que intensiones traen. Viendo el General Pérez que le era imposible vencer la terquedad de Capó salió a escape hacia el jagüey del Hato donde mis hijas se bañaban, y entre las cuales se metió. Las chicas comprendieron al instante la situación, se pusieron a chapotear y a gritar como si estuviesen tomando un baño muy alegres. Algunos soldados pretendieron ir a registrar el jagüey, pero la Señora Espina, con noble entereza les gritó: A donde van. Para allá no me pasen, porque allá se están bañando mis hijas, y el gesto enérgico de la dama salvo la vida del General Pérez. La de Capó ya sabemos cómo fue ultimada

años más tarde, hurgando en los recuerdos del viejo dueño del Hato, un señor Espina.

Es falso lo aducido por Sutherland en descargo de la orden que dio de fusilarlo donde lo capturasen.* Capó no era ni su compadre ni nunca su protegido. Fueron amigos cuando ambos militaban en el bando conservador, pero esa amistad finó desde el momento en que hecho Sutherland prisionero por Falcón en Caujaro, se incorporó a este, abandonando como un tránsfuga cualquiera las filas oligarcas, y Capó no transigía con los desertores, así fuera alto o bajo su grado y categoría.

En cuanto a que la fama de Capó era siniestra, cual el adjetivo para calificar sus adversarios que asesinaban, robaban e incendiaban por sistema, la fama de Capó que González Guinán cataloga como siniestra, es la resultante de no haber ligado la carta del triunfo.

Por sentencia dictada por la Corte Suprema de Justicia de Caracas el 28 de octubre de 1.847, Zamora fue condenado a muerte por los "varios delitos de asesinatos, incendios y otros excesos", pena que conmutó José Tadeo Monagas por la de 10 años de presido en el cerrado de Maracaibo, pero la causa que Zamora capitaneó alcanzó la victoria definitiva, y hoy tiene estatua en la plaza pública, monumento en el Panteón Nacional y su nombre fue epónimo en un Estado de la Unión Venezolana. Nombre eliminado por sanción de una Legislatura Estadal, invocando los barineses para ello, el agravio de viejas depredaciones federales de Zamora. ¡El fracaso es lo imperdonable!

---

* Sutherland dio a Orosimbo Paz la orden de fusilar a Capó donde lo capturara en presencia de su cuñado el Captan de Navío Don Antonio Perís, y este, mi padre político, así me hizo el recuento más de una vez, cuando nuestra conversación hogareña sobre cosas pasados del Zulia recaía sobre este suceso

Relata así Level de Goda la muerte de Capó, *Obra citada,* pág. 657

"Capó se entregó a la primera guerrilla gustosamente a condición de lo que lo llevaran cerca de Sutherland de quien había sido antes buen amigo y compañero durante la guerra federal, pero lo condujeron y lo entregaron al General Paz, quien manifestó que no podía dejar seguir a Capó con los que le cogieron, porque tenía que cumplir órdenes superiores y lo retuvo consigo. Dos o tres horas después salía Capó del campamento del General Paz con una escolta, y le dijeron que iba para Maracaibo. Capó se persuadió de que no marchaban hacia aquella ciudad y se le manifestó que así era, y entonces este valeroso Jefe les dice: "-pues despachemos pronto aquí mismo y no me tiren a la cara"- Dicho esto se llevó las manos a los ojos, esperó que le hicieran fuego y cayó sin vida. Fue enterrado mal, en una zanja y pocos días después un caballero hizo sacar sus restos para sustraerlos a la voracidad de los animales"*

---

* Doña Trina Espina de Urdaneta, una de las chicas que contribuyó en el jagüey de "Cujicito" a salvar la vida del General Pérez, ya viejecita contaba: -Lo dejaron mal enterrado, pero papá con los peones del Hato le dio mejor sepultura. Marcó el sitio con una cruz y los domingos íbamos a llevarle flores. Tiempo después, el Dr. Fulgencio María Carías, su yerno, fue a "Cujicito", rescató sus restos y los enterró en el jardincito Sur de la Iglesia Catedral de Maracaibo, levantándole un simbólico túmulo. Pensé haber publicado ilustrando este trabajo, la gráfica de ese túmulo y escribí a un amigo para que tomara una fotografía al efecto, y he aquí lo que me contestó: "Con un fotógrafo me fui una tarde a la Catedral para que me tomara la fotografía del mausoleo del General Rafael Capó, pero desgraciadamente nos encontramos con que todos esos mausoleos fueron destruidos, y apenas queda marcado el sitio donde estaban. Muchas veces vi ese túmulo: era una columna estriada, color pizarra, truncada, en cuya base está adherida la parte truncada, encerrada la columna en un barandal de madera. Ya eso no existe, se lo llevó el tiempo, "como se lleva lo viejo,

"El General Rafael Capó que tanto luchó y se distinguió siempre sirviendo a los gobiernos de la oligarquía de 1.858 a 1.863, había cometido en esa época muchos abusos y particularmente en la Provincia de Caracas, de ahí que no fuera una gran figura política y militar, siendo como era un Jefe de instrucción, muy capaz y valeroso, superior con mucho a sus demás compañeros de armas".

Ya al referirme a la descripción que hace González Guinán de la captura y muerte del General Capó, hemos aclarado los detalles del suceso escuchados del dueño de "Cujicito" y a la cual podemos agregar por relato de otro testigo presencial: el Chingo Iriarte que así lo contaba a la viuda del General Capó. Al comprender que la intensión era fusilarlo, se cuadró firme e increpando a Paz le dijo: "Ud. está acostumbrado a obedecer, yo a mandar. ¡Haga fuego!" En ese momento de indecisión que la frase causó a Paz, un soldado, presentándole un pañuelo, le requiere: permítame General, que lo vende, a lo cual respondió: no señor. No me tiren a la cara, y no se llevó la mano a los ojos, sino a la frente como en saludo militar a la guerrilla que lo iba a fusilar, y en aquella actitud fue ultimado por la descarga asesina.*

En cuanto a la apreciación final del concepto de Level de Goda no le encuentro equilibrio con la realidad, porque ser Comandante de Armas de Caracas, Jefe de Operaciones en las

---

porque ahora, lo viejo, carece de valor. En tu escrito te queda el recurso de decir que existió en el patio sur de Catedral ese mausoleo". Mi amigo no se explica la eliminación de ese túmulo, yo si le hallo el cotejo astral: su *fatum* adverso que no le abandona aun después de 80 años de abaleado.

* Corrobora esta versión presencial lo que oí le refería a mi padre José de Jesús Paz, llamado por alias "El Judío de la Maceta", familiar cercano del coronel Orosimbo Paz, que este decía, aún con asombro, que Capó se había cuadrado firme, sin permitir que lo vendaran, que el mismo le mandó que hiciera fuego y que jamás había visto hombre más arrogante y sereno ante la muerte.

campañas de Barcelona, Barlovento y Litoral de Puerto Cabello y Jefe Militar de las Provincias del Táchira, Mérida, Trujillo, Portuguesa y Barinas conjuntamente, parece que es suficiente a destacarlo del nivel ordinario a un plano superior, pero parece que un *fatum* adverso le anubla siempre su relieve.

Entre los varios documentos conservados, hay una carta del General Páez para Capó, fecha 12 de septiembre de 1.861, que es de valor histórico autentico por la confesión que hace sobre la Dictadura que ejercía. Confesión hasta hoy inédita y que a la vez es enaltecedora para Capó:

> "También yo, como Ud. he sido contrario a mi dictadura. Resistí a ella con todas mis fuerzas hasta el caso de desanimar a mis amigos y de perder la opinión y el amor que me profesan los pueblos, pero al fin hube de ceder a grandes intereses, a grandes exigencias, el interés de la patria al fin, que estaba profundamente comprometido. Celebro que Ud. acepte el hecho consumado y que continúe honrándome con su amistad".
>
> "Por mi parte le protesto que nunca dejo de estimar a mis amigos porque no participen de mis opiniones políticas. Siempre he sido partidario de la libertad absoluta del pensamiento".

La convicción política de Capó era honda y severa, tanto, que se advierte en esa carta contestación, que desaprobó a Páez el haber llegado a la reacción dictatorial, y que si se plegó a ella fue por el imperativo del hecho cumplido. Trilló los caminos de su acción pública de bracero con su deber y su propia estimación, por eso los calcos de sus diversos ascensos no fueron precedidos de la flexión dorsal que envilece, ni el reptar infidente que deshonra.

Capó casó en Maracaibo el 8 de noviembre de 1.839, con Doña María Dolores Sanz Urdaneta y para esa fecha era

Teniente. El 48 defendió en Zulia la causa revolucionaria acaudillada por Páez, terminada sorpresivamente con la batalla de Los Araguatos. Al triunfar Monagas, se ausentó con su familia de Venezuela, radicándose en la Villa de Guayama de la Isla de Puerto Rico, donde vivían sus hermanos Luis y Florencio Capó Planchart.

Vencido el ciclo de los Monagas por la revolución del 58, retorna al País y de lleno entró a tomar parte activa en la política nacional, y, desde ese año el 66, dos meses antes de su muerte, es el lapso que abarca la expedición de sus cartas, de las que son los fragmentos a publicar, dirigidas, su mayor parte a su esposa y a su hija Teresita, en las cuales a cada pluma borbota un consejo prudente para la directriz hogareña, o la veraz del hecho que comenta. Cartas que constatan la probidad de Capó cuando pide en ellas, economizar hasta donde pudiera ser posible todo gasto superfluo, para que la necesidad no llegara a las puertas de su hogar, teniendo en cuenta, que hombre de guerra, su vida estaba a merced del azar de una bala. Sus remesas de dineros fueron a base de su soldada de militar activo, no haber procedente de la arrebatiña revolucionaria, y de ahí que, al morir, como lo resentía, sus hermanos se vieron en el caso de ofrecer ayuda monetaria a su cuñada.

Pensé glosar uno a uno la selección de esos párrafos a que hago referencia, pero a mi modo de estimarlos, ellos no necesitan exégesis explicativas. Son muy claros y precisos. Al ras de sus conceptos se advierte al patriota cuando dice a su hermano Florencio:

> "Si vienen fuerzas se repelarán con fuerza, y no vayas a creer es una baladronada porque hay 20.000 hombres sobre las armas, y los 8 o 10.000 franceses que puedan venir encontraran, no lo dudes, quien les haga frente".

Al hombre responsable de su deber cuando escribe a su señora desde Barcelona:

> "...este viaje no podré hacerlo para ir a buscarlas hasta marzo, porque como esta es la cuna de los Monagas, el Gobierno cuya confianza tengo no me permite separarme por ahora de aquí".

Al hombre de consecuencia definida, cuando asimismo dice a su esposa:

> "Tú te harás cargo de que yo no debo dejar el País y que no puedo hacer otra cosa que correr la suerte del Gobierno".

Al hombre de dignidad cuando desvirtúa la leyenda de crueldad que le forjan sus enemigos al decir a su mujer:

> "Los diarios de Caracas se han ocupado mucho de mí. Uno de ellos monaguero puro, me acusó de atrocidades en la guerra y todos los otros me han defendido con justicia, porque tú sabes que yo no soy capaz de nada que desdiga de sentimientos humanitarios y de mi honor. Cogí más de doscientos prisioneros cuyas vidas respeté. El mismo diario que me acusó desmintió luego los hechos atribuyéndolos a erróneos informes, pero esto da una idea del estado del País. No se respeta nada, no hay una reputación política o militar que esté a cubierto de ataques calumniosos, y por otra parte estamos en lucha con una facción vandálica que tiene por bandera el asesinato, el incendio y el robo. Nosotros que deberíamos atacarlos con mano vigorosa, tenemos una constitución que nos liga".

La frase final es categórica: la medida de su obrar ajustado a la Ley.

Al padre amante de sus hijos:

> "Yo hombre de guerra me creía fuerte. Yo que lucho hace tres años para asegurar el provenir de mi

familia. Yo que pensaba en ese hijo como en la esperanza de mis sueños; cuando parecía condenado a no pararme y cuando atravesaba una de las situaciones más críticas en este País que parece condenado a la suerte más horrorosa ¡Dios mío" Mi pobre hijo...muerto sin verlo pensando en su padre; muerto en la flor de la edad cuando la vida debía sonreírle- Muerto—es horroroso!

Al político de pensar agudo al troquelar en carta de 3 de febrero de 1.863, para su hija Teresita la síntesis de su opinión:

"Las noticias que recibimos de Venezuela son malas. Se confirman mis presentimientos. La Dictadura pudo dar la paz a la Republica, pero era preciso que se separa enteramente de las huellas que trazaron los Gobiernos débiles a quienes había reemplazado. Era preciso que estableciera la moral y que hiciera imponer la Ley; era preciso que, sin consideración de ningún género, premiando al bueno y castigando al malo; dando garantía a los pueblos se sobre pusiera a esas miserias que humillan al país. En lugar de eso, el Señor Rojas que es el que manda en Venezuela, ha entronizado un sistema de favoritos que tiende a elevar las nulidades, y las nulidades siempre serán nulidades".

"porque N. sea su amigo ya lo considera bueno para favor o para General, y cierra los ojos sobre esos errores y sus faltas a trueque de tener en él un instrumento. Viéndose sostenido, se ha equivocado sobre las causas que lo hacían poderoso y en lugar de encontrarles su equilibrio en el terror que los pueblos tienen a la federación, las atribuye falsamente a la opinión; error grande que lo hará sucumbir. Yo siento mucho no prestar mi contingente al País en la crisis que atraviesa y a pesar de todo, porque todo lo olvidaría, iría a ocupar mi puesto entre los defensores del orden; pero con esa causa sobre la cual desearía noticias exactas, me retiene naturalmente”.

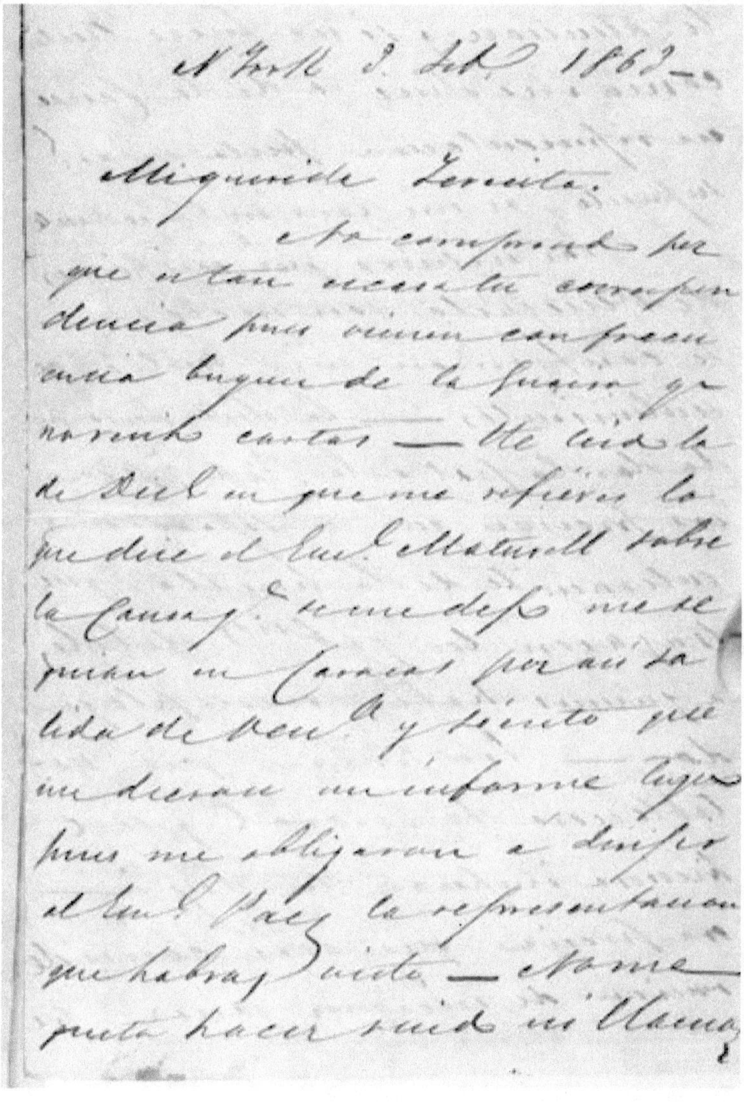
N. York 8 Feb.° 1862—

Mi querida Teresita:

No comprendo por que es tan escasa la correspondencia pues vienen con frecuencia buques de la Guaira y no vienen cartas — He leído la de Diel en que me refieres lo que dice el Gen.l Martinell sobre la Causa q.e se me dejó me se pusiera en Caracas por mi salida de Ven.a y siento que me dieran un informe ligero pues me obligaron a dejar al Gen.l Páez la representación que habrás visto — No me gusta hacer ruido ni llamar

la atencion y si no fuese triste
con[illegible] decir lo de la Causa
en representacion puesta en ay.
supuesto, es un paso imprudente
Las noticias que recibimos
de Venezuela son malas —
se confirman mis tristes pre
sentimientos — la dictadura pu
do dar la paz á la Repca pero
era preciso que se separara
enteramente de la huella que
trazaron los gobnos de la ley
á quienes habia reemplaza
do — Era preciso que es
tableciera la moral y que
hiciera imperar la ley —
era preciso que sin conside
racion de ningun genero, pre

mirando el bueno y castigando
el malo, dando garantías á
los pueblos de sobreponerse
á esas miserias que humillan
el país — En lugar de eso
el Sor Rojas que cual que gobierna á Venezuela ha en-
tronizado un sistema de
farsantes q. tiende á elevar
las nulidades y las nulidades
serán siempre nulidades.
Por q. N. sea su amigo
ya lo considera bueno p.
saber ó p. leal y cierra los
ojos sobre sus errores y sus
faltas á trueque de tener
en él un instrumento — Ninguna
sostenido, se ha equivocado sobre

Al estratega consciente de las tácticas campales, aceptado en su mismo grado en el Ejercito mexicano, para pelear bajo el comando del gran Juárez, por la reconquista de la independencia arrebatada por Maximiliano a la brava tierra de Morelos.

Al desesperado, que jadeante de tanto vaivén de azares y de infortunios, se lanza a aventura final, como atraído por un presentimiento de suicidio y así escribe a su esposa desde San José de Cúcuta el 25 de octubre de 1.866, a dos meses de su muerte:

> "Yo bien comprendo que hoy solo me debo a mi familia, y seria, si encontrara medios para aliviar su suerte. La vida me es odiosa y sin ustedes no sé el empleo que daría a semejante existencia".

Ese el hombre que, a ochenta años de su trágico fin, traigo ante el estadio de Segunda Instancia en lo Presente, para pedir la revaluación de su prestancia militar y la anulación de la leyenda que le forjaron para opacarlo, aquellos que no pudieron vencerlo de espada a espada, ni igualarlo de valor a valor en los campos de batalla. Agranda exprofeso y la cual lo hace aparecer como un personaje del apocalipsis.

No, no era ese el Capó auténtico. El Universitario. El de los altos quilates morales. El de los rígidos y austeros principios hogareños. El mismo ante quien un oficial prisionero, tembloroso y defecado, creyendo que se iba a fusilar, le suplicaba de rodillas que le perdonase, y asqueado de tanta cobardía le dijo:" Vete. Eres valiente para asesinar y careces de dignidad para morir. Lárgate, que el recuerdo de esta escena será tu mejor castigo."*

Cuan diferente la escena en la majada de "Cujicito" en las Sabanas de Maracaibo cuando al comprender Capó que la intención era fusilarlo, bizarro ante la muerte, cuadrado firme,

* Fusiló sí, asesinos, incendiarios, ladrones y desertores dentro de la Ley Marcial, nunca a un vencido. Reto a que se me diga el nombre de un federal- militar o político- vencido y hecho prisionero a quien él pasó por las armas

con la mano en la frente en saludo militar a la guerrilla que desmigajó tanta gallardía con el plomo homicida de sus fusiles.

Con el alegato de esas cartas y de los otros documentos, bien puede plantarse erguida la figura histórica de Rafael Capó, y esperar tranquilo el veredicto de los Jueces a juzgarlo.

Una Zulianidad Ejemplar

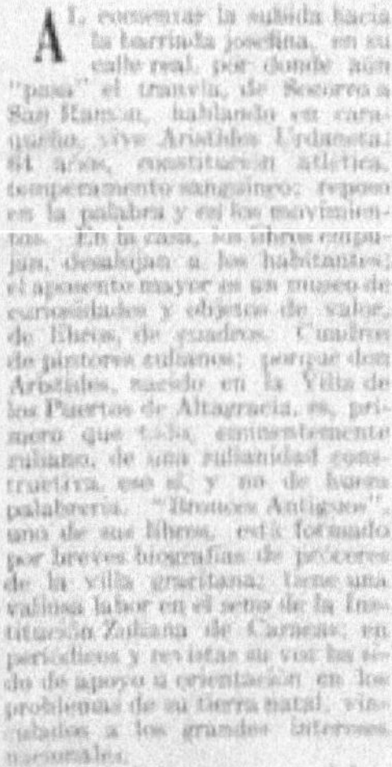

AL comenzar la subida hacia la barriada josefina, en su calle real, por donde aún "pasa" el tranvía, de Socorro a San Ramón, hablando en caraqueño, vive Arístides Urdaneta: 61 años, constitución atlética, temperamento sanguíneo; reposo en la palabra y en los movimientos. En la casa, los libros empujan, desalojan a los habitantes; el aposento mayor es un museo de curiosidades y objetos de valor, de libros, de cuadros. Cuadros de pintores zulianos; porque don Arístides, nacido en la Villa de los Puertos de Altagracia, es, primero que todo, eminentemente zuliano, de una zulianidad constructiva, eso sí, y no de huera palabrería. "Bronces Antiguos", uno de sus libros, está formado por breves biografías de próceres de la villa gracitana; tiene una valiosa labor en el seno de la Institución Zuliana de Caracas; en periódicos y revistas su voz ha sido de apoyo u orientación en los problemas de su tierra natal, vinculados a los grandes intereses nacionales.

Ha cumplido una extensa labor intelectual en los libros: "Bronces Antiguos", "Tela a Cuadros", "De rancia estirpe". Tiene preparados para las prensas: "Biografía del General de Brigada Pedro Pascual Torres", "Blasones de La Guaira", "La Revolución de Gual y España". Y la biografía del General Rafael Capó, de la cual nos ocuparemos más adelante. Pese a su modestia, tenemos que citar sus premios literarios: Maracaibo, dos veces, Ciudad Bolívar, Mérida, Barcelona.

Pero lo más interesante ahora y lo más curioso en la vida laboriosa de este hombre, es, ahora, su analectica. Son tomos en 16 avo, de 400 páginas cada uno, foliados, empastados y cada cual con su índice. Con una paciencia benedictina, con una curiosidad de orfebre, don Arístides "pega" en esas páginas, en forma impecable en la forma, en el tamaño, en la coloración, recortes de publicaciones hechas en periódicos nacionales y extranjeros, acerca de todas las actividades sobresalientes del momento: política, literatura, ciencias, artes....

¿Cuándo comenzó esta labor? En 1940, nos dice. Ella implica la revisión minuciosa de todos los periódicos que se editan en Caracas, si el material es nacional; la selección del que se destina a recortes; éste mismo trabajo, la pega, etc. Lleva a la fecha 400 tomos terminados, y sobre la revuelta mesa de trabajo hay paquetes contentivos de más o menos 150.000 recortes. De los 400 tomos, 14 son de material exclusivo acerca del Libertador.

Nos sorprende esta labor cumplida como un rito en medio del tráfago de una vida vertiginosa. Pero don Arístides parece una roca inalterable ante ese vértigo. Su voz pausada nos dice:

—Tengo unos 800 documentos en copia, trabajo que no he terminado, pues apenas sí llega a la primera década de este siglo, de la "Recopilación de Leyes y Decretos de Venezuela", y hasta el año 1860 de la Gaceta Oficial. Esas copias corresponden a todos los decretos, leyes, acuerdos, resoluciones, contratos, disposiciones, sentencias, etc., que en su texto hagan cualquiera significación del Zulia. Será como la "Historia Oficial del Zulia".

A su edad, las horas que otro pidiera para reposo, don Arístides las dedica a su afanoso trabajo no sólo de la formación de su analectica, sino en estudios de investigación que le permitan, por ejemplo, rehabilitar la figura histórica del General Rafael Capó. Parte su interés en este punto de un centenar de cartas que le proporcionó un nieto de Capó. "A medida que fui leyendo las cartas —nos dice— para su hija Teresita y para su esposa doña Dolores Sanz Urdaneta, advertí las diferentes facetas de su personalidad como milite, como universitario, y su rectitud como padre de familia y señor de hogar. Los historiadores venezolanos, más apa-

...sionados, otros de referencias, han pintado la faz moral de Capó como si hubiese sido un tigre hambriento. Así, Level de Goda, aún cuando le reconoce sus condiciones de talento, le acusa de crímenes que no cometió, como el que en setiembre del 61, estando de servicio en Caracas, descubierta la conspiración de unos federales que se reunían por las noches en el Cementerio de los Hijos de Dios, los sorprendió y sin más formó seis en fila y los fusiló allí mismo. Calumnia infame, pues en tal fecha Capó dirigía la campaña de la costa de Puerto Cabello, finando ésta con la derrota del General Guevara, a quien no fusiló, como muchos esperaban, pues lo mandó preso con toda consideración a la cárcel de Valencia, donde le fue seguido juicio".

Con la seguridad de lo que dice, el historiador desecha las calumnias tejidas alrededor de su biografiado, trabajo que ya tiene casi concluido y al que sólo faltan datos que ya tiene pedidos a México.

—¿A México...?

—Sí, porque Capó sirvió en su mismo grado de General a las órdenes de Juárez, cuando por este gran indio fue derrocado el imperio de Maximiliano. Su actuación allá debió ser brillante, pues el Gobierno de aquel país, a la trágica muerte de Capó, asignó modesta pensión vitalicia a su viuda, pensión que fue pagada con regularidad.

Prosigue, ameno, el relato en síntesis de aquella vida, cortada a balazos en el hato "Canarito", sabanas de Maracaibo, en diciembre de 1866; sus restos reposan hasta hoy en el [illegible] de la iglesia Catedral de dicha ciudad. Cuando preguntamos de dónde arranca [illegible] figura [illegible]

Estimo a Capó como un ente distinguido de la colectividad [illegible] del Zulia, pues allí casó con una honorable dama marabina, pariente muy cercana del General Urdaneta; allí fue por cinco años catedrático de matemáticas en el ilustre Colegio Nacional de Maracaibo; allí convivió muchos años con el pueblo zuliano, cuyos fueros defendió el 48; en fin, allí lo alabaron y allí duerme su sueño de eternidad.

No hay cansancio en el relato, porque de él sale viva la figura de un recio ejemplar venezolano; la historia heroica relampaguea un momento, atizando recuerdos de la escuela, cuando el viejo maestro asimilaba la leyenda griega al episodio de las llanuras nacionales. Pero por entre la urdimbre del relato, como al través de los agujeros de la capa del filósofo, vemos vertical, vigilante, la solicitud constructiva de este hijo de la Villa de los Puertos de Altagracia. Y pensamos en las posibilidades de un pueblo cuando sus hijos son así, cada cual empujando el orgullo de su natividad por los senderos que hacen la prosperidad de una nación.

Sonríe con bondad don Arístides cuando se lo decimos, y eludiendo cuanto de personal hay en el concepto, lo vuelca sobre su tierra amada:

—Sí, así es. Llevamos eso adentro, pero sin mezquindades y sin las distorsiones que errónea o malhadadamente se han hecho a ese respecto. Entre el sinnúmero de zulianos que afanosamente laboran con orgullo por la patria chica y por la patria grande, yo no puedo contarme sino en el último lugar.

Por encima de la mesa, su busto se destaca sobre una biblioteca de 4.000 volúmenes valiosos, regada de raros objetos de arte. Es un hombre pobre, con seis horas de obligada labor diaria en una oficina pública, pero con una honrosa labor cumplida... Y mucho por delante por hacer.

Fernando [illegible]

Caracas, 1945.

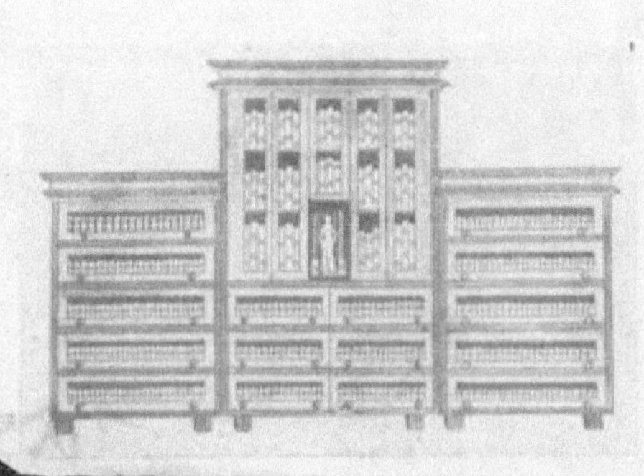

APENDICE

ALGO SOBRE EL TIEMPO DEL GENERAL RAFAEL CAPÓ DURANTE EL SEGUNDO TERCIO DEL SIGLO XIX: LA CRISIS DEL ESTADO CONSTITUCIONAL Y LA GUERRAS FEDERALES*

Por Allan R. Brewer-Carías

El General Rafael Capó desarrolló su carrera militar durante 30 años, entre 1836 y 1866, en una época sin duda turbulenta, marcada por la crisis del proceso de institucionalización de un nuevo Estado en Venezuela que venía de constituirse en 1830, cuando la Convención de Valencia de ese año sancionó la Constitución de 1830, provocando con ello el desmembramiento del Estado de Colombia que había sido creado por la Constitución de Cúcuta de 1821 bajo las ideas del Libertador Simón Bolívar, después de que hizo aprobar por el Congreso de Angostura en 1819, la

* Texto compuesto con páginas del libro de Allan R. Brewer-Carías, *Historia Constitucional de Venezuela*, Editorial Alfa, 2008, Tomo I, pp. 333 ss.

Ley de la Unión de los pueblos de Colombia (Venezuela, Nueva Granada y Ecuador).

Esa carrera militar al servicio del Estado constitucional la comenzó con el grado de Capitán en 1836, bajo las órdenes del General José Antonio Páez, quien venía de ser nombrado ese año como Jefe del Ejército. Páez había sido el primer Presidente del Estado de Venezuela entre 1830 y 1835, habiendo sido sucedido por el Dr. José María Vargas para el período siguiente, el cual no pudo cumplir por haber sido obligado a renunciar al año como consecuencia de la llamada Revolución de las Reformas. Ello fue lo que motivó la llamada de Páez para ejercer la Jefatura del Ejército en 1836, coincidiendo con el inicio de la carrera militar de Capó, la cual concluyó treinta años después, en 1866, cuando fue fusilado, en los tiempos en los cuales luego del triunfo de la Federación en 1863, el Estado Federal estaba aún en plena crisis de institucionalización.

El desmembramiento de la Gran Colombia y el Estado de Venezuela

El proceso formal de ese desmembramiento de la llamada Gran Colombia, por lo que se refiere a los territorios de lo que fue el Departamento de Venezuela, se inició en 1829, como consecuencia de la circular expedida por el Libertador el 31 de agosto de 1829, confirmada el 16 de octubre de ese año, en la cual excitó a los pueblos manifestar sus opiniones sobre la forma de gobierno que debía adoptar Colombia, sobre la Constitución que debía adoptar el Congreso que se había convocado para 1830 en Bogotá, y sobre la elección del Jefe del Estado.

A pesar de que en julio de ese año el colegio electoral de los territorios de los departamentos de Venezuela, reunido en Caracas, había aprobado por unanimidad un proyecto de instrucciones para los diputados que irían al Congreso constituyente de Bogotá, en las cuales se planteaba la necesidad de sostener la Constitución de Cúcuta; en la ciudad de Valencia, reunida una Asamblea Popular el 23 de noviembre de 1829 convocada por el Gobernador de la Provincia de Carabobo, los participantes "convinieron todos unánimemente en que Venezuela no debe estar unida a la Nueva Granada y Quito, porque las leyes que convienen a aquellos territorios, no son a propósito para éste, enteramente distinto por costumbres, clima y producciones." Como consecuencia, acordaron también que se dirigiese:

> "esta petición al Congreso constituyente, para que teniéndola en consideración provea los medios más justos, equitativos y pacíficos, a fin de conseguir la separación sin necesidad de ocurrir a vías de hecho; antes bien proporcionando a este país una reunión en que sus habitantes, congregados legítimamente, expresen su voluntad; y que en todo caso ella sea definitiva, sin que los otros Estados tengan derecho de intervención en sus resoluciones".

La remisión de esa Acta se acordó hacerla por conducto del "Jefe Superior Civil y Militar, General en Jefe benemérito J. A. Páez"[1].

Una reunión similar se realizó en Caracas, en el edificio de San Francisco, en los días siguientes, el 25 y 26 de noviembre de 1829 y allí se acordó la

> "Separación del Gobierno de Bogotá y desconocimiento de la autoridad del General Bolívar, y que S.E. el benemérito General José Antonio Páez sea jefe de estos Departamentos y que reuniendo como reúne la confianza de los pueblos, mantenga el orden público y todos los

(1) Véase el texto en José Gil Fortoul, *Historia Constitucional de Venezuela*, Caracas, 1953., tomo I, pp. 470 y 471.

ramos de la Administración, bajo las formas existentes, mientras se instala la convención"[2].

La reacción anti-bolivariana contenida en estos acuerdos, sin embargo, fue mitigada por el propio Páez, quien luego de convocar otra asamblea en Caracas, el 24 de diciembre de 1829, reconoció el papel del Libertador en la independencia, y se dirigió a él encareciéndole "ejerza su poderosa influencia para que nuestra separación y organización se haga en paz."[3]

El 2 de enero de 1830 comenzaron en Bogotá las sesiones preparatorias del Congreso constituyente que había convocado el Libertador el año anterior, pero once días después, el 13 de enero, J. A. Páez convocó por Decreto la realización de elecciones para un Congreso constituyente venezolano, en Valencia, que debía instalarse el 30 de abril, aun cuando solo ocurrió el 6 de mayo de 1830. Entre febrero y abril, a instancias de Bolívar en el Congreso de Bogotá, se reunieron en Cúcuta comisionados de Colombia y Venezuela para tratar de llegar a un acuerdo pacífico, esfuerzos que, a pesar de la labor del Mariscal José Antonio Sucre, fracasaron.

Bolívar, quién había adoptado la decisión de abandonar el poder, manifestó al Congreso de Bogotá que no aceptaría la Presidencia de la República, y el 1° de marzo, éste encargó del Ejecutivo al Presidente interino del Consejo de Estado, General Domingo Caicedo. El Congreso de Bogotá adoptó la Constitución de Colombia el 29 de abril de 1830, y por Decreto separado acordó ofrecérsela a Venezuela para su adopción.

Por su parte, el Congreso de Valencia, reunido desde mayo de 1830, el 10 de julio había dictado un Reglamento de Organización Provisional del Estado, conforme al cual, el Poder Ejecutivo provisional se depositó en una persona con la

---

(2) Véase el texto en José Gil Fortoul, *op. cit.,* tomo I, p.472.

(3) Véase José Gil Fortoul, *op. cit.,* tomo I, p. 473.

denominación de Presidente del Estado de Venezuela, teniendo un Consejo de Gobierno compuesto por el Vicepresidente de la República, de un Ministro de la Corte Suprema de Justicia nombrado por ella, de dos Secretarios del Despacho y de dos Consejeros elegidos por el Congreso. José Antonio Páez (1790-1873) fue nombrado Presidente provisional y Diego Bautista Urbaneja, Vicepresidente[4].

El Congreso, además, el 6 de agosto de 1830 expidió un Decreto sobre Garantías de los venezolanos para el gobierno provisorio,[5] y en relación con la Vicepresidente propuesta del Congreso de Bogotá sobre la Constitución adoptada por el mismo, el 17 de agosto de 1830, decretó:

> "Que Venezuela ocupada de su propia Constitución conforme a la voluntad unánime de los pueblos, no admite la Constitución que se le ofrece, ni como existe, ni con reformas cualesquiera que sean; pero que está dispuesta a entrar en pactos recíprocos de federación que unan, arreglen y representen las altas relaciones nacionales de Colombia, luego que ambos Estados estén perfectamente constituidos y que el General Bolívar haya evacuado el territorio de Colombia."[6]

El Congreso de Valencia sancionó la Constitución del Estado de Venezuela el 22 de septiembre de 1830, a la cual puso el ejecútese el General Páez, Presidente del Estado, el 24 de septiembre de 1830, fecha en la cual el Congreso dictó un

---

(4) Véase el texto en Allan R. Brewer-Carías, *Las Constituciones de Venezuela*, Academia de Ciencias Políticas y Sociales, Tomo I, § 3.h.

(5) Véase el texto en *Leyes y Decretos de Venezuela,* tomo I, 1830-1840, Biblioteca de la Academia de Ciencias Políticas y Sociales, Caracas, 1982, pp. 30 y 31.

(6) Véase el texto en *Leyes y Decretos de Venezuela,* tomo I, 1830-1840, *cit.,* p. 33.

nuevo Decreto sobre la publicación y el juramento del texto constitucional.

Tres meses después, el 17 de diciembre de 1830 murió el Libertador Simón Bolívar: el mismo día, once años después que se había sancionado en Angostura, la Ley Fundamental de la República de Colombia, y el mismo año en el cual aquella gran nación desapareció, por la separación de Venezuela, y su constitución como República autónoma.

El régimen mixto centro federal en la organización del Estado en 1830 y la presidencia de Páez entre 1830-1835

Con dicha Constitución del 24 de septiembre de 1830, se consolidó el Estado de Venezuela, como Estado Constitucional y República autónoma,[7] habiendo sido dicho texto el que más años de vigencia tuvo durante el siglo XIX, hasta 1857. La misma reguló el Estado Constitucional montado sobre una fórmula mixta transaccional, "centro federal o mixta" como la denominó el Congreso[8] conforme a la cual, si bien el Estado era unitario, sin embargo, las Provincias en las cuales se dividió el país gozaban de amplia autonomía e inclusive, contaban con una Asamblea o Diputación Provincial, compuesta por

(7) Véase los comentarios de Páez sobre las causas que motivaron a Venezuela a separarse de la Unión Colombiana, en J. A. Páez, *Autobiografía,* Nueva York, 1870, tomo II, pp. 1 y ss. Debe señalarse, que la elección de diputados que formaron el Congreso de Venezuela se hizo en base a un Decreto expedido por el General Páez, que estableció el sufragio restringido por razones económicas. *Cfr.* F. González Guinán, *Historia Contemporánea de Venezuela*, Caracas, 1954, tomo II, p. 11. Véase el texto del Decreto en Allan R. Brewer-Carías, *Las Constituciones de Venezuela, cit.,* § 4.

(8) Véase en J. Gil Fortoul, *Historia Constitucional de Venezuela*, Tomo Segundo, Caracas, 1953, pp. 19 y 20. *Cfr.* P. Ruggeri Parra, *Historia Política y Constitucional de Venezuela*, tomo II, Caracas, 1949, p. 17.

diputados electos. Estas intervenían en la designación de los Gobernadores de Provincia, los cuales, aun cuando dependían del Poder Ejecutivo, significaban el "equilibrio" entre centralismo y federación que los constituyentes buscaron (art. 56 ss.).[9]

Las Provincias se dividieron en cantones y parroquias, y en cada cantón la Ley atribuyó la autoridad gubernativa y económica a los "jefes políticos" designados por el Gobernador, quienes presidían los "Consejos Municipales" integrados a su vez, por alcaldes y concejales designados por las Diputaciones Provinciales. En esta forma, el pacto centro-federal, disminuyó la autonomía municipal que el texto constitucional de 1830 consagró, en beneficio de las Diputaciones Provinciales, donde se alojó el poder de los caudillos regionales para, inclusive, discutir el poder central.[10] El sistema electoral que estableció, por otra parte, reservaba a la oligarquía económica el control de todas las asambleas y autoridades siguiendo la orientación de los textos constitucionales anteriores, lo cual confirmaba el carácter oligárquico del gobierno[11].

---

(9) Véase los comentarios sobre esta Constitución en J. Gil Fortoul, *op. cit.*, Tomo Segundo, pp. 77 y ss. F. González Guinán, *op. cit.*, tomo II, pp.135 y ss.; y Ruggeri Parra, *op. cit.*, tomo II, pp. 17 y ss.

(10) En la *Memoria* de la Secretaría de Interior y Justicia de 1832 se denunció en efecto, cómo las Diputaciones de Caracas y Mérida traspasaron los límites establecidos por la Constitución en "escandalosa infracción", arrogándose funciones atribuidas al Poder Legislativo Nacional. Véase las referencias en J. M. Casal Montbrún, *La Constitución de 1961 y la Evolución Constitucional de Venezuela*, tomo II, Forma de Estado Caracas, 1972, tomo II, Vol. I, anexo 13 del Estudio Preliminar, p. 117.

(11) *Cfr.* las apreciaciones de L. Vallenilla Lanz, *Cesarismo Democrático*, Caracas, 1952, p. 193, y de P. Ruggeri Parra, *op. cit.*, tomo II, p. 17. "Bueno malo este régimen -dice Gil Fortoul, al referirse a la oligarquía conservadora (1830-1848)-, su existencia dependía por necesidad de la limitación del sufragio a la clase rica o ilustrada". Véase *op. cit.*, Tomo Segundo, p. 311.

Ese texto constitucional de 1830, como se dijo, el que más años de vigencia tuvo durante el siglo XIX (27 años), bajo la autoridad directa o indirecta de los caudillos militares que habían actuado durante las guerras de independencia (Páez y Monagas), representantes entonces de la oligarquía, contribuyó a un notable auge de las actividades económicas bajo el signo del liberalismo económico.

La elección de José María Vargas como Presidente en 1835, la Revolución de las Reformas, la entrada de Capó al servicio militar y las presidencias de Páez y Soublette entre 1839 y 1847

Páez gobernó al país como Presidente en un primer período, entre 1831 y 1835, y en el momento de elegirse su sucesor, afianzada la oligarquía económica, salió electo Presidente el doctor José María Vargas (1786-1854), candidato civil que venció las candidaturas de los caudillos militares.[12]

Los conflictos entre "partidos" militaristas y civiles y particularmente los originados por la denominada "Revolución de Reformas," si bien afianzaron el poder personal de Páez, originaron conflictos entre el Presidente Vargas y el Congreso, que obligaron al primero a renunciar al año de iniciar su

(12) Gil Fortoul, refiere que de los candidatos a la Presidencia en 1834 (Mariño, Soublette, Urbaneja, Salom y Gómez), Vargas era quien "juntaba los votos" de los propietarios y agricultores, del comercio, y "de cuantos en suma querían ya substraer a la República de toda tutela personal... para sobreponer definitivamente el Poder Civil a las agitaciones armadas". Véase J. Gil Fortoul, *op. cit.,* Tomo Segundo, p. 189. *Cfr.* C. Parra Pérez, *Mariño y las Guerras Civiles*, tomo I (La Revolución de las Reformas), Madrid, 1958, quien señala a Vargas como candidato de "los oligarcas", p. 206.

gobierno en 1835, terminando el período constitucional en 1839, con gobiernos ejercidos por los Vicepresidentes.[13]

Fue en ese mismo año de 1835, cuando Rafael Capó inició sus acciones militares, bajo el comando del General Páez; quien a su vez fue electo de nuevo, en 1838, como Presidente para el período (1839-1843). Al término de este período, en 1843, asumió la Presidencia el general Carlos Soublette, también electo con el apoyo de las oligarquías económicas, hasta 1847.[14]

Liberales y conservadores

En esta época, la influencia de las doctrinas sociales europeas, la libertad irrestricta de la prensa y el deseo de llevar "hombres nuevos" a la política y al gobierno, provocaron el surgimiento de una corriente política que se llamó a sí misma como "liberal" y que calificó al gobierno y a la oligarquía como conservadora, iniciándose entonces la polarización de la vida política venezolana entre liberales y conservadores, o entre federales y constitucionalistas. La bandera liberal asumió la lucha social que se había iniciado desde las guerras de independencia, contando rápidamente con gran apoyo popular, promovido por políticos como Antonio Leocadio Guzmán.

---

(13) *Cfr.* J. Gil Fortoul, *op. cit.*, Tomo Segundo, pp. 185 a 225; Augusto Mijares, "La Evolución Política de Venezuela (1810-1960)" en M. Picón Salas y otros, *Venezuela Independiente 1810-1860*, Caracas, 1962, p. 90. Los incidentes entre Vargas y el Congreso, puede decirse que se iniciaron el mismo año 1835, *Cfr.* F. González Guinán, *op. cit.*, tomo II, p. 345.

(14) Gil Fortoul señala, en este sentido, que entre los candidatos presidenciales en 1842 (Santos Michelena y Diego Bautista Urbaneja), el general Soublette era considerado como garantía para el porvenir, por "los propietarios, agricultores y capitalistas, que en el régimen oligárquico constituían o determinaban con su influjo las mayorías electorales". Véase Gil Fortoul, *op. cit.*, Tomo Segundo, p. 244. *Cfr.* F. González Guinán, *op. cit.*, tomo III, pp. 251 y ss.

Como lo observó Gil Fortoul:

"Si los liberales merecen su nombre, es porque, cuando sus adversarios tendían, por timidez o por sistema, a mantener el *statu quo* constitucional, y a esperar al progreso de la iniciativa privada, ellos instintivamente querían avanzar, aunque a menudo sin saber cómo; presentían que la escuela liberal clásica de no intervención del Gobierno, cuyos verdaderos representantes fueron los conservadores (en política abundan los epítetos absurdos) presentían que esta escuela había de modificar, precisamente con la intervención del gobierno, para acelerar la evolución de un pueblo nuevo e inculto; comprendían, por último, que existiendo en todo organismo social tendencias progresistas y tendencias reaccionarias, los gobiernos benéficos son los que saben describir aquéllas y encauzarlas paralizando las otras." [15]

(15) Véase José Gil Fortoul, *op. cit.,* Tomo Segundo, p. 318. *Cfr.* F. González Guinan, *op. cit.,* tomo III, pp. 147 y ss. Véase la magnifica colección publicada por la Presidencia de la República, *El Pensamiento político Venezolano del Siglo XIX,* Caracas, 11 tomos. L. Vallenilla Lanz al criticar la afirmación de que el movimiento liberal haya sido obra exclusiva de Antonio Leocadio Guzmán, señala expresamente que "la aparición del Partido Liberal no es otra cosa que la continuación de la lucha social empeñada desde la independencia, la manifestación, principalmente, de ese gran desequilibrio entre las razas pobladoras de nuestros territorios, cuya íntima fusión no se ha verificado sino por los medios violentos de las revoluciones, porque no de otro modo han podido romperse las vallas que los poderosos prejuicios de clase han opuesto a la evolución igualitaria", *cit.,* por J. Gil Fortoul, *op. cit.,* Tomo segundo, p. 232, nota al pie de página, *Cfr.* L. Vallenilla Lanz, *Disgregación e Integración,* Caracas. 1953. pp. XLV y ss.

Esta corriente de pensamiento político, en todo caso, contrastaba con la más ortodoxa actitud liberal clásica del gobierno y sus gobernantes, particularmente de Soublette.[16]

En 1846 ya había gran agitación social en el país, habiendo Guzmán, a pesar del sistema electoral oligárquico,[17] pretendido aspirar a la elección presidencial, no sin antes promover revueltas políticas y sociales como reacción a las acciones del Gobierno contra las Municipalidades y la prensa; acciones por las cuales se le condenó a muerte.[18]

---

(16) Gil Fortoul califica a Soublette como "discípulo efectivamente de la escuela liberal inglesa de *non intervention*"... "convencido de que los pueblos no necesitan para su desarrollo normal la vigilancia continua, y menos la tutela del Gobierno". Véase José Gil Fortoul, *op. cit.,* Tomo Segundo, pp 245 y 257. *Cfr.* Augusto Mijares, *loc. cit.,* p. 96; Gonzaléz Guinán, *op. cit.,* tomo III, p. 374. Se comprende por que tenía entonces el apoyo político de la oligarquía económica.

(17) Véase sobre la situación política del año 1846, F. González Guinán, *op. cit.,* tomo IV, pp. 77 y ss. y R. Díaz Sánchez, *Guzman, Eclipse de una ambición de Poder,* Caracas, 1953, pp. 293 y ss. y 302 y ss. "El sistema electoral vigente favorecía a los conservadores y liberales moderados. Recuérdese que la Constitución no acordaba el derecho de sufragio sino a los propietarios rentistas y empleados (sistema que el mismo Guzmán aceptaba sin reservas); por consiguiente, quien de hecho determinaba la mayoría, como en todo régimen oligárquico, era la clase social más rica o instruida, y esta clase desconfiaba, en general, de los guzmancistas, a quienes se les atribuían propósitos no menos radicales que la inmediata emancipación de los esclavos, sin compensación a sus dueños, y aun el reparto autoritario de tierras". Véase J. Gil Fortoul, *op. cit.,* Tomo Segundo, p. 267.

(18) Señala Gil Fortoul, que a Guzmán se le juzgó como promotor de una revolución social y política a cuyo fin excitaba las pasiones populares con promesas atentatorias de las leyes existentes, cuales el reparto de la tierra y la libertad de los esclavos. Véase Gil Fortoul, *op. cit.,* Tomo Segundo, p. 279. Véase las referencias a las acciones del gobierno contra las Municipalidades y la Prensa, en F. González Guinán, *op.* cit, tomo IV pp. 146 y ss.; y los comentarios sobre el juicio a Guzmán, *Idem.* pp 216 y ss., y R. Díaz Sánchez, *Guzman, cit.,* pp. 323 y ss.

La presidencia de José Tadeo Monagas, el día del "fusilamiento del Congreso," y los exilios de Páez (Nueva York) y de Capó (Puerto Rico).

En las elecciones de ese año, en todo caso, José Tadeo Monagas fue electo Presidente de la República para el período 1847-1851, con el apoyo del General Páez, del Presidente Soublette y de los conservadores. Tan pronto se posesionó de la Presidencia, luego de una decisión de la Corte Suprema, sin duda bajo la influencia del Gobierno, se le conmutó la pena de muerte que había sido impuesta a Guzmán, quien al poco tiempo fue designado Ministro y luego Vicepresidente (1849-1853), formando gobierno con los liberales. Con ello, los conservadores y el Congreso que habían elegido a Monagas, pasaron a la oposición.[19]

El conflicto político terminó en la promoción de una acusación política por el Congreso contra el Presidente Monagas, con motivo de lo cual se produjo una reacción popular contra el Congreso, donde se situaba la representación del régimen conservador, provocada por el Partido Liberal, desembocando en los acontecimientos del 24 de enero de 1846 – "el día del fusilamiento del Congreso" - , como consecuencia de lo cual éste perdió sus prerrogativas, abandonando su actitud oposicionista.[20] Sin embargo, de ello lo que resultó fue que

---

(19) *Cfr.* F. González Guinán, *op. cit.,* tomo IV, pp. 205 y ss. 210, 302, 310 y ss., 343 y ss., 356, 361 y ss., y tomo V, p 22

(20) Con este acontecimiento denominado "el día del fusilamiento del Congreso" (*Cfr.* Augusto Mijares, *loc. cit.,* p. 105) se produce, según Gil Fortoul, el fin de la oligarquía conservadora y el inicio de la oligarquía liberal, *op. cit.,* Tomo Segundo, p. 309, y Tomo Tercero, pp. 9 y ss. Véase los comentarios sobre los acontecimientos del 24 de enero, en A. Páez, *op. cit.,* tomo II, p. 451; C. Parra Pérez, *Mariño..., cit.,* Vol III (El 24 de enero),

parte de los conservadores, bajo la dirección militar del General Páez, se lanzaron a la guerra civil, pero pronto habrían de ser vencidos. En el alzamiento contra el Gobierno de Monagas también participó el capitán Rafael Capó en Maracaibo.

Páez fue encarcelado y luego de varios años en 1850 fue expulsado del país, iniciando su largo exilio en Nueva York. Capó, por su parte, se exilió en Puerto Rico, donde sus padres y hermanos se habían radicado desde 1823 cuando Maracaibo se incorporó al Departamento de Venezuela del Estado de Colombia (Gran Colombia). Allí permaneció diez años, hasta 1858.

La elección de José Gregorio Monagas (1851), nuevamente de José Tadeo Monagas (1855) y la reforma constitucional de 1857 centralizando el poder

En 1850 se verificaron en Venezuela nuevas elecciones y contra las pretensiones presidenciales del Vicepresidente Guzmán y del Partido Liberal, el Presidente Monagas impuso la candidatura de su hermano José Gregorio Monagas, quien inició su período en 1851. La reacción del Partido Liberal y de parte del Conservador no se hizo esperar y contra lo que se comenzó a denominar la dinastía de los Monagas, se desataron movimientos armados en 1853 y 1854.

En el orden social y económico, el gobierno de José Gregorio Monagas (1851-1855) no realizó mayores cambios, y sólo se recuerda su labor, por la aprobación en 1854 de la Ley de abolición de la esclavitud promovida por los propios propietarios[21] y como medida para promover la reelección de

---

Madrid, 1960, pp. 23 y ss.; F. González Guinán, *op. cit.*, tomo IV, pp. 411 y ss.

(21) En 1845 ya se había presentado un proyecto de Ley al Congreso para contratar un empréstito en el extranjero para emancipar completamente a los esclavos, indemnizando a sus dueños, el cual no se aprobó por la situación electoral de 1846. *Cfr.* José Gil Fortoul, *op. cit.*, Tomo Segundo

José Tadeo Monagas, al concluir el Período presidencial de su hermano. En 1855, en efecto, José Tadeo Monagas reasumió la Presidencia de la República para el período 1855-1859, consolidándose la autocracia como forma de gobierno, lo que llevó inclusive, a que, en el año siguiente, en 1856, se hubiera aprobado por el Congreso un Decreto sobre reformas de la Constitución que eludía los procedimientos propios de la Constitución rígida establecidos en el texto de 1830.[22]

En todo caso, la transacción centro-federal del texto de 1830, no satisfizo ni a los que propugnaban un gobierno centralista ni a los que buscaban la consolidación de un sistema completamente federal, y ya, en la llamada Revolución de las Reformas contra el Presidente Vargas en 1835, los federalistas habían insistido en lo inoperante de la organización provincial y propugnaban la transformación de las Provincias en Estados, y de las Diputaciones Provinciales en Legislaturas[23].

---

p. 311. F. Brito Figueroa señala en este sentido, que los terratenientes auspiciaron la ley, cuando sintieron que el mantenimiento de los esclavos les significaba una carga muy onerosa a la situación de la agricultura en la época, lo que se confirma por el hecho de que por una parte recibieron una indemnización por la emancipación, y no perdieron de hecho lo servicios del esclavo libre, pero sin las cargas que la esclavitud imponía. Véase F. Brito Figueroa, *Historia Económica y Social de Venezuela. Una estructura para su estudio*, Caracas, 1966, tomo I, pp. 249 y ss. *Cfr.* las disposiciones sobre la obligación impuesta al Estado de indemnizar a los antiguos dueños de esclavos y el modo de hacerlo, así como el impuesto especial creado con este objeto, en P. Ruggeri Parra, *op. cit.,* tomo II, p. 38; Brito Figueroa, *op. cit.,* tomo I, p. 251; J. Gil Fortoul, *op. cit.,* Tomo Tercero, pp 51 y 52, F. González Guinán, *op. cit.,* tomo V, p. 354.

(22) *Cfr.* Luis Mariñas Otero, *Las Constituciones de Venezuela*, Madrid, 1965, p. 38; J. Gil Fortoul, *op. cit.,* Tomo Tercero, p. 76; F. González Guinan, *op. cit.,* tomo VI, pp. 34 y 44. Véase el texto de este Decreto en Allan R. Brewer-Carías, *Las Constituciones de Venezuela*, op. cit., § 4.b.

(23) Véase el Manifiesto de la Revolución de las Reformas de 1835, en J.M. Casal Montbrún, *op. cit.,* tomo II, Vol. I, pp. 47 y 123. En dicho documento se calificaba a la Constitución de 1830 como "inadecuada a nuestras circunstancias y adversa a los deseos manifestados por el pueblo,

Esto evidencia que los años de la República durante la vigencia de la Constitución de 1830, continuaron bajo el conflicto de los poderes regionales-caudillistas-militares contra el recién creado poder civil-nacional,[24] lo cual condujo a la aprobación de una reforma constitucional promovida por Monagas en 1857, para reelegirse en la Presidencia antes de finalizar su período.[25]

Con ello se inició en Venezuela la larga historia de reformas constitucionales circunstanciales que caracteriza la evolución constitucional del país, además de la también larga historia de modificaciones político-territoriales de la República, al antojo de los gobernantes, que caracterizó las divisiones territoriales. En particular, la reforma constitucional de 1857 fue una reacción contra los poderes de las Provincias que el compromiso centro-federal de la Constitución de 1830 les había dado, eliminando la competencia de las Diputaciones Provinciales para intervenir en la elección de gobernadores, que en 1857 se atribuyó sólo a la competencia del Presidente de la

---

inventándose un sistema mixto y contradictorio desconocido hasta entonces y que sólo puede tener por objeto halagar las ideas y miras del Ejecutivo reinante". *Idem,* p. 123.

(24) Por ejemplo, es de destacar el rechazo del Presidente José Gregorio Monagas al Proyecto de Ley sobre Organización del Régimen Interior de la República en 1853, que buscaba reforzar el poder de las Diputaciones Provinciales, alegando que se afectaba "el principio centro-federal" y "se limitaban las facultades del Poder Ejecutivo". Véase las referencias en J. M. Casal Montbrún, *op. cit.,* tomo II, Vol. I, pp. 48 y 124 y ss.

(25) La reforma constitucional de 1857 establecía en el artículo 1° de las Disposiciones Transitorias que "el Congreso en Cámaras reunidas y por las dos terceras partes de sus miembros presentes, procederá a nombrar por esta vez al Presidente y Vicepresidente de la República para el primer período constitucional. Entre tanto los actuales continuarán con sus destinos hasta que sean reemplazados por los que se nombren". *Cfr.* los comentarios sobre la reforma, en F. González Guinán, *op. cit.,* tomo VI, pp. 63, 78 y 82. Véase el texto de la reforma en Allan R. Brewer-Carías, *Las Constituciones de Venezuela,* op. cit., § 5.

República (art. 88), y estableciendo un nuevo poder, el "Poder Municipal", al cual se le concedió autonomía (arts.85, 87), y al cual teóricamente se le trasladaron las competencias de las Diputaciones Provinciales que en el texto de 1857 desaparecieron.[26]

En esta forma, en las Provincias, el "régimen político" quedó a "cargo de un Gobernador dependiente y de libre nombramiento del Poder Ejecutivo y en los cantones (divisiones de las Provincias), el Poder Municipal se ejercía "por los Concejos Municipales", a quienes correspondía el "gobierno de los cantones y parroquias en lo económico y administrativo", compuesto por funcionarios electos (arts. 85, 86, 87). La lucha del poder central contra las apetencias regionales-federales-caudillistas, se pretendió resolver a favor del poder central, asfixiando el poder de las Provincias y

(26) En su Mensaje al Congreso de 1857, el Presidente J. T. Monagas planteaba la necesaria reforma de las instituciones políticas y, por ende, de la Constitución, alegando que el texto de 1830 establecía "un sistema complicado de Gobierno, que participaba del régimen central al mismo tiempo que del régimen federal, fio a las Diputaciones provinciales toda la parte legislativa del poder municipal, y a los gobernadores la parte ejecutiva de ese mismo poder; pero hizo a las Diputaciones además de responsables de sus actos, dependientes del Congreso General, y a los gobernadores dependientes del Poder Ejecutivo... Tan extraña combinación produjo, desde el principio, el desorden que acompaña siempre a la confusión de los derechos y deberes... prevaleciendo el elemento centralizador, en pugna siempre con el elemento llamado federal, que surgía de cuando en cuando... Pero lo peor de esta equivocada combinación consiste en que, aun cuando hubiera sido verdaderamente independiente el poder municipal, la Constitución lo centraliza también en las Diputaciones y gobernadores contra su peculiar naturaleza... Se estableció de este modo un poder, que se ha creído federal, con los elementos del poder municipal, a expensas de los pueblos, que no han gozado del beneficio de ninguno, y sólo han sufrido el atraso y los perjuicios que eran consiguientes a semejante desorden". Véase en J. M. Casal Montbrún, *op. cit.,* tomo II, Vol. I, pp. 130 y 131.

creando el Poder Municipal[27]; en definitiva, sesgando la aspiración a un federalismo progresivo que los constituyentes de 1830 buscaron, lo cual explica, entre otros factores, la precaria vigencia de la Constitución de 1857.[28]

La reforma constitucional de 1857, en definitiva, se consideró como una reacción del poder central contra el federalismo caudillista regional y local,[29] cuyos caudillos eran quienes dominaban la vida política del país, desintegrada en feudos provinciales. Monagas mismo era un caudillo regional que había dominado siempre en el Oriente del país, y su reacción contra su mismo poder real, provocaría evidentemente su caída, en la cual se aliaron conservadores y liberales.

La Revolución de Marzo de 1858 comandada por el general Julián Castro, una Asamblea Constituyente y el regreso de Capó como Comandante Militar de Barcelona

En, en efecto, en el mismo momento en que se produjo la reforma constitucional y la reelección de Monagas en 1858, se estaban preparando los mecanismos para hacer efectiva una reacción contra el personalismo y la autocracia monaguense, emergiendo como jefe de la misma, denominada la Revolución de Marzo, el general Julián Castro[30] (1810-1875), quien era Gobernador de la Provincia de Carabobo, y uno de los caudillos

(27) Sobre el significado de la creación del Poder Municipal en 1857, véase Julio Castro Guevara, *Esquema de la Evolución Municipal en Venezuela*, Caracas, 1968 pp. 71 y ss. Las facultades autonómicas del Municipio se ampliaron en la Ley sobre Poder Municipal del mismo año de 1857, *idem.*, p. 72 y ss.

(28) Véase J. M. Casal Montbrún, *op. cit.,* tomo II, Vol. I, p. 50.

(29) Gil Fortoul, califica a este período de nuestra historia constitucional como la "Reacción centralista", *op. cit.,* Tomo Tercero, pp. 75 y ss.

(30) *Cfr.* Brito Figueroa, *op. cit.,* tomo I, p. 318; J. Gil Fortoul, *op. cit.,* Tomo Tercero, pp. 88 y 93; Augusto Mijares, *loc. cit.,* p. 111; F. Gonzalez Guinán, *op. cit.,* tomo VI, pp. 89 y 98, 123 y 131 y ss.

regionales del centro. Con esta "revolución" de marzo de 1858, se inició la larga historia de "revoluciones" triunfantes contra gobiernos, de manera que incluso en los seis años siguientes, los batallones de Casas derrocan a Castro (1858), los de Echezuria a Gual y proclaman la dictadura de Páez (1861); y finalmente la Federación derroca al gobierno dictatorial de Páez en 1863. [31]

La Revolución de marzo de 1858, en todo caso, desde el punto de vista formal, significó una ruptura del hilo constitucional, lo cual no sucedía en la República desde 1829. En tal virtud, Castro "General en Jefe del Ejército Libertador, Encargado de la organización provisional de la República" expidió diversos Decretos, y entre los más importantes, desde el punto de vista constitucional, están: el Decreto constituyendo un Consejo de Estado (20 de marzo de 1858); el Decreto de 23 de marzo de 1858 modificando las leyes relativas al régimen político de las Provincias; y el Decreto de 19 de abril de 1858 convocando a elecciones, para constituir la Convención Nacional.

El último Decreto[32] dispuso la convocatoria a "la gran Convención Nacional aclamada por los pueblos para reconstituir la República sobre las sólidas bases de la más amplia libertad y para rehabilitar los sagrados principios de moral y de justicia que han sido lamentablemente conculcados" (art. 1), a cuyo efecto se llamó "a todos los venezolanos al ejercicio de su soberanía para elegir por voto libre, universal y directo, los Diputados" (art. 2), eliminándose, por primera vez

(31) Como dijo J. Gil Fortoul "seguirán triunfando otras revoluciones", *op. cit.*, Tomo Tercero, p. 90.

(32) Véase el texto de éste y los anteriores en *Leyes y Decretos de Venezuela*, tomo III, 1851-1860, Biblioteca de la Academia de Ciencias Políticas y Sociales, Caracas, 1862, pp. 607 y ss. Véase, además, el texto Allan R. Brewer-Carías, *Las Constituciones de Venezuela*, op. cit., § 5.a.

en nuestra historia constitucional, las restricciones al voto, en particular las de carácter económico, establecidas en la Constitución de 1857 (art. 15). Con anterioridad, sólo las elecciones efectuadas para constituir el Congreso de 1811, habían tenido una universalidad similar.

A raíz de la Revolución de marzo de 1858, ya finalizado el régimen de Monagas, contra el cual había luchado y que lo obligó a salir al exilio, Rafael Capó resolvió regresar a Venezuela, donde ya estaba antes de que se instalara la Convención en Valencia el 5 de julio de 1858.

La composición de la misma fue fundamentalmente conservadora, y tres días después, el 8 de julio, ésta emitió una "Resolución organizando el gobierno provisional que produjo la Revolución del 5 de marzo y que designa la ciudad de Valencia como residencia del gobierno provisional"[33].

Dicha Resolución dispuso: "El Poder Ejecutivo de la República estará a cargo de un Magistrado con la denominación de Jefe provisional del Estado hasta que se instalen los funcionarios ordinarios que han de regir la República en este ramo, o hasta que la Convención resuelva otra cosa, y se ejercerá conforme a la Constitución de 1830 y leyes existentes en cuanto sean practicables" (art. 1), y además, resolvió declarar "en toda su fuerza y vigor el título de la Constitución de 1830 que establece las garantías de los venezolanos" (art. 11). En esta forma, la Constitución de 1857 quedaba formalmente sin vigor.

Para noviembre de 1858 Rafael Capó es designado Comandante Militar de Barcelona, y durante los cuatro años

---

(33) Véase el texto en *Leyes y Decretos de Venezuela*, tomo III, 1851-1860, *cit.*, pp. 670 y 671; y en Allan R. Brewer-Carías, *Las Constituciones de Venezuela*, op. cit., § 5.b.

que siguen hasta 1862, cuando de nuevo salió al exilio, estará cumpliendo funciones militares en diversas partes del país.

En cuanto a las discusiones de la Convención de Valencia, de nuevo estuvieron signadas por el tema de la forma federal o centralista del Estado[34], y condujeron a que, con fecha 24 de diciembre de 1858 se sancionara la Constitución de ese año. Este texto significó una vuelta al espíritu de la Constitución de 1830: adoptó de nuevo una forma mixta, tratando de conjugar los intereses del gobierno central con los regionales, aun cuando sin utilizar el nombre de "federación". Este hecho llevaría a Antonio Leocadio Guzmán a declarar cínicamente en 1867 lo siguiente:

> "No sé de dónde han sacado que el pueblo de Venezuela le tenga amor a la Federación, cuando no sabe lo que esta palabra significa: esa idea salió de mí y de otros que nos dijimos: supuestos que toda revolución necesita de bandera, ya que la Convención de Valencia no quiso bautizar la Constitución con el nombre de federal, invoquemos nosotros esa idea; porque si los contrarios hubieran dicho Federación nosotros hubiéramos dicho Centralismo".[35]

Además del Poder Nacional, la nueva Constitución estableció, siguiendo la terminología del texto de 1857, un

---

(34) *Cfr*. J. Gil Fortoul, *op. cit.,* tomo III, pp. 114, 118 y 120; Augusto Mijares, *loc. cit.,* p. 113; F. González Guinán, *op. cit.,* tomo VI, pp. 183, 238 y ss., 287 y ss.

(35) *Cfr*. en J. Gil Fortoul, *op. cit.,* Tomo Tercero, pp. 136 y 137; Augusto Mijares, *loc. cit.,* pp. 113 y 114; Ramón Díaz Sánchez, "Evolución Social de Venezuela (hasta 1960)" en M. Picón Salas y otros, *Venezuela Independiente*, *cit.,* pp. 249 y 250. Vallenilla Lanz califica de "oportunistas" y "falsas" las expresiones de Guzmán, pues "no sólo en Venezuela, sino en casi toda la América Española, se habló de Federación y de confederación mucho antes de hablarse abiertamente de independencia...", *Disgregación... cit.,* p. LVI.

"Poder Municipal no sólo a nivel de cantones, sino a nivel de las Provincias[36], el cual se ejercía por un Concejo y un Jefe Municipal. Previó, además, la existencia de Gobernadores, como agentes del Poder Nacional, pero elegidos por votación universal, directa y secreta (art. 135, 136).

La Convención terminó sus sesiones en febrero de 1859, no sin antes haber designado como Presidente interino de la República a Julián Castro, y después de expedir Decretos y Leyes destinados a la realización de elecciones nacionales, previstas para fines de ese año.

La Constitución de 1858, el reforzamiento de los poderes locales, la reacción contra Monagas y el inicio de las guerras federales

Con el texto de 1858, aun cuando también se buscaba establecer una transacción con la fórmula mixta, indudablemente que los poderes locales salieron fortalecidos tanto a nivel de las Legislaturas Provinciales como de los Concejos Cantonales: el caudillismo regional federalista había llegado a su apogeo de poder político, y sólo faltaban las guerras federales para que se consagrara formalmente la Federación en Venezuela. En todo caso la Constitución de 1858, a pesar de la composición conservadora de la Convención de Valencia, tuvo una marcada tendencia liberal, pues no sólo consagró constitucionalmente por primera vez en Venezuela el voto universal, directo y secreto[37] sino que se

(36) "El Poder Municipal se ejercerá por una Legislatura y un Gobernador en las Provincias; por un Consejo y un Jefe Municipal en los cantones y por los demás funcionarios y corporaciones que establezca la Legislatura provincial". Art. 122, Constitución de 1858.

(37) "Son ciudadanos y por lo tanto, tienen derecho de elegir para el ejercicio de los poderes públicos: 1. Todos los venezolanos mayores de 21 años; 2. Los que sin tener esa edad, sean o hayan sido casados" (Art. 11). "Los

ampliaron considerablemente, en base a los principios liberales, los derechos individuales[38]. Sin embargo, las trabas al poder central perduraron, debilitándose no sólo frente a las Provincias, sino en su misma conformación[39].

La alianza conservadora-liberal en torno a Castro, en todo caso, solo duró poco tiempo, habiendo sido una de las causas del conflicto, las medidas a adoptarse contra el depuesto Presidente Monagas, con motivo de las cuales, por primera vez en nuestra historia política, se manifestó agudamente la intervención de las potencias europeas y en particular, de Inglaterra y Francia, cuyas representaciones le habían dado asilo.

Un "protocolo" firmado con las Legaciones europeas que habían dado asilo a Monagas, por un ministro liberal sin consentimiento de los ministros conservadores, provocó la renuncia del primero, y la consecuente alianza del Partido Liberal con las potencias extranjeras contra el gobierno de Castro, cuyas Armadas habían bloqueado el puerto de La Guaira para garantizar la salida de Monagas del país.

Por ello, antes de aprobarse la Constitución de 1858 los preparativos e inicio de la guerra que se convertiría en las Guerras Federales ya estaban consumados[40] y a la cabeza de la reacción contra el gobierno estaban Antonio Leocadio Guzmán y el Gral. Juan Crisóstomo Falcón, cuyo partido, el Liberal, se oponía al del gobierno que se denominó Partido Constitucional.

---

derechos de ciudadanos se suspenden: 1° Por enajenación mental, 2° Por condenación a pena corporal en virtud de sentencia ejecutoriada mientras se cumple dicha pena, 3° Por interdicción judicial" (Art. 12).

(38) *Cfr.* José Gil Fortoul, *op. cit.,* Tomo Tercero, p. 125, y Augusto Mijares, *loc. cit.*, p. 113.

(39) *Cfr.* J. Gil Fortoul, *op. cit.,* Tomo Tercero, pp. 126 y 127.

(40) Véase José S. Rodríguez, *Contribución al Estudio de la Guerra Federal en Venezuela,* tomo I, Caracas, 1960, pp. 202 y ss. *Cfr.* F. González Guinán *op.cit.,* tomo VI, pp. 187 y 192 y 301 y ss.

El Partido Constitucional del Gobierno, se denominó por sus adversarios como *Godo, Oligarca, Conservador, Central, Centralista y Colorado*; y el partido de la Revolución se denominó *Liberal, Federalista o Federal ("federal") y Amarillo*. Los colores, en virtud de las banderas de combate. [41]

Así, a los tres meses de haber asumido el poder, en junio de 1858, Julián Castro había expulsado del territorio nacional a una fracción del partido liberal que no había encontrado posiciones en el gobierno, entre los cuales estaban los que luego serían los caudillos federales: Juan Crisóstomo Falcón, Ezequiel Zamora, Antonio Leocadio Guzmán, a quienes hay que agregar a Antonio Guzmán Blanco ya expatriado desde septiembre de 1857. En Saint Thomas, en octubre de 1858, algunos de los expulsados formaron la Junta Patriótica de Venezuela y formularon la primera proclama de la Federación.[42]

El inicio de la Revolución federal, la renuncia del general Castro y Capó como Gobernador Militar de Barcelona

Conforme a esa proclama, al mes siguiente de designado Castro Presidente interino y a los pocos días de terminada la Convención de Valencia, el General Falcón se puso a la cabeza de la revolución federal, produciéndose en Coro, otra proclama de la Federación el 20 de febrero de 1859.

Ese era el mismo tiempo en el cual Rafael Capó cumplía funciones de Comandante Militar en Barcelona, donde estuvo desde octubre de 1858 hasta mayo de 1859 cuando fue llamado

---

(41) *Cfr*. J. Gil Fortoul, *op. cit.*, p. 135. Sobre la denominación de los partidos históricos, véase R. A. Rondón Márquez, Guzmán Blanco, *El Autócrata Civilizador o Parábola de los Partidos Políticos Tradicionales en la Historia de Venezuela*, tomo II, Caracas, 1944, pp. 377 y ss.

(42) Véase J. Gil Fortoul, *Historia Constitucional de Venezuela*, tomo II, Berlín 1904, pp. 367 y 368.

a Caracas. También, en esos meses, el General Zamora recorrió al país, enfrentando sus tropas a las constitucionales.

En julio de 1859 el General Páez, quien no había aceptado formar parte del gobierno de Castro, viajó a Nueva York, el General Falcón desembarcó en las costas de Puerto Cabello, expidió en Palmasola su Proclama contra la Constitución de Valencia, y en ese mismo mes, el propio Presidente Castro publicó una alocución en la cual, materialmente tomó el partido federal. A finales de julio de 1859, el General Castro fue depuesto de la Presidencia, obligado a renunciar y hecho preso, encargándose del Poder Ejecutivo al Designado Pedro Gual, hasta que en septiembre asumió el Vicepresidente Tovar.

Efectuadas elecciones a fines de 1859, el Congreso de 1860 proclamó a Manuel Felipe de Tovar como Presidente de Venezuela, Vicepresidente a Pedro Gual y Designado a León de Febres Cordero.[43]

Éste fue de los Jefes militares constitucionales más destacados durante las guerras federales, y fue quien había designado a Rafael Capó como Gobernador Militar de Barcelona, enfrentando allí a los insurgentes que desembarcaron en Jose, entre ellos, al General Gregorio Monagas. Aun cuando no quedó allí: en 1859 Rafael Capó también fue llamado para enfrentar insurgentes en Caracas, y luego en 1860 fue designado Comandante Militar en Barlovento.

En junio de 1860, al año de haber sido depuesto el General Castro, en las Cámaras Legislativas se promovió una acusación en su contra por traición e infracción de la Constitución, y de haber atentado contra la forma de gobierno en ella establecida, razón por la cual en ese mismo mes fue declarado culpable del delito de traición y expatriado.

---

(43) *Idem.*, p. 380.

Las guerras continuaron, con triunfos federales y conservadores, y a mediados de marzo de 1861 el General Páez regresó al país, llamado por el partido dictatorial. El Presidente Tovar lo designó Jefe del Ejército, posición a la que renunció a comienzos de mayo; el mismo mes en el cual el propio Presidente Tovar dirigió una misiva al Coronel Capó, Jefe de Operaciones de Barlovento, quien en 1861 fue ascendido a General.

La renuncia del presidente Pedro Gual, la Dictadura del general José Antonio Páez y la protesta del general Capó, y su posterior segundo exilio

A fines de mayo de ese mismo año, el Presidente Tovar renunció al cargo, y asumió el Ejecutivo, el Vicepresidente Gual, quien encargó de nuevo a Páez del mando supremo del Ejército. El 29 de agosto de 1861, el Presidente Gual fue detenido, y a partir de esa fecha comenzaron a dejar de respetarse las formas legales en relación al ejercicio del poder. Páez asumió de hecho el poder y se declaró la Dictadura.

Como lo observó Gil Fortoul:

> "La fecha del 29 de agosto de 1861 marca la agonía del régimen establecido desde 1830. Hasta entonces, todos los partidos inclusive el partido reaccionario de Monagas, habían procurado justificar sus propósitos, y aun sus errores, con preceptos de leyes vigentes o con nuevos actos legislativos. En cambio, la dictadura se implanta a mano violenta"[44]

Y en efecto, la ruptura formal de la Constitución de 1858 se produjo con el Decreto del 10 de septiembre de 1861, dictado

(44) Véase José Gil Fortoul, *op. cit*, Tomo Tercero, p. 192. *Cfr*. F. González Guinán, *op. cit.*, tomo VII, pp. 337 y ss.

por "José Antonio Páez, General en Jefe de los Ejércitos y Jefe Supremo de la República", mediante el cual, desde esa fecha quedó "encargado del mando de la República como Jefe supremo civil y militar" (art. 1°), declarando que su gobierno duraría "hasta tanto que se consiga la pacificación de la República" (art. 2).[45]

Posteriormente, por Decreto del 1° de enero de 1862, el General Páez organizó el "Gobierno del Jefe Supremo," al estimar que era justo y conveniente que la República no careciera por más tiempo de bases constitutivas; texto en el cual se dictaron unas bases constitucionales mínimas de la República, se decretaron derechos del ciudadano, y se previeron normas de organización mínima del Poder Supremo, de las provincias y de la Justicia. En el Artículo 6° de ese texto, el General Páez expresó:

> "En nombre y por autoridad de los pueblos continuaré ejerciendo el Poder Supremo hasta que la República se constituya legalmente."[46]

A este acto, de evidente carácter inconstitucional, siguieron otros formalmente expedidos: los Decretos de 1° de enero de 1862 organizando el Consejo de Estado y estableciendo la forma de elección de quien debía sustituir al Jefe Supremo; y el Decreto 2 de enero de 1862, derogando las leyes del Código de Imprenta de 1855 y estableciendo restricciones a la libertad de imprenta, cuyos abusos, se decía

(45) Véase en *Leyes y Decretos de Venezuela,* tomo II, 1851-1860, Biblioteca de la Academia de Ciencias Políticas y Sociales, Caracas, 1982, pp. 95 a 97; y en Allan R. Brewer-Carías, *Las Constituciones de Venezuela*, op. cit § 6.a.

(46) *Idem.,* pp. 250 y 252, y pp. 505 y ss., respectivamente. Véase el texto en Allan R. Brewer-Carías, *Las Constituciones de Venezuela*, op. cit., § 6.b.

en la motivación, habían "sido verdaderamente escandalosos y han causado a la sociedad profundo daño"[47].

Contra esta asunción de la Dictadura reaccionaron varios Jefes Militares Constitucionalistas, entre ellos el General Rafael Capó, quien incluso le dirigió a Páez una extensa carta pública fechada 3 de diciembre de 1862 en Nueva York, reclamando la persecución del Gobierno en su contra y explicando sus acciones militares en materialmente todo el territorio de Venezuela.

De hecho, a finales de 1862, por la enemistad contra él de parte de Pedro José Rojas, Secretario del general Páez, el general Capó decidió salir del país, iniciándose su segundo exilio de cuatro años, que pasa entre nueva York y México, del cual solo regresó para invadir la provincia de Maracaibo terminando fusilado por órdenes del general Sutherland, Gobernador de Maracaibo en 1866.

Algo más de un año y medio estuvo Páez en el poder, período durante el cual las guerras federales continuaron, a pesar de algunos intentos de poner fin a las mismas, en los cuales participaron, como negociadores, el propio General Páez y el General Falcón.

El triunfo de la Federación, el Convenio de Coche y la Presidencia del general Juan Crisóstomo Falcón

A comienzos de 1863, los ejércitos federales dominaron el país, razón por la cual se concluyó, en mayo de 1863, el Convenio de Coche, suscrito entre el Secretario General del Jefe Supremo de la República, Pedro José Rojas, y el General y Jefe de las Fuerzas Federales, Antonio Guzmán Blanco. En

(47) *Ibídem*, pp. 252 a 254 y pp. 505 y ss., respectivamente. Véase el texto en Allan R. Brewer-Carías, *Las Constituciones de Venezuela*, op. cit., § 6.c y §6.d.

dicho Convenio, "con el objeto de realizar la pacificación del país," acordaron convocar una Asamblea que debía reunirse en 30 días, compuesta por 80 miembros elegidos "la mitad por el Jefe Supremo de la República (Páez) y la otra mitad por el Presidente Provisional de la Federación" (Falcón), Asamblea a la cual el Jefe Supremo debía entregar el mando de la República, y cuyo primer acto debía ser el nombramiento del gobierno que debía presidir la República mientras ésta se organizaba.[48]

Con base en el Convenio, por Decreto de 6 de junio de 1863[49] el General Páez convocó la Asamblea Nacional, la cual se instaló en La Victoria, nombrando el 17 de junio de 1863 al General Juan Crisóstomo Falcón como Presidente Provisional de la República y a Antonio Guzmán Blanco, como Vicepresidente. El General Falcón debía "ejercer con el carácter de Presidente del Gobierno de la República, mientras que se reúna la Asamblea Constituyente que él ha de convocar, y se organiza definitivamente al país." El 13 de agosto, Páez salió al exilio.

A partir del 24 de julio de 1863, el General en Jefe Juan C. Falcón, Presidente provisional de la Nación, comenzó a organizar el gobierno de la República, dictando al efecto varios Decretos, creando el cargo de Procurador General de la Nación, organizando al gobierno central y creando el Ministerio de la Marina[50]. Mediante Decreto de 8 de agosto de 1863, mientras se expedían las leyes y decretos correspondientes se declararon

---

(48) Véase el texto del Convenio de Coche y su antecedente, en José S. Rodríguez, *op. cit.,* Tomo Segundo, pp. 336 y ss.; J. Regino Pachano, *Biografía del Mariscal Juan C. Falcón*. Caracas, 1960, pp. 178 y 179; en F. González Guinán, *op. cit.,* tomo VIII, pp. 123 y ss., y J. Gil Fortoul, *op. cit.,* Tomo Tercero, pp. 214 y ss.

(49) Véase en *Leyes y Decretos de Venezuela*, tomo IV, 1861-1870, Biblioteca de la Academia de Ciencias Políticas y Sociales, Caracas, 1829, p. 263.

(50) *Idem.,* pp. 264 a 266.

"en su fuerza y vigor las leyes civiles y criminales que estaban vigentes antes del día 15 de marzo de 1858, en todo aquello en que directa o indirectamente no se opongan al sistema federal proclamado por los pueblos" (art. 1).

El 12 de agosto de 1863 el Presidente de la República comenzó a establecer formalmente las bases de "la forma representativa federal" del Estado, a cuyo efecto fijó las atribuciones del gobierno general, estableciendo que "todo lo que no esté atribuido al gobierno general corresponde naturalmente a la administración particular de los Estados" (considerandos y Art. 4°). Se aclaraba, sin embargo, en el Decreto, que también correspondía al gobierno general, "lo que sea esencialmente nacional por ser de aquellas medidas que abrazan a todos los Estados y que propendan a su prosperidad, orden, adelanto y bienestar" (art. 20)[51] con lo que se estableció así, el principio de repartición de competencias entre el nivel federal-nacional y el de los Estados miembros, que aún perdura en la Constitución de 1961.

La Asamblea Constituyente de 1863 y la Constitución de los Estados Unidos de Venezuela

El General Falcón convocó la Asamblea Constituyente de la Federación Venezolana estableciendo las modalidades de elecciones de los Diputados[52], y el 16 de agosto de 1863 dictó un Decreto de garantías de los venezolanos, entre las cuales se consagró el sufragio sin otra restricción que la minoridad [53].

---

(51) Véase el texto en *Leyes y Decretos de Venezuela*, tomo IV, *cit.*, p. 268.)

(52) *Idem.*, pp. 269 a 271.

(53) Véase el texto en *Leyes y Decretos de Venezuela*, tomo IV, *cit.*, pp .271-272; y la Segunda Parte de esta obra (§ 6.f). Véase además a J. Gabaldón Márquez (ed.), *Documentos Políticos y Actos Ejecutivos y Legislativos de la Revolución Federal*, Caracas, 1959 pp. 163 y ss.

Se practicaron elecciones y la Asamblea Constituyente, instalada en diciembre de 1863, en diversos actos de rango constitucional [54] ratificó al general Falcón como Presidente de los Estados Unidos de Venezuela, y a Antonio Guzmán Blanco como Vicepresidente,[55] y ratificó, asimismo todos los actos que habían "consumado en ejercicio de la autoridad omnímoda que le confirieron los pueblos"[56]. La Asamblea Constituyente, además, el 26 de diciembre de 1863, declaró vigentes las atribuciones reservadas al gobierno general de los Estados Unidos de Venezuela, que el 8 de abril había fijado el General Falcón[57], y el 29 de febrero de 1864, resolvió fijar el radio de acción exclusivo del Gobierno General, erigiendo al Distrito Federal, cuya organización y régimen político y administrativo se decretó el 9 de marzo por el General Falcón[58].

El 28 de marzo de 1864, la Asamblea sancionó la Constitución de los Estados Unidos de Venezuela[59] la cual estableció, formalmente, a la forma federal del Estado

(54) Véase J. Gabaldón M. (ed.), *op. cit.,* pp. 163 y ss.

(55) Véase el Decreto en *Leyes y Decretos de Venezuela*, tomo IV, *cit.,* p. 296.

(56) Véase en *Leyes y Decretos de Venezuela,* tomo IV, *cit.*, p. 296.

(57) Véase en *Leyes y Decretos de Venezuela,* tomo IV, *cit.*, p. 297.

(58) Véase en *Leyes y Decretos de Venezuela,* tomo IV, *cit.,* pp. 207 y 306. Véase además Allan R. Brewer-Carías, *El Régimen de Gobierno Municipal en el Distrito Federal Venezolano,* Caracas, 1968.

(59) Véase el texto en la Segunda Parte de esta obra (§ 7). En relación a esta Constitución dice Ruggeri Parra que con ella "no se hubiera podido gobernar el país, ni siquiera en días de paz. Sus violaciones son coetáneas a su sanción, y no se la obedeció ni en la forma, ni en el fondo, en los diez años que estuvo vigente", en *Historia Política y Constitucional de Venezuela*, tomo II, Caracas, 1949, p. 62. El sistema federal, según Gil Fortoul, fue "violado infinitas veces por el Partido Federal" *Historia Constitucional de Venezuela*, tomo III, Caracas, 1953, p. 136, véase los comentarios a la Constitución, en F. González Guinán, *op. cit.,* tomo VIII, pp. 267 y ss.

venezolano,[60] desintegrándose la República[61] en entidades federales-feudales autónomas[62] con gobierno propio elegido por sufragio directo y secreto (arts. 13, 22) confinándose el Poder Nacional a un Distrito Federal, como territorio neutro.[63]

Con la misma se consolidaron los poderes de los caudillos regionales, en perjuicio de la democracia; y si bien se ratificó el voto popular, universal y secreto, que ya había consagrado el

---

(60) De acuerdo con el artículo 1° de la Constitución, "Las Provincias de Apure, Aragua, Barcelona, Barinas, Barquisimeto, Carabobo, Caracas, Coro, Cumaná, Guárico, Guayana, Maracaibo, Maturín, Mérida, Margarita, Portuguesa, Táchira, Trujillo y Yaracuy, se declaran Estados independientes y se unen para formar una Nación libre y soberana, con el nombre de Estados Unidos de Venezuela", siendo los límites de cada Estado (Art. 2°) los establecidos en la Ley de 28 de abril de 1856 dictada en el último gobierno de Monagas para lograr su reelección. La denominación de la República va a perdurar hasta que la Constitución de 1953 la cambie por la de República de Venezuela.

(61) "Los Estados que forman la Unión Venezolana reconocen recíprocamente sus autonomías, se declaran iguales en entidad política y conservan en toda su plenitud la soberanía no delegada expresamente en esta Constitución (Art. 12). Hasta tal punto se opera la desintegración formal, que desaparece la norma constitucional que los textos anteriores consagraban y según la cual la República debía organizarse mediante un gobierno "republicano popular, representativo, responsable y alternativo" (por ejemplo, Art. 6° Constitución de 1830); y al contrario, ahora son los Estados de la Unión quienes deben organizarse "conforme a los principios de Gobierno Popular Electivo, Federal Representativo, Alternativo y Responsable", artículo 23,1 Constitución de 1864.

(62) Hasta tal punto que, por ejemplo, el Gobierno Nacional no podía "situar en un Estado fuerza ni jefes militares con mando, aunque sea del mismo Estado ni de otro, sin el permiso del Gobierno del Estado en que se deba situar la fuerza", Art. 100 de la Constitución de 1864.

(63) Artículos 13,3; 43,2; 72,20 y 84. Véase en general A. R. Brewer-Carías, *El Régimen de Gobierno Municipal en el Distrito Federal Venezolano*, Caracas, 1965; Allan R. Brewer-Carías, "Caracas", en D. Rowar, *The Government in the Federal Capitals*, Toronto, 1973, pp. 113 y ss. Véase lo expresado en la Octava Parte, tomo II.

texto de 1858[64], el ejercicio del mismo se hizo nugatorio, pues entre el 80 y el 90 por ciento de la población era analfabeta y la ley exigía leer y escribir para su ejercicio, por lo que la participación en el proceso político quedó limitada a una minoría privilegiada, identificada con la nueva oligarquía de la riqueza comercial y terrateniente[65].

La continuación de la guerras entre caudillos, el regreso y fusilamiento del general Capó, y la Revolución Azul con el general José Tadeo Monagas

En todo caso, la Federación de 1864 generó muchas expectativas y aspiraciones populares, que quedaron defraudadas, al igual que las mismas ofertas y recompensas a las tropas federales, que no se cumplieron por el gobierno de Falcón.[66] Lo cierto fue que las reacciones de los mismos caudillos liberales y federales a escala regional quienes no

(64) El artículo 14,11 de la Constitución de 1864 garantizaba a los venezolanos "la libertad de sufragio para las elecciones populares, sin más restricciones que la menor de edad de dieciocho años".

(65) *Cfr.* F. Brito Figueroa, *Historia Económica y Social de Venezuela*, tomo I, Caracas, 1966, p. 332 y Augusto Mijares, "La Evolución Política de Venezuela (1810-1960)", en M. Picón Salas y otros, *Venezuela Independiente cit.,* p. 123. Con razón, por tanto, Gil Fortoul señala en relación a la burla de las promesas sociales de las guerras federales, que "los evangelistas del régimen federativo, tan convencidos como sus adversarios de la necesidad o conveniencias o ventaja —para ellos— de una oligarquía territorial o militar o intelectual, hiciesen después en el Gobierno cuanto les fue posible por retroceder la Federación a su esencia de teoría política, bautizando con ella la Constitución para no contradecir el programa de su partido, pero despojándolo del concepto de igualación de clases que durante los años de lucha armada predominó en el pueblo", *Historia Constitucional de Venezuela*, tomo III, Caracas, 1953, pp. 136 y 137.

(66) Es interesante destacar las referencias a este aspecto que hace un testigo de las guerras federales y crítico del gobierno de Falcón, Emilio Navarro *La Revolución Federal, 1859 a 1863;* Caracas, pp. 151 y 155.

tardaron en entrar en rivalidades, no se hizo esperar,[67] y desde 1864 estalló de nuevo la guerra civil con jefes políticos y militares en todas las regiones, amenazando el poder central. El propio Presidente Falcón asumió el comando de las fuerzas gubernamentales, razón por la cual Guzmán Blanco ocupó sucesivamente la Presidencia interina,[68] que alternó con las funciones de negociador de sucesivos empréstitos en el exterior.[69]

Fue en esas circunstancias, como ya se dijo, que en 1866 el General Capó decidió regresar a Venezuela para invadir Maracaibo, lance del cual terminó fusilado por órdenes del Gobernador Sutherland.

La situación general de crisis y revueltas entre los propios bandos federales, condujo a la firma del Tratado de Antímano, en mayo de 1868, entre el Presidente encargado (Bruzual) y uno de los generales del Centro (Rojas), a quien se nombró Comandante en Jefe de los Ejércitos de Occidente, Centro y Oriente.

Pero el viejo caudillo José Tadeo Monagas, inició en Oriente una revolución, desconociendo el Tratado de Antímano y la autoridad militar atribuida a Rojas, marchando en mayo de 1868 sobre Caracas. Falcón salió del país y dejó encargado al Designado Bruzual, quien fue depuesto por la llamada

---

(67) Véase José S. Rodríguez, *Contribución al Estudio de la Guerra Federal en Venezuela*, tomo II, Caracas, 1960, pp. 34 y ss. Regino Pachano, *Biografía del General Juan C. Falcón*, Caracas, 1960, pp. 195 y ss.; L. Level de Goda, *Historia Contemporánea de Venezuela Política* y *Militar* (1858-1896), tomo I, Barcelona, 1893, pp. XVIII y ss.

(68) *Cfr.* F. González Guinán, *op. cit.,* tomo VIII, pp. 318 y ss., J. R. Pachano, *op. cit.,* p. 195.

(69) Sobre el empréstito de la Federación y sus críticas, véase R. A. Rondón Márquez, Guzmán Blanco. *El Autócrata Civilizador o Parábola de los Partidos Políticos Tradicionales en la Historia de Venezuela*, tomo II, Caracas, 1944, pp. 135 y ss., y 1466 y ss.

Revolución Azul, cuyas tropas, con Monagas al frente, entraron en Caracas en junio de 1868[70].

El 27 de junio de 1868, José Tadeo Monagas, en su carácter de "General en Jefe de los Ejércitos de la Revolución", dictó un Decreto reorganizando la Administración ejecutiva general y disponiendo que el personal de la misma continuaría siendo el mismo establecido en la Constitución, pero estableciendo un "Ejecutivo, provisional de Venezuela" que presidió el Ministro de Relaciones Exteriores, Guillermo Tell Villegas.

Tres días después, el 30 de junio de 1868, el Ejecutivo Provisional de Venezuela dictó el Decreto declarando "vigente la Constitución federal de 1864 y todas las leyes y decretos hasta hoy expedidos, en lo que no se opongan al espíritu de la Revolución"[71].

Unos meses más tarde, por Decreto de 28 de octubre de 1868,el Ejecutivo Provisional convocó a una reunión ordinaria del Congreso Nacional para el 1° de enero de 1869, instando a los Estados que no hubiesen practicado elecciones nacionales, a hacerlo "sin pérdida de tiempo" para que la Legislatura se pudiese instalar el día prefijado[72], y así proceder a la elección del Presidente de la República.

---

(70) *Cfr.* Manuel Briceño, *Los Ilustres o la Estafa de los Guzmanes,* Caracas, p. 97; F. González Guinán, *op. cit.,* tomo IX, pp. 9, 37, 123 y ss y 138; L. Level de Goda, *op. cit.,* tomo I, p. XIX. El nombre "azul" de la revolución se deriva de la bandera de guerra.

(71) *Idem.,* p. 876. Véase el texto en en Allan R. Brewer-Carías, *Las Constituciones de Venezuela*, § 7.a.

(72) *Ibídem.,* p. 883.

José Ruperto Monagas y la Revolución de Abril con el general Antonio Guzmán Blanco

El 18 de noviembre de 1868, sin embargo, falleció el General José Tadeo Monagas, "Jefe de los Ejércitos de la República"[73], quien era el candidato seguro a ser electo a la Presidencia.

El General José Ruperto Monagas hijo del anciano prócer, como Primer Designado, asumió la Presidencia en marzo de 1869, para cumplir el resto del período constitucional. Los conservadores lograron que se excluyera a los liberales del poder, repitiéndose así el esquema de 1858[74], produciéndose persecuciones y sublevaciones en el país. En agosto de ese mismo año 1869 se verificaron elecciones presidenciales para un nuevo período constitucional, y salió electo de nuevo José Ruperto Monagas, y precisamente en ese mismo mes, Antonio Guzmán Blanco, víctima, junto con su padre Antonio Leocadio Guzmán, de los ataques conservadores, se convirtió en el Jefe indiscutible del Partido Liberal, razón por la cual fue expulsado a Curazao.

En esta situación conflictiva, los liberales, excluidos del poder, se unieron de nuevo contra el gobierno de J. R. Monagas y se lanzaron a una nueva revolución armada contra el gobierno conservador, la cual triunfó en abril de 1870 teniendo al frente a Antonio Guzmán Blanco[75] (1829-1899); iniciándose así, con la Revolución de Abril, el predominio en la vida política venezolana de Antonio Guzmán Blanco, que duró dieciocho años.

---

(73) El Ejecutivo Nacional, con tal motivo, decretó un Duelo Nacional, véase *Leyes y Decretos de Venezuela*, tomo IV, *cit.,* p. 886.

(74) *Cfr.* L. Level de Goda, *op. cit.*, tomo I, p. XX; Augusto Mijares, *loc. cit.,* p. 125; F. González Guinán, *op. cit.,* tomo IX, pp. 172 y 212.

(75) *Cfr.* F. González Guinan, *op.cit.,* tomo IX, pp. 233, 45 y 328 y ss.

www.ingramcontent.com/pod-product-compliance
Lightning Source LLC
Chambersburg PA
CBHW021755230426
43669CB00006B/76

* 9 7 8 1 6 3 6 2 5 5 2 0 0 *